Rainer M. Schröder

Abby Lynn

Verbannt ans Ende der Welt

Rainer M. Schröder

Abby Lynn

Verbannt ans Ende der Welt

C. Bertelsmann

Der C. Bertelsmann Jugendbuch Verlag gehört
zu den Kinder- & Jugendbuch-Verlagen
in der Verlagsgruppe Random House
München · Berlin · Frankfurt · Wien · Zürich

www.bertelsmann-jugendbuch.de

Umwelthinweis:
Dieses Buch wurde auf chlorfrei gebleichtem Papier gedruckt.

Deutsche Erstveröffentlichung
Gesetzt nach den Regeln der Rechtschreibreform

Sonderausgabe zum Welttag des Buches 2002

Umschlaggestaltung: Klaus Renner, unter Verwendung
einer Illustration von Eva Schöffmann-Davidov
bm · Herstellung: HN
Satz: IBV Satz- und Datentechnik GmbH, Berlin
Druck: GGP Media, Pößneck
ISBN 3-570-12702-8
Printed in Germany

ERSTES BUCH

ENGLAND

FEBRUAR – JUNI 1804

Erstes Kapitel

Ein eisiger Windstoß blies durch die Fensterfugen der Dachkammer. Die Kerze auf dem Küchentisch flackerte, beugte sich unter dem frostigen Hauch des Februarmorgens und erlosch. Ein dünner Rauchfaden kräuselte vom kohleschwarzen Docht, wurde von der Zugluft erfasst und verwirbelt, bevor er noch die niedrige Decke der armseligen Dachgeschosswohnung erreicht hatte.

Das dunkelblonde Mädchen mit dem blassen Gesicht saß gedankenverloren am Küchentisch und beobachtete, wie das flüssige Wachs um den Docht schnell erkaltete und sich auf der Oberfläche eine erste dünne Schicht bildete. Wie die Haut, die auf heißer Milch schwimmt.

Heiße Milch!

Abigail Lynn versuchte sich zu erinnern, wann sie das letzte Mal heiße Milch getrunken hatte. Vergeblich. Es lag schon zu lange zurück. Viele Jahre. Seit ihr Vater auf der Fahrt von Indien zurück nach England mit dem Schiff untergegangen war. Er hatte sein ganzes Vermögen in die Schiffsladung gesteckt. Bis auf den letzten Penny, wie ihre Mutter immer wieder mit Verbitterung betonte, wenn sie von den Zeiten erzählte, als sie noch zu den angesehenen Kaufmannsfamilien in London gehört, in einem eigenen Haus gewohnt und mehrere Dienstboten gehabt hatten.

Nur ganz schwach konnte Abigail sich noch an das Haus mit den silbernen Kerzenleuchtern, den Teppichen und Bildern und dem herrschaftlichen Treppenaufgang erinnern. Gerade sechs war sie damals gewesen. Und acht Jahre in drückender Armut waren eine lange Zeit, in der Erinnerungen an eine längst vergangene, glückliche Kindheit ihre scharfen Konturen verlieren wie Zeichnungen auf Papier, die zu lange der Sonne ausgesetzt sind und immer mehr verblassen.

Abigail wünschte, sie könnte die Kerze wieder anzünden. Die kleine Flamme war das einzig Wärmende und Trostspendende an diesem kalten Februarmorgen gewesen. Doch es war schon hell über London, und die Kerze jetzt noch einmal in Brand zu setzen, wäre eine unverzeihliche Verschwendung von Wachs und Zündhölzern gewesen.

Ein anhaltender, trockener Husten aus der hinteren Ecke der Dachkammer riss Abigail aus ihren Gedanken. Ihre Mutter war aufgewacht.

»Abby?«

Abigail erhob sich vom Küchentisch und ging schnell zur Bettstelle hinüber. »Hast du Durst? Soll ich dir etwas Tee bringen?«, fragte sie besorgt und wünschte, sie hätten wirklich ein wenig frischen Tee. Das Gebräu, das sie seit über einer Woche tranken, war der ungezählte Aufguss einer einzigen Hand voll Teeblätter. Sie waren schon so ausgelaugt, dass sie kaum noch das Wasser färbten.

Margaret Lynn nickte und Abby holte eine Blechtasse voll Tee. Ihre Mutter trank gierig und sank dann in die Kissen zurück. Die Krankheit, die sie nun schon gute sechs Wochen ans Bett fesselte, hatte deutliche Spuren hinterlassen. Abby kannte ihre Mutter nur als hagere Frau mit schmalen Lippen und einem verkniffenen Gesichtsausdruck, der ihre unversöhnliche Verbitterung über den tiefen Fall widerspiegelte. Doch nun war sie regelrecht abgemagert. Ihr Gesicht war eingefallen, die fahle Haut schien sich über den spitz hervortretenden Wangenknochen bis zum Zerreißen zu spannen, und in ihren Augen, die in tiefen Höhlen lagen, brannte das Fieber.

»In der Schüssel ist noch etwas kalte Grütze«, sagte Abby und hielt die Hand ihrer Mutter. »Eine halbe Tasse voll.«

»Brot! ... Du musst Brot kaufen, Abby!«

»Es ist längst kein Geld mehr da.«

Ihre Mutter schüttelte den Kopf. »In der Dose hinter der alten Kanne ist noch Geld. Nimm es und kauf einen Laib Brot!« Ihre Stimme war schwach.

Abby zögerte.

»In der Dose müssen ein paar Sixpence und Pennys liegen. Das Geld habe ich für Notzeiten weggelegt«, stieß Margaret Lynn unter schnellem, flachem Atem hervor. »Nimm es und kauf ein. In ein paar Tagen wird es mir schon wieder besser gehen und dann kann ich auch wieder arbeiten. Warum gehst du nicht?«

Abby brachte es nicht über sich, ihr zu sagen, dass nicht ein einziger Penny mehr in der Dose lag und sie schon längst anschreiben ließ.

»Ja, ich werde das Geld aus der Dose nehmen und einen Laib Brot kaufen«, sagte sie und wandte sich schnell ab, weil sie Angst hatte, ihr Blick könnte verraten, wie hoffnungslos ihre Lage war.

Abby wickelte sich einen Schal um, hängte sich ihren abgewetzten Umhang um die Schultern und nahm den binsengeflochtenen Korb vom Wandhaken.

»Ich bin gleich wieder zurück, Mutter!«, rief sie von der Tür über die Schulter zurück. Sie konnte nicht ahnen, dass sie ihre Mutter nie wieder sehen würde.

Zweites Kapitel

Es war ein kalter Morgen und der Himmel über London war von seltener Klarheit. Die unzähligen roten und braunen Schornsteine, aus denen blauer Rauch in dicken Wolken quoll, hoben sich scharf von dem wolkenlosen Himmel ab.

Die vielen Rauchfahnen erinnerten Abby schmerzlich daran, dass sie keine Kohle und kein Brennholz mehr hatten. Sie fröstelte und zog den Umhang enger. Es fehlte ihnen an so vielem.

Es war Markttag in Haymarket und so herrschte an diesem frühen Morgen schon ein geschäftiges Leben und Treiben in den Straßen und Gassen. Kutschen, Wagen und Karren machten sich die Fahrbahn streitig. Das Schnauben nervöser Zugpferde, aus deren Nüstern der Atem wie Dampf kam, vermischte sich mit den Flüchen der Kutscher und dem scharfen Knall ihrer Peitschen.

Ohne Eile ging Abby an den Geschäften und Läden entlang, die die Straße zu beiden Seiten säumten. Sie sog die vielfältigen, bunten Eindrücke wie ein trockener Schwamm in sich auf. Wie sie das pulsierende Leben um sie herum genoss! Es gab ihr für eine kurze Zeit die Möglichkeit, die eigenen bedrückenden Sorgen zu vergessen. Die Luft war erfüllt von einem Gewirr aus vielen Stimmen, Geräuschen und Gerüchen. Schon jetzt drang aus den Tavernen das Lachen und Grölen jener Zecher, denen der Tag für ein Glas Branntwein, Port oder Ale nie zu jung oder zu alt war.

Wortreich priesen Straßenhändler mit Bauchläden ihre zweifelhaften Gesundheitswässerchen und Tinkturen an, und Dienstboten, von ihrer Herrschaft zum Einkauf geschickt, standen für ein paar Minuten in kleinen Gruppen zusammen und tauschten mit lachenden, geröteten Gesichtern den neusten Klatsch aus.

Doch beim Anblick der Straßenmädchen und der zerlumpten Bettler wurde Abby an ihre eigene, trostlose Situation erinnert. Das Hungergefühl stellte sich wieder ein. Und als sie die ersten Marktstände erreichte, krampfte sich ihr der Magen zusammen.

Sehnsüchtig blickte sie auf die andere Seite der Straße hinüber, wo zwischen einem schmalen Tabakladen und einer Schusterei die prächtige Bäckerei von Jonathan Walpole lag. Ihr war, als könnte sie schon über die Straße hinweg den herrlichen Duft frischer Brote und köstlicher Backwaren riechen.

Sie wartete sehnsüchtig eine günstige Gelegenheit ab und lief dann zwischen zwei schwer beladenen Pferdewagen über die Straße. Eine junge Frau, einen voll bepackten Einkaufskorb am Arm, verließ gerade die Bäckerei.

Abby warf einen ängstlichen Blick durch die Schaufenster in den Laden. Denn wenn Jonathan Walpole hinter der Theke stand, brauchte sie ihr Glück erst gar nicht zu versuchen. Sie wusste, dass er ihr keinen weiteren Kredit mehr einräumen würde. Bei Charlotte, seiner fülligen Frau mit den rosigen Pausbacken, lagen die Dinge anders. Ging das Geschäft gut und litt sie nicht gerade unter Kopfschmerzen, nahm sie es mit dem Anschreiben nicht ganz so genau. Doch verschenken tat auch sie nichts.

Hoffnung regte sich in ihr, als sie sah, dass Mrs Walpole allein im Laden war. Schnell lief sie die drei Stufen hoch und betrat die Bäckerei. Eine helle Glocke schlug an, als sie die Tür öffnete und hinter sich schloss. Die bullige Wärme der Bäckerei schlug ihr wie eine Woge entgegen und nahm ihr für einen Moment den Atem. Nach der klammen Kälte der Dachkammer und dem frostigen, schneidenden Wind der Straße fühlte sie sich von dem Wärmeschwall angenehm benommen.

Mit einem freundlichen Lächeln drehte sich die Bäckersfrau um. Sie trug ein blütenweißes Häubchen und eine ebenso weiße Schürze. Als sie anstelle zahlungskräftiger Kundschaft das dunkelblonde, ärmlich gekleidete Mädchen vor der Ladentheke stehen sah, verschwand das Lächeln von ihrem vollen Gesicht.

»Was willst du, Abby?«, fragte sie argwöhnisch, als wüsste sie, dass sie vor ihrer eigenen Weichherzigkeit auf der Hut sein musste.

Abby schluckte. Der Geruch, der den mit Brotlaiben und Kuchen aller Art voll gestellten Regalen entströmte, ließ ihr das

Wasser im Mund zusammenlaufen und machte sie zittrig auf den Beinen. Sie richtete den Blick zu Boden und umklammerte den Tragbügel ihres leeren Korbes. »Einen Laib Brot, Mrs. Walpole ... bitte«, brachte sie nur mühsam hervor.

»Du hast natürlich auch heute keinen Penny dabei und willst, dass ich es wieder anschreibe, nicht wahr?«

Abby nickte stumm.

»Warum kommst du immer wieder zu mir, Abby?«, fragte die Bäckersfrau vorwurfsvoll und rang die Hände, als hätte sie das Schicksal schwer gestraft. »Weißt du nicht ganz genau, dass ich deiner Mutter schon mehr Kredit eingeräumt habe, als ich verantworten kann? Wenn mein Mann erfährt, wie viel ihr uns schon schuldet, wird er mir Vorhaltungen machen. Jeder weiß, dass er ein guter Mann ist und kein Herz aus Stein hat. Aber er kennt das rechte Maß der Mildtätigkeit besser als ich. Ja, ja, ich bin es doch, die es letztlich auszubaden hat.«

»Aber zu wem soll ich denn sonst gehen? Bitte, Mrs. Walpole, nur noch einen einzigen Laib!«, flehte Abby und blickte ihr nun ins Gesicht. In ihren dunklen Augen lag mehr inständiges Flehen, als sie mit Worten hätte ausdrücken können.

Die Bäckersfrau zögerte sichtlich. Sie sah die Hilflosigkeit und Verzweiflung im Blick des Mädchens, sah ihr blasses Gesicht und ihren viel zu dünnen Umhang. Doch das allein reichte nicht. Täglich betraten Bettler ihren Laden, unter denen sich auch Jungen und Mädchen befanden, die Abby um ihre abgetragenen Kleider und um ihre Bettstelle in der Dachkammer beneidet hätten. Und so fragte sie scheinbar zusammenhanglos: »Wie geht es deiner Mutter?«

Abby verstand sofort, und sie zuckte nicht mit der Wimper, als sie log: »Viel besser, Mrs. Walpole. Sie ist über den schlimmen Husten hinweg. In ein paar Tagen kann sie wieder arbeiten und dann bekommen Sie jeden Penny zurück.« Sie war klug genug, um nicht eifrig und beteuernd zu klingen, sondern gab ihrer Stimme einen müden Klang. Was ihr nicht allzu schwer fiel. »Ich soll Ihnen und Mr. Walpole Grüße ausrichten und sagen, wie dankbar sie Ihnen dafür ist, dass Sie uns in den letzten Wochen …«

»Schon gut, schon gut«, fiel Charlotte Walpole ihr mit einem Anflug von Verlegenheit ins Wort. »Wenn deine Mutter ihre Arbeit bald wieder aufnehmen kann, will ich nicht so sein. Du sollst dein Brot bekommen.«

Abby machte einen Knicks und dankte ihr vielmals. Sie fühlte sich ganz schwach und flau vor Erleichterung, der Bäckersfrau doch noch einen Laib abgeschwatzt zu haben. Dabei ging es ihrer Mutter keineswegs besser. Hätte sie jedoch die Wahrheit gesagt, hätte sich auch Mrs. Walpole nicht erweichen lassen.

Die Bäckersfrau wandte sich zum Brotregal und nahm nach kurzem Zögern einen Laib vom Lattenrost, der gut und gerne seine fünf Pfund auf die Waage brachte.

Im selben Augenblick wurde die Schwingtür, durch die man nach hinten in die Backstube gelangte, aufgestoßen, Jonathan Walpole brachte ein großes Blech mit ofenfrischen Backwaren in den Laden. Er war ein kräftiger, breitschultriger Mann mit einem buschigen Backenbart, der stellenweise mehlbestäubt war. Sein merkwürdig kantiges, jedoch nicht unsympathisches Gesicht war gerötet. Schweißperlen glitzerten auf der Stirn und an den Schläfen. Sein Hemd wies unter den Armen und auf der Brust dunkle Schwitzflecken auf. Schon lange vor Sonnenaufgang hatte er mit der Arbeit in der heißen Backstube begonnen. An Markttagen konnte er kaum so schnell mit frischen Backwaren nachkommen, wie sie von den Regalen verschwanden. Noch war es ruhig. Doch in ein, zwei Stunden würden sich die Kunden die Türklinke gegenseitig in die Hand geben. Und für diesen Ansturm musste mit vollen Regalen Vorsorge geschaffen werden.

»Schau an!«, sagte Jonathan Walpole grimmig und knallte das Blech auf die Ladentheke. »Die kleine Abby Lynn!«

Nicht nur Abby erschrak bei seinem Anblick, sondern auch die Bäckersfrau. Sie zuckte zusammen, als hätte er sie bei einer unrechten Handlung ertappt.

»Hat sie wieder so lange gebettelt und dich beredet, dass du nicht anders konntest, als ihr einen Brotlaib zu geben?«, fragte der Bäcker ärgerlich. »Hast du denn vergessen, was ich dir schon hundertmal gesagt habe, Frau?«

»Sie sagt, ihrer Mutter geht es schon viel besser und sie wird bald wieder arbeiten können«, führte sie zu ihrer Entschuldigung an.

»Das freut mich zu hören. Aber Geld hat sie keins dabei, nicht wahr?«

»Nein«, räumte die Bäckersfrau ein.

»Dann gibt es auch kein Brot!«, erklärte Jonathan Walpole streng, nahm ihr den Laib ab und legte ihn ins Regal zurück.

Abby hörte, wie die Glocke hell und melodisch hinter ihr anschlug. Zwei Frauen betraten den Laden. Sie wusste, dass ihr nicht mehr viel Zeit blieb, den Bäcker vielleicht doch noch umzustimmen.

»Bitte, nur noch dieses eine Brot!«, bat sie ihn inständig. »Sie werden Ihr Geld bestimmt wiederbekommen, das schwöre ich Ihnen. Und wenn ich betteln gehen müsste!«

Jonathan Walpole schaute sie an und für einen kurzen Augenblick trat so etwas wie Mitgefühl in seine Augen. Doch im nächsten Moment war dieser Ausdruck schon wieder verschwunden.

»Ich bin kein Unmensch, Abby. Und ich habe deiner Mutter vier Wochen lang Kredit eingeräumt, wie ich das bei all meinen Stammkunden zu tun pflege«, sagte er nun geschäftsmäßig. »Doch länger als vier Wochen schreibe ich nicht an. Und Ausnahmen gibt es bei mir nicht!«

Nicht dass er ein schlechter, hartherziger Mensch gewesen wäre. Doch er hatte nun einmal seine Prinzipien, von denen er nicht abrückte. Es waren harte Zeiten, gewiss, doch wer sich vom Elend zu sehr rühren ließ, lief Gefahr, über kurz oder lang auch zum großen Heer der Bedürftigen zu zählen, die London überschwemmten.

Abby spürte die ungehaltenen Blicke der beiden Frauen. Sie hielten sichtlichen Abstand, als wollten sie zum Ausdruck bringen, dass sie mit einem bettelnden Mädchen nichts zu tun haben wollten. Armut war wie eine hässliche ansteckende Krankheit, der man am besten dadurch vorbeugte, dass man ihr aus dem Weg ging und sie dort ignorierte, wo man ihr wider Willen begegnete.

In ihrer Verzweiflung suchte Abby nach Worten, die Jonathan Walpole doch noch umstimmen könnten. Doch es wollte ihr nichts Überzeugendes in den Sinn kommen und so schaute sie ihn nur hilflos an.

»Steh hier nicht im Laden herum. Du hast gehört, was ich gesagt habe. Versuche dein Glück anderswo, Abby«, sagte der Bäcker unbeugsam und fuhr dann seine Frau vorwurfsvoll an: »Wir haben Kundschaft! Seit wann ist es unsere Art, *zahlende* Kunden warten zu lassen?«

Abby sah, wie der Bäckersfrau das Blut ins Gesicht schoss, wandte sich beschämt ab und stürzte aus dem Geschäft in die schneidende Kälte des Morgens. Sie hätte weinen mögen. Warum hatte der Bäckermeister das Kuchenblech auch gerade in dem Augenblick bringen müssen? Nur eine Minute später, und sie wäre mit dem schweren, knusprig-frischen Brotlaib schon auf dem Heimweg gewesen. Was nun?

Abby wusste sich keinen Rat und lief ziellos durch die belebten Straßen und Gassen. Sie konnte unmöglich mit leerem Korb nach Hause kommen. Doch wer würde ihr noch etwas geben? Ihre Mutter hatte weder Verwandte noch Freunde, die ihnen hätten beistehen können. Und in den anderen Geschäften des Viertels gab man ihr schon seit Wochen keine Lebensmittel mehr auf Kredit. Charlotte Walpole war ihre letzte Hoffnung gewesen.

Drittes Kapitel

Müde und hungrig setzte sie sich schließlich am Rande des Marktes neben einem Torbogen auf einen hüfthohen Steinsockel. Den Korb auf dem Schoß und die Arme darüber verschränkt. Der schneidende Wind hatte sich gelegt und eine blasse, kraftlose Sonne stand über der Stadt an der Themse. Ein Schwarm Tauben kreiste über den Häuserdächern und ließ sich dann mit lautem Flügelschlag auf einer Regenrinne nieder. Gurrend blickten sie auf das lärmende Treiben hinunter.

»Was bleibt mir anderes als das Betteln«, dachte Abby, während sie den einbeinigen Bettler mit dem von Pockennarben entstellten Gesicht beobachtete. Er saß ihr schräg gegenüber auf dem kalten Straßenpflaster vor der Taverne *The Fox and Bull* und bat die Vorübergehenden um eine milde Gabe. Seine Stimme drang nicht bis zu ihr herüber, doch sie sah die Bewegungen seiner Lippen. Aber nicht einer warf ihm etwas in die knöchrigen, ausgestreckten Hände.

Es bevölkerten einfach zu viele Bettler die Straßen von London. Zehntausende. Und um jeden guten Platz wurde erbittert gekämpft. Auch unter dem Abschaum der Straße gab es Könige, die das Leben in der Gosse und in den Elendsvierteln mit gnadenloser Härte bestimmten. Sie schickten Banden von Taschendieben auf Beutezug aus und kontrollierten mit eiserner Hand das abscheuliche Geschäft mit den Straßenmädchen, die oftmals noch im Kindesalter waren. Einige von diesen »Königen des Elends« herrschten über Armeen aus hunderten von Bettlern. Gehörte man nicht zu den großen, organisierten Bettlerbanden, hatte man kaum eine Chance, sich auf der Straße zu behaupten.

Tiefe Niedergeschlagenheit erfasste Abby. Arbeit gab es für sie keine. Und angenommen, sie würde sich zu den anderen

Bettlern gesellen und von ihnen auch geduldet werden: Wer würde ihr schon etwas geben? Charlotte Walpole hatte Recht. Sie war noch längst nicht tief genug gesunken, um Mitleid zu erregen. Dafür zählte bittere Armut viel zu sehr zum normalen Straßenbild der Stadt: Männer, die sich selbst verstümmelten, um als Bettler ein wenig Mitgefühl zu erregen und so ihr Überleben zu sichern. Halbwüchsige, denen der baldige Tod durch Unterernährung und Krankheit im Gesicht geschrieben stand. Frauen, die in ihrer Not ihre Kinder schon mit sieben Jahren an die Besitzer von Bergwerken oder Spinnereien verkauften – wo sie zumeist auch starben. An Kälte, Hitze, ungenügender Ernährung, Peitschenschlägen und völliger Erschöpfung durch unmenschliche Schinderei.

Abby seufzte. Ihre Lage war bedrückend, doch noch längst nicht hoffnungslos. Sie konnten immer noch das eine oder andere Kleidungsstück versetzen und einige Gerätschaften zum Pfandleiher bringen. Das Beste war, sie fing schon gleich damit an, wie schwer es ihr auch ankommen mochte. Sie würde Schal und Umhang versetzen. Viel würden die abgetragenen Sachen ja nicht bringen, und sie würde in der ungeheizten Dachkammer frieren, doch von dem Erlös würde sie einkaufen können. Außerdem: blieb ihr überhaupt eine andere Wahl? Sie mussten essen, brauchten Brot, und vielleicht reichte es sogar noch für etwas Tee.

»Hoffentlich kommt der Frühling schnell«, dachte Abby. Sie wusste jedoch, dass die ersten warmen Tage noch lange auf sich warten lassen würden, und wünschte, sie hätte noch einen gewichtigen Grund, um den Gang zum Pfandleiher auf einen späteren Zeitpunkt verschieben zu können.

Es gab keinen. Die Straße begann vor ihren Augen zu verschwimmen. Hastig und verstohlen wischte sie sich die Tränen aus den Augenwinkeln und blinzelte mehrmals. Eine Lynn weint nicht. Niemals. Das hatte ihre Mutter ihr immer und immer wieder eingeschärft.

»Träume sind wie Wolken. Sie sind unnütz. Man lässt sie ziehen und hängt ihnen nicht nach. Und Weinen ist ein Zeichen von Schwäche«, pflegte sie voller Verachtung zu sagen, wenn sie Abby in einem Augenblick melancholischer Träumerei oder mit tränenschimmernden Augen überraschte. Und dann setzte sie gewöhnlich zu einer ihrer »erzieherischen Predigten« an. So nannte Margaret Lynn zumindest ihre Monologe, die sie mit kalter Unversöhnlichkeit vortrug.

»Wer seine Schwäche preisgibt«, fuhr sie dann gewöhnlich fort, »wird in dieser Welt über kurz oder lang daran zugrunde gehen. Nur Härte zählt und hindert deine Mitmenschen daran, dir an die Kehle zu gehen. Zeig keinem, was du denkst oder fühlst, und vertraue niemand! Wenn du dich daran hältst, wird dir das Leben so manch bittere Erfahrung ersparen. Hältst du dich jedoch nicht daran, wird es dir ergehen wie mir. Du wirst mehr verlieren, als du jemals zu besitzen geglaubt hast.

Ja, höre mir nur gut zu, Abby! Das Leben ist grausam und nimmt auf die Schwachen, die Zaghaften und Glücklosen keine Rücksicht. Es geht über sie hinweg, drückt sie in den Dreck und vernichtet sie. So wie eine Feuersbrunst in einer Nacht ganze Städte in Schutt und Asche legt, so gnadenlos rafft das Leben die Schwächlinge dahin und die Verblendeten, denen die Gunst der Stunde einmal hold gewesen ist und die von nun an dem selbstzerstörerischen Wahn verfallen, das Glück für sich gepachtet zu haben.

Nein, mein Kind. Die wirklich Glücklichen haben ihr Glück mit Härte, eiserner Willensstärke, Gerissenheit und zäher Ausdauer erkämpft – und sich niemals eine Blöße gegeben. Sie haben sich der Schwachen, der Zaghaften und der Glücklosen bedient. Ihre eigenen Schwächen haben sie so geschickt vor der Welt verborgen, wie man einen bösen Fluch aus seinem Leben zu verbannen sucht! Hast du mich verstanden, Abby? Statt Schwäche zu zeigen, musst du härter sein als die anderen!«

Abby versuchte zu verstehen. Doch manches klang so fremd,

so kalt und voller Argwohn, als wären sie allein und nur von Feinden umgeben. Sie wusste nicht, ob es richtig war, härter als die anderen zu sein und niemals zu weinen. Ihre Mutter lebte zumindest nach ihrer Überzeugung. Sie konnte sich nicht daran erinnern, sie auch nur einmal mit tränenfeuchten Augen, geschweige denn weinen gesehen zu haben.

Deshalb schämte sie sich, wenn ihr manchmal nachts die Tränen kamen und sie nicht zu sagen vermochte, weshalb sie weinte, nur dass sie sich hinterher leichter und irgendwie befreit fühlte. Sie hatte jedoch Angst, von ihrer Mutter dabei ertappt zu werden.

Abby zwang sich, diesen trüben Gedanken nicht weiter nachzuhängen, und richtete ihre Aufmerksamkeit wieder auf das rege, lärmende Treiben. Das Gedränge war jetzt so groß, als wäre halb London nach Haymarket geströmt.

Ein schlaksiger, schwarzhaariger Junge in einer Flickenjoppe tauchte eben in diesem Moment drüben auf dem Gehsteig vor der Taverne auf. Er lungerte vor dem Eingang herum, nicht weit von der Stelle, wo der Bettler am Boden kauerte. Er mochte siebzehn sein, also drei Jahre älter als sie.

Abby kannte ihn ganz flüchtig, eigentlich mehr vom Sehen her. Er trieb sich gelegentlich in dieser Gegend herum. Sie glaubte, ihm schon mehrfach im Gedränge des Marktes begegnet zu sein und gehört zu haben, wie ihn jemand Edmund oder Edward gerufen hatte. Aber das war auch schon alles, was sie über ihn wusste. Ihre Mutter ließ ihr nicht viel Zeit für Nichtstun. Sie musste ihr bei der Arbeit zur Hand gehen und ihren Teil zum Lebensunterhalt beitragen.

Sie vermochte nicht zu sagen, was sie veranlasste, dem Jungen ihre Aufmerksamkeit zu schenken. Vielleicht ahnte sie, dass es ihm nicht viel besser erging als ihr. Was auch immer der Grund sein mochte, sie ließ ihn auf jeden Fall eine geraume Zeit lang nicht aus den Augen.

Sie verlor jedoch bald das Interesse an ihm, denn viel zu beobachten gab es da nicht. Er tat nichts. Weder bettelte er noch schien er auf irgendjemanden zu warten. Er lehnte einfach nur an der Hauswand neben der Taverne und beobachtete scheinbar völlig teilnahmslos den dichten Verkehr auf der Straße und den scheinbar endlosen Strom vorbeiziehender Passanten.

Abby seufzte. Es wurde Zeit, dass sie weiterging. Die Kälte zog schon vom Steinsockel durch die Kleider. Und ihr stand ja noch der schwere Gang zum Pfandleiher bevor. Gerade wollte sie von ihrem harten Sitz herunterrutschen, als etwas passierte, was ihre Aufmerksamkeit auf sich zog.

Eine Mietkutsche hatte ein Stück oberhalb des Wirtshauses gehalten. Ein gut gekleideter Herr von gedrungener Statur und beachtlicher Leibesfülle stieg aus, strich seinen weinroten Gehrock glatt und drückte dem Kutscher ein paar Münzen in die Hand.

Dann geschah auf einmal so unglaublich viel in so kurzer Zeit!

Abby sah nicht den Hagel kleiner, spitzer Steine, der das Pferd der Droschke traf. Sie sah nur, wie der schon betagte Grauschimmel mit einem erschrockenen, schrillen Wiehern aufstieg, die Oberlippe weit über die dunklen Zähne hochzog und das Weiße im Auge zeigte. Wild warf er den Kopf hin und her, dass seine zottelige Mähne flog.

Die Kutsche rollte zurück, und der stämmige Mann auf dem Kutschbock stemmte sich nach Halt suchend gegen das Trittbrett, zerrte an den Zügeln, rief dem Grauschimmel einen scharfen Befehl zu und ließ die Peitsche knallen.

Der korpulente Mann sprang erschrocken zurück und stieß gegen den Jungen in der Flickenjacke, der plötzlich nur einen Schritt hinter dem Dicken stand.

Und Abby sah es, obwohl der Junge bewundernswert schnell und geschickt war: Ein blitzschneller Griff, und er hatte dem Mann die Geldbörse aus der Rocktasche gezogen.

Sie saß wie erstarrt und hielt unwillkürlich den Atem an. Ihr

Herz schlug plötzlich wie wild, als hätte sie eine unvorstellbare Entdeckung gemacht ... oder als wäre sie selbst an diesem frechen Taschendiebstahl beteiligt. Würde er mit seiner Beute entkommen? Es wurde ihr gar nicht bewusst, dass sie bangte, das Verbrechen könnte noch von anderen bemerkt worden sein.

Edmund, oder wie auch immer er heißen mochte, handelte kaltblütig, eben nach den Regeln seines verbrecherischen Gewerbes. Er drehte sich um und entfernte sich ganz ohne Eile, die Verdacht hätte erregen können. Der Kutscher war noch immer mit seinem Grauschimmel beschäftigt, der sich noch nicht beruhigt hatte.

»Mein Gott, es ist ihm wirklich gelungen!«, dachte Abby schon. Zu früh, wie sich im nächsten Moment zeigte.

Der Dieb hatte vielleicht ein Dutzend Schritte zwischen sich und sein Opfer gebracht, als der Bestohlene plötzlich in seine Rocktasche fasste. »Man hat mich bestohlen!«, rief er mit unmännlich schriller, erregter Stimme, fuhr herum und suchte nach dem Dieb. Sein Blick fiel auf den Jungen in der Flickenjacke. Er erkannte ihn, erinnerte sich an die flüchtige Rempelei und setzte ihm nach. »Das ist der Dieb! Haltet ihn! ... Haltet den Lump! Er hat mich bestohlen!«, schrie er und deutete auf den Jungen, der nun sein Heil in der Flucht suchte.

Der Dicke wusste, dass er es mit dem jungen Burschen nicht aufnehmen konnte und ihn allein nie zu fassen kriegen würde. Und so brüllte er, so laut er konnte: »Haltet den Verbrecher! Drei Shilling für den, der ihn fängt!«

Der Ruf »Haltet den Dieb!« wurde nun von den Umstehenden aufgenommen und erhielt ein gellendes, vielstimmiges Echo. Überall blieben die Leute stehen, irritiert erst und dann voller Neugier und Sensationslust. Der Verkehr auf der Straße geriet ins Stocken. Verwirrung machte sich breit. Es war alles so schnell gegangen, dass nur ganz wenige mitbekommen hatten, wer nun der Bestohlene war und wer der Dieb.

Zwei, drei Beherzte versuchten sich die Belohnung zu verdienen. Sie stellten sich dem flüchtenden Taschendieb in den Weg und einer von ihnen bekam ihn sogar am linken Jackenärmel zu fassen. Doch er riss sich los, schlug einen Haken und rannte zwischen den Fuhrwerken hindurch über die Straße.

Abby, die längst aufgesprungen war, erschrak. *Der Junge lief direkt auf sie zu!* Ganz deutlich sah sie sein schmales, verzerrtes Gesicht mit den angsterfüllten Augen und seinen dampfenden, stoßhaften Atem.

Vier, fünf Sätze war er noch von ihr entfernt, als sich ihre Blicke begegneten. Und dann hörte sie seine Stimme, während er keuchend auf sie zulief. »Wir teilen! ... Später! ... Hau ab damit!«

Etwas fiel in ihren Korb.

Dann war er auch schon an ihr vorbei.

Fassungslos blickte Abby in den Korb und sah eine pralle, mit Goldfäden durchwirkte Geldbörse. Sie allein war schon viel wert. Wie viel Geld wohl in der Börse steckte? Sicherlich ein kleines Vermögen. Warum hatte er das nur getan?

Sie hatte das Gefühl, etwas völlig Unwirkliches zu erleben. Einen schrecklichen und zugleich doch faszinierenden Tagtraum. Sie war nicht fähig, einen klaren Gedanken zu fassen. Es waren Gedankenbruchstücke, die sich in wirrer Folge hinter ihrer Stirn jagten.

Abby wusste überhaupt nicht, was sie tat, als sie zwei zögernde Schritte machte, weg vom Steinsockel, in Richtung Torbogen, durch den man in eine schmale Gasse gelangte. Sie war wie in Trance.

»Die Geldbörse! ... Sie ist Diebesgut! ... Ich muss sie zurückgeben!«, schoss es ihr durch den Kopf.

Fast im selben Augenblick schallte der empörte, anklagende Ruf einer Marktfrau vom Sitz eines mit Kartoffeln beladenen Fuhrwerkes über die Straße: »Sie hat die Geldbörse! Das Mädchen da! Das im braunen Umhang!«, geiferte sie vom Kutschbock. »Ich habe gesehen, wie er sie ihr zugesteckt hat! Das ist seine Komplizin! Dieses verdorbene Flittchen da drüben hat die Börse!«

Die Bezichtigung traf Abby wie ein unerwarteter Peitschenhieb. Entsetzt blickte sie auf und sah, wie die Marktfrau mit einem knorrigen Stock in ihre Richtung fuchtelte.

Bevor Abby wusste, was sie tat, rannte sie auch schon wie von Furien gehetzt durch den Torbogen die Gasse hoch. Es kam ihr überhaupt nicht in den Sinn, den Korb mit der gestohlenen Geldbörse von sich zu schleudern, so verstört war sie. Nur ein einziger Gedanke beherrschte sie: Weg von hier! Weg von dem schreienden Mob, der ihr auf den Fersen war!

Das laute Klappern vieler Schuhe über Kopfsteinpflaster begleitete das wilde Geschrei der Verfolger, die ihr nachhasteten. Die schrillen Stimmen schmerzten ihr in den Ohren. Was wollten sie von ihr? Sie hatte doch nichts getan. Warum rannte sie überhaupt?

Sie sah vor sich eine Gestalt, die aus einem Hauseingang trat, und wollte ihr ausweichen. Doch ein kräftiger Arm schoss wie ein Riegel vor und brachte sie aus dem Gleichgewicht. Sie stolperte und stürzte der Länge nach auf das harte Kopfsteinpflaster. Der Korb entglitt ihrer Hand, Stoff riss, und eine scharfe Steinkante zog eine lange, blutige Linie über ihren rechten Unterarm.

Benommen blieb Abby liegen.

Doch nicht lange.

Kaum hatten ihre Verfolger sie erreicht, da packten auch schon derbe Hände nach ihr und zerrten sie unsanft hoch, begleitet von einer Mischung aus triumphierenden und bösartigen Zurufen.

»Wir haben sie!«

»Sie haben das Verbrecherflittchen erwischt!«

»Sie hat die Geldbörse wirklich im Korb gehabt! Hier ist sie! … Die drei Shilling gehören mir!«

»Auspeitschen sollte man diese elende Brut! … Man ist sich heute noch nicht einmal am helllichten Tag seines Lebens sicher!«

»Verbrecherpack!«

»Hurengesindel!«

Ein Meer von hassverzerrten Gesichtern umschloss Abby. Sie wollte zurückweichen, doch man hielt sie fest. Speichel traf sie ins Gesicht. Entsetzen und Ekel erfassten sie.

»Ein Konstabler! … Da kommt ein Konstabler!«, rief jemand in der Menge.

»Die sind nie zur Stelle, wenn man sie braucht«, schimpfte ein anderer. »Sie tauchen immer erst dann auf, wenn schon alles vorbei ist.«

»Lasst mich durch! Zum Teufel noch mal, lasst mich durch!«, rief der Dicke, dem die Geldbörse gestohlen worden war. Mühsam bahnte er sich einen Weg durch die Menschenmenge, die im Handumdrehen die schmale Gasse verstopft hatte.

Abby sah sich umringt von vielen Gesichtern, die von reiner Neugier über Schadenfreude bis hin zum Hass alles zeigten – nur kein Mitgefühl. Die Angst legte sich wie eine eiskalte Klaue um ihre Kehle und drückte ihr die Luft ab. Sie wollte vor diesen Augenpaaren, die das Urteil über sie schon gesprochen hatten, zurückweichen. Doch die beiden Kerle, die sie hochgezerrt hatten, hielten sie fest. Die schwieligen Männerhände umschlossen ihre Arme und umklammerten schmerzhaft ihre Schultern. Einer von ihnen stank entsetzlich nach Fisch.

Der schwergewichtige Mann im weinroten Gehrock hatte sich indessen durch die Menschenmenge zu ihr vorgedrängt. »Meine Geldbörse!«, war das Erste, was ihm über die Lippen kam. »Wo ist meine Geldbörse?«

Der sehnige, nach Fisch stinkende Mann hielt ihm den prallen, goldbestickten Beutel hin. »Hier, mein Herr«, sagte er eifrig und mit unterwürfigem Tonfall. »Und wenn Sie gütigst an die versprochenen drei Shilling denken würden …«

Mit einem Seufzer großer Erleichterung nahm der Dicke seine Geldbörse entgegen. »Du sollst die drei Shilling haben.« Sein Blick richtete sich nun auf Abby. Zorn und Abscheu traten auf sein Gesicht. Wie ein Hahn, der nach etwas Lebendigem pickt, stieß er seinen runden, fleischigen Schädel vor, spuckte sie an und zog den Kopf schnell wieder zurück. »Hurenbrut! ... Elendes Miststück!«, beschimpfte er sie. »Das hast du dir mit deinem Komplizen ja klug ausgedacht! Aber jetzt wird euch das Handwerk gelegt. Wie heißt es doch: ›Der Krug geht so lange zum Brunnen, bis der Henkel bricht.‹ Und dir wird der Strick den Hals brechen!«

»Ich ... bin nicht seine Komplizin ... und ich habe nichts damit zu tun«, brachte Abby nun mühsam hervor.

Die Umstehenden quittierten ihre Worte mit höhnischem Gelächter.

»Was geht hier vor?«, fragte eine scharfe, Respekt heischende Stimme. Es war der Konstabler. Die Leute traten unwillkürlich zurück und bildeten eine Gasse.

Der Konstabler, ein kräftig gebauter Mann mit buschigen Augenbrauen und irgendwie groben Gesichtszügen, ging forschen Schrittes durch die Gasse. Er hatte die aufrechte Haltung eines uniformierten Mannes, der sich seiner Stellung und Macht bewusst war.

Mit leicht gespreizten Beinen, die hohe Stirn gefurcht, stellte er sich neben den Bestohlenen. Die stechenden Augen auf Abby gerichtet, fragte er knapp: »Also, was ist mit ihr?«

»Galsworthy ist mein Name, Konstabler, Samuel Galsworthy aus Bristol. Ex- und Import von Weinen. Ich halte mich geschäftlich in London auf«, stellte sich der dickliche Kaufmann aufgeregt vor und begann umständlich den Hergang des Diebstahls zu berichten.

»Aber das stimmt nicht!«, fiel Abby ihm in die Rede, als er sie erneut als Komplizin des Taschendiebes bezichtigte. »Ich bin unschuldig, Konstabler!«

»Und ich bin die Jungfrau von Kastilien!«, grölte eine Stimme in ihrem Rücken, gefolgt von bösartigem Gelächter.

»Meine Mutter liegt krank zu Bett ... Ich wollte Brot kaufen ... nur einen Laib Brot ... und dann zum Pfandleiher ... und ich habe mich dort am Torbogen nur einen Moment ausgeruht, als es geschah«, beteuerte Abby und verhaspelte sich. Panik wallte in ihr auf.

»Sicher wolltest du Brot kaufen – von meinem Geld!«, fuhr Samuel Galsworthy sie an.

»Vergessen Sie nicht, mir die zugesagten drei Shilling Belohnung auszuzahlen, mein Herr«, erinnerte ihn der Fischverkäufer, besorgt darüber, er könnte in der allgemeinen Aufregung um die ihm zustehende Belohnung geprellt werden.

»Ja, ja, alles zu seiner Zeit«, erwiderte der Kaufmann, ohne ihn dabei anzusehen.

»Nein! ... So ist es nicht gewesen! Ich kenne den Dieb überhaupt nicht! Habe nie mit ihm gesprochen. Es war Zufall, dass er mir die Geldbörse in den Korb geworfen hat. Er wollte sie los sein und ich stand nun mal da«, sprudelte sie überhastet hervor und hatte das entsetzliche Gefühl, sich im nächsten Augenblick übergeben zu müssen. »Konstabler, Sie müssen mir glauben! Ich ...«

Der Polizist brachte sie mit einer herrischen Handbewegung zum Schweigen. »Warum bist du dann mit dem Diebesgut weggerannt, statt stehen zu bleiben und Mr. Galsworthy seine Börse zurückzugeben?«, fragte er scharf.

»Eine treffliche Frage, Konstabler!«, kommentierte der Kaufmann wichtigtuerisch.

»Weil ich Angst hatte«, sagte Abby mit zitternder Stimme. »Diese Frau auf dem Fuhrwerk ... sie zeigte auf mich, als hätte ich etwas verbrochen. Und dann zeigten auch die anderen auf mich und schrien und liefen auf mich zu ... und da bekam ich es mit der Angst zu tun und bin gerannt ... ohne zu denken ... ich wollte nicht mit der Geldbörse flüchten ... daran dachte ich in dem Augenblick überhaupt nicht mehr. Ich ... ich habe einfach nicht gewusst, was ich tat ...«

»Was du da sagst, ist dummes Zeug!«, fuhr der Konstabler sie an. »Ausflüchte. Nichts als Ausflüchte. Wer ein reines Gewissen hat, braucht keine Angst zu haben! Und wer nichts verbrochen hat, hat auch keinen Grund zum Weglaufen! Ich glaube dir kein Wort! Du steckst mit dem Schurken unter einer Decke. Dafür gibt es Zeugen! Also lüge mich nicht weiter an.«

»Aber ...«

»Schweig!«, donnerte der Konstabler. »Ich will von dir keine Unschuldsbeteuerungen mehr hören! Du verschlimmerst deine Lage damit nur noch mehr. Wenn du klug bist, gibst du den Namen deines Komplizen preis und sagst uns, wo er sich mit dir treffen will. Ihr habt doch sicher ein Versteck, wo ihr zusammenkommt, um eure Diebesbeute aufzuteilen!«

»Nein! Es gibt kein Versteck! Und ich bin auch nicht seine Komplizin! Ich weiß nur, dass er Edmund heißt! Das ist alles!«, entfuhr es Abby in ihrer Erregung unbedacht. Und kaum hatte sie die inhaltsschweren Worte ausgesprochen, da traf sie auch schon die schockartige Erkenntnis, welch einen verhängnisvollen Fehler sie begangen hatte.

In den kühlen Augen des Konstablers, denen der Anblick von Verbrechern aller Art so vertraut war wie Fischen die vielseitigen Gesichter der See, blitzte es triumphierend auf.

»Schau an, erst behauptest du, den Dieb nicht zu kennen, und jetzt weißt du auf einmal seinen Namen!«, hielt er ihr mit grimmiger Genugtuung vor. Seine Vorgesetzten würden mit ihm zufrieden sein, dass sein gestrenges Verhör eine entscheidende Lüge zutage gebracht hatte. Eine Lüge, die sie der verbrecherischen Komplizenschaft zweifellos überführte. »Edmund heißt dein Komplize also! Endlich kommst du der Wahrheit näher! Also, wo versteckt er sich jetzt? Heraus damit! Leugnen hilft dir jetzt nicht mehr! Du hast dich selbst verraten und alle haben es gehört!«

»Bei Gott, das kann ich bezeugen!«, bekräftigte Samuel Galsworthy.

»Meine drei Shilling«, beharrte der Mann an Abbys Seite. »Sie haben mir noch nicht die drei Shilling Belohnung gegeben!«

»Macht das unter euch aus!«, beschied der Konstabler ihn, ungehalten über die Unterbrechung seines Verhörs.

»Bei allem, was recht ist, Konstabler«, antwortete der Fischhändler höflich, jedoch mit einem aufbegehrenden Unterton in der Stimme, »aber drei Shilling demjenigen, der ihm die Geldbörse wieder beschafft, das waren die Worte des Herrn hier aus Bristol. Und ich kann nicht länger warten. Ich muss zu meinem Fuhrwerk zurück. Allein wird meine Frau nicht ...«

»Du bleibst und kommst mit auf die Wache!«, schnitt der Konstabler ihm die Rede ab. »Deine Aussage muss aufgenommen werden. Es sei denn, du legst ein Geständnis ab!« Scharf fasste er Abby dabei ins Auge, als wollte er sie kraft seines Blickes zwingen, ihre verbrecherische Schuld einzugestehen.

»Ich weiß nicht, ob er wirklich Edmund heißt oder Edward«, versuchte Abby den Schaden wieder gutzumachen, den sie angerichtet hatte. Tief im Innern wusste sie jedoch, dass es dafür längst zu spät war. »Und ich kenne ihn auch nicht. Auf dem Markt ist er mir mal begegnet, und ich glaube, jemand hat ihn Edmund oder Edward gerufen.«

Wachsende Verzweiflung bemächtigte sich ihrer. Es war wie ein entsetzlicher Albtraum, dass sie hier vor dem Konstabler stand, bedrängt von böswilligen Menschen, die sich an ihrer unverhohlenen Angst weideten, und wie gefangen in einem Netz aus Verdächtigungen und beängstigenden Halbwahrheiten. Warum löste sich dieser grässliche Albtraum nicht auf, und sie erwachte aus einem kurzen unruhigen Schlaf, auf dem Steinsockel neben dem Torbogen sitzend? Doch der Konstabler und die höhnischen Gesichter verflüchtigten sich nicht. Und die Schmerzen, die die groben Männerhände ihr zufügten, waren ebenso Wirklichkeit wie das Blut, das aus ihrer langen Schnittwunde am Unterarm sickerte.

»Sobald sie den Mund aufmacht, kommt ihr ein Schwall Lügen über die Lippen! Ist doch immer das Gleiche mit diesem Verbrechergesindel. Man kann diese Brut auf frischer Tat ertappen, und sie versuchen dennoch, sich wie eine Natter aus der drohenden Schlinge zu winden!«, rief eine Frau mit aufgebrachter, sich überschlagender Stimme aus der Menge und erhielt lärmende Zustimmung. »Gleich wird sie noch behaupten, eine gottesfürchtige Klosterschülerin zu sein!«

»Warum macht man mit diesem Abschaum der Straße nicht kurzen Prozess? Man sollte ihr erst die Diebeshand abhacken und sie dann gleich aufhängen!«, forderte ein schmächtiger, abgehärmter Mann mit einer speckigen Lederschürze vor dem Bauch. Er stand in der vordersten Reihe und funkelte Abby so hasserfüllt an, als wäre nicht der dicke Kaufmann, sondern er bestohlen worden. Er machte den Eindruck, als wollte er seine blutrünstige Forderung am liebsten gleich selber in die Tat umsetzen. »Dann sind wir sie ein für alle Mal los. Es wächst ja auch so noch genug Verbrecherpack nach!«

»Ja, knüpft sie auf!«, schallte es aus der Menge wider. »An den Galgen mit dem Hurenmädchen!«

»Schluss damit!«, erhob der Konstabler seine befehlsgewohnte Stimme und das tumultartige Geschrei erstarb. »Wenn ihr jemand den Strick um den Hals legt, dann wird es der Henker sein. Das Gericht wird schon eine gerechte Strafe aussprechen.«

Ungläubig starrte Abby ihn an, von lähmendem Entsetzen gepackt. Dann löste sich der Bann des Schreckens. Heftig schüttelte sie den Kopf, dass ihre schulterlangen, sanft gewellten Haare flogen, und versuchte sich loszureißen. Doch gegen die rohe Kraft der beiden Männer vermochte sie nicht das Geringste auszurichten. Im Gegenteil. Sie packten nur noch schmerzhafter zu.

»Ich bin unschuldig!«, brach es in einem Schrei ohnmächtiger Verzweiflung aus ihr heraus. »Ich habe nichts mit dem Dieb zu schaffen! ... Mein Gott, warum glaubt mir denn niemand!? ... Ich war es nicht! ... Ich bin unschuldig!«

Eine schallende Ohrfeige riss ihren Kopf zur Seite. Ihre Wange brannte wie mit heißem Öl übergossen. »Schweig!«, fuhr der Konstabler sie an. »Du bist verhaftet! Was du zu deiner Verteidigung anzuführen hast, kannst du vor Gericht sagen! Im Gefängnis wirst du Zeit genug haben, dir deine Worte gut zu überlegen!«

Viertes Kapitel

Der eisige Nachtwind heulte durch die Gitterstäbe des schmalen Fensters, das hoch oben in der dickwandigen Mauer des Kerkers eingelassen war. Ein fahler Streifen milchigen Mondlichtes drang durch den Fensterschacht. Er fiel auf die gegenüberliegende Steinwand und hob eine vom Schimmelpilz überwucherte Fläche aus der Dunkelheit. Weiter hinunter in den Kerker reichte der schwache Lichtschimmer jedoch nicht. Das Elend der über zwanzig Inhaftierten, die sich diese kleine Zelle mit Schwärmen von Läusen, Kakerlaken und gelegentlich auch mit Ratten teilen mussten, blieb in Finsternis getaucht. Noch nicht einmal tagsüber wurde es am Boden der Zelle richtig hell. Dämmerlicht herrschte vor.

Abby sehnte den Schlaf herbei, der ihr wenigstens für ein paar Stunden Vergessen bringen würde. Doch sie fror so sehr, dass sie nicht in den barmherzigen Schlaf zu sinken vermochte. Sie zitterte wie Espenlaub. Wie zu einem Ball zusammengerollt, lag sie zwischen den anderen Gefangenen. Nur eine dünne Lage fauligen Strohes bedeckte den kalten Steinboden.

Sie war nicht die Einzige, die keinen Schlaf finden konnte. Die Dunkelheit war erfüllt von einem auch tagsüber nie enden wollenden Strom schreckensvoller Geräusche. In den Husten und schweren Atem der Kranken mischten sich das Weinen der Verzweifelten, das Wimmern und Stöhnen der von Schmerzen oder Albträumen Geplagten und die gottlosen Flüche und Verwünschungen der Abgebrühten. Es war ein entsetzlicher Chor, der auch nachts aus allen Zellen in die Gänge drang und niemals verstummte.

Es war die dritte Nacht, die sie in dieser Gefängniszelle verbrachte. Erst drei Tage waren seit dem verhängnisvollen Morgen in Haymarket vergangen. Doch ihr schien es, als läge mittlerweile ein ganzes Leben dazwischen.

Nach dem Verhör hatte man sie in das Gefängnis von Newgate gebracht und in eines der überfüllten, stinkenden Löcher geworfen, die sich Kerker nannten. Es war ein Abstieg in Regionen menschlichen Elends, gnadenlosester Erniedrigung und tiefster hoffnungsloser Verzweiflung, wie sie Abby nie für möglich gehalten hätte. Selbst für das übelste Volk, das die Straßen Londons unsicher machte und kaum etwas fürchtete, war das Gefängnis von Newgate das Sinnbild der Hölle.

»Lieber ein schneller Tod am Galgen, als durch das Fegefeuer von Newgate zu gehen und bei lebendigem Leib langsam zu vermodern!«, hieß es auch bei den abgebrühten Verbrechern.

Newgate war das Hauptgefängnis von London und im Jahre 1804 schon über 600 Jahre alt. Es war ein widerlicher Ort. Offene Abwasserkanäle, in denen sich Ratten tummelten, zogen sich durch die überfüllten Zellen. Der Gestank von Kot und Gefängnisfeuchtigkeit war unbeschreiblich. Und die Ungezieferplage war so groß, dass man keinen Schritt tun konnte, ohne dass man Läuse und anderes Getier zertrat. Unausrottbar bevölkerte das Ungeziefer das Gefängnis, das zudem noch als privates Unternehmen geführt wurde.

Zwar schmückten die Statuen der Gerechtigkeit, der Barmherzigkeit und der Wahrheit die Fassade über dem Haupttor, doch mit der Wirklichkeit von Newgate hatten diese noblen Grundsätze nicht das Geringste zu tun. Die Wärter waren gefühllos gegenüber dem sie umgebenden Elend, oftmals sadistisch und ausnahmslos bestechlich. Die Gefangenen mussten Unterkunft und Verpflegung selber bezahlen. Wer genügend Geld besaß, konnte sich in einem gesonderten Trakt, der sich *master side* nannte, einen verhältnismäßig komfortablen Gefängnisaufenthalt erkaufen – in einer Einzelzelle und mit allen Annehmlichkeiten. Gelegentlich ließ sich sogar die Freiheit erkaufen. Es war nur eine Frage von genügend Goldstücken. Wer jedoch wenig oder überhaupt kein Geld aufbringen konnte, war der Unbarmherzigkeit der Wärter ausgeliefert. Ohne Geld war Newgate ein Ort ohne Hoffnung.

Abby hatte nicht einen Penny gehabt und so hatte ihr der Wärter kurzerhand den Umhang abgenommen. Es berührte ihn überhaupt nicht, dass er ihre Überlebenschance damit erheblich verringerte. Er stieß sie in eine der dreckigsten Zellen, in der schon mehrere dutzend Frauen und Mädchen hausten, einige von ihnen seit Jahren. Er griff auch nicht ein, als sich zwei gewissenlose Mitgefangene sofort auf sie stürzten und ihr Schuhe, Strümpfe und Schal abnahmen. Auf ihr flehentliches Bitten, ihr doch nicht noch das Letzte zu nehmen, erntete sie nur höhnisches, verächtliches Gelächter. Sogar der Wärter stimmte darin ein. Die stinkenden, höhlenartigen Löcher von Newgate waren nun mal eine Welt, in der nur die Widerstandsfähigsten und die Rücksichtslosesten eine Überlebenschance besaßen …

Während Abby zitternd im feuchten Stroh lag und die Kälte durch ihren Körper kroch, dachte sie immer wieder daran, was der Wärter gesagt hatte, als er die Gittertür der Zelle verriegelte und sich zum Gehen wandte: »Wieder eine mehr, die nicht über den Winter kommt. Keine vier Wochen gebe ich ihr.« Er hatte es mehr zu sich selbst und mit völlig teilnahmsloser Stimme gesagt, so wie man eine unabänderliche und zugleich bedeutungslose Tatsache feststellte.

Ein Schauer entsetzlicher Kälte durchlief sie. Er hatte nichts mit dem eisigen Wind zu tun, der durch das Gitterfenster wehte. Er kam aus dem Innern, geboren aus grenzenloser Angst.

Fünftes Kapitel

Grau und nebelig zog der neue Tag über London herauf. Abby erwachte aus einem unruhigen Schlaf. Ihre Hände und Füße waren so eiskalt, dass sie fast kein Gefühl mehr in ihnen hatte. In die Menge eng aneinander gedrängter Leiber kam Bewegung. Wie ein ins Wasser geworfener Stein, der seine Kreise zog. Die zerlumpten, von Furunkeln, Geschwüren und Ausschlag befallenen Frauen richteten sich im Stroh auf. Stöhnend, fluchend, hustend und spuckend.

Abby nahm eine Hand voll Stroh und rieb ihre nackten eiskalten Beine. Sie massierte sie so lange, bis sie ein Kribbeln spürte und wieder Gefühl in ihnen hatte.

Auf einmal kam Unruhe unter den Zelleninsassen auf. Vier, fünf Gestalten stürzten zur Gittertür. »Es ist Putney, der Mistkerl von einem Wärter!«, rief eine der Frauen.

»Dreimal die Pest über ihn und sein versoffenes Weib!«, fluchte ein hageres ausgezehrtes Mädchen, das Abby gegenüber saß und keine zwanzig Jahre alt war. Sie konnte kaum noch aufstehen, weil ihre Beine unförmig angeschwollen waren. Es hieß, sie würde es nicht mehr lange machen und den Frühling mit Sicherheit nicht erleben.

Philip Putney war nicht der schlechteste unter den Wärtern, doch gemein und raffgierig genug, um ihn aus tiefster Seele hassen zu können. Seine stämmige Frau Sarah stand ihm in nichts nach. Sie ging ihm regelmäßig bei der Essensausgabe zur Hand, schleppte das angeschimmelte Brot, den von Maden wimmelnden Zwieback oder den Kessel mit der meist schon lauwarmen Wassersuppe, einer Ekel erregenden Brühe. Dennoch stürzten sich die Gefangenen mit Gier darauf, denn man setzte ihnen nicht alle Tage etwas Warmes vor.

Der flackernde Schein einer blakenden Fackel kam näher und fiel dann durch die vergitterte Tür in die Zelle. Ungeziefer huschte aus dem Licht, verkroch sich im feucht-modrigen Stroh oder gesellte sich zu seinen Artgenossen, die sich schon in den Lumpen oder im Haar der Gefangenen eingenistet hatten.

»Weg von der Tür!«, brüllte Putneys dunkle, voluminöse Stimme, die Abby jedes Mal an das Grollen eines gefährlichen Raubtiers denken ließ.

Die Frauen ließen augenblicklich die Eisenstäbe los und wichen von der Tür zurück.

Keine Sekunde zu spät.

Ein armlanger Schlagstock, der bis auf das geriffelte Griffende eisenbeschlagen war, krachte mit brutaler Gewalt gegen die Gitterstäbe der Zellentür. Der scharfe, metallische Knall war wie ein ohrenbetäubender Pistolenschuss und hallte noch im nächsten Gefängnistrakt durch die kalten Gänge. Philip Putney, ein wahrer Bulle von einem Mann mit einem grobflächigen Gesicht und einem geteerten Haarzopf im Nacken, wusste sich Respekt zu verschaffen.

»Zurück!«, befahl er, während er die Fackel in den Haltering an der Wand rammte, zum Schlüsselbund griff und aufsperrte.

Es war still geworden in der Zelle. Der Wärter war ohne seine Frau. Damit war klar, dass er nicht gekommen war, um ihnen Wasser und Brot zu bringen. Sein Erscheinen musste einen besonderen Grund haben.

Putney stieß die Tür auf. Sein massiger Körper füllte den Rahmen völlig aus. Er starrte in das Zwielicht des Kerkers, ließ seinen Blick über die Gesichter der Gefangenen wandern. Auf Abby Lynn blieb er liegen.

»Du da!«, sagte er schroff und wies mit seinem Schlagstock auf sie. »Steh auf und komm her!«

Abby fuhr erschrocken zusammen. Was wollte er von ihr?

»Hast du nicht verstanden?«, brüllte Putney. »Du sollst herkommen!«

Abby kam hastig auf die Beine, stieg über die Leiber der Mitgefangenen und näherte sich dem Wärter voller Angst, aber auch mit einem schwachen Funken neu erwachter Hoffnung. Hatte sich ihre Unschuld möglicherweise doch noch herausgestellt?

»Brauchst du vielleicht 'n neues Liebchen?«, höhnte eine der älteren Frauen.

Der Wärter ging auf den Zuruf nicht ein. Er musterte Abby kurz und nicht gerade freundlich. Um so verwunderter war sie, als er den Frauen nun den barschen Befehl erteilte, ihr alles zurückzugeben, was sie ihr abgenommen hatten: Strümpfe, Schuhe und Schal.

Erst erfolgte keine Reaktion. Teils trotziges, teils erwartungsvolles Schweigen breitete sich aus.

»Her mit dem Zeugs!«, donnerte Putney und drohte ihnen: »Ich zähle bis fünf. Wenn die Kleine bis dahin ihre Sachen nicht wieder hat, kriegt ihr die nächsten Tage nichts zu fressen. Dann könnt ihr den Schimmel von den Wänden kratzen und euch den Bauch mit Stroh füllen!«

»Fahr zur Hölle!«, verwünschte ihn das Mädchen mit den angeschwollenen Beinen.

»Los, rückt die Klamotten raus!«, rief eine andere Gefangene mit schriller, aufgeregter Stimme. »Sonst geht es uns allen an den Kragen! Cathy … Lydia! Gebt die Sachen her. Wenn nicht, bekommt ihr es mit uns zu tun. Oder glaubt ihr, wir wollen euch zuliebe hungern?«

Der Wärter begann zu zählen. »Eins … zwei … drei …«

Abbys Schuhe flogen, begleitet von einer vulgären Verwünschung, durch den Kerker und knallten neben ihr an die Wand.

»Vier …«

Strümpfe und Schal landeten vor Abbys Füßen. Schnell nahm sie die Sachen an sich, wickelte sich den Schal um den Hals, zog die Strümpfe über und fuhr in die Schuhe. Es erschien ihr wie ein kostbares Geschenk, nun nicht mehr mit nackten Füßen über den kalten Boden laufen zu müssen. Und sie hatte ganz vergessen, wie warm der Schal doch hielt.

Philip Putney trat zurück. »Komm mit!«, herrschte er sie an.

Abby war geschwächt und wankte aus dem stinkenden Loch in den Gang. Die Zellentür fiel mit einem lauten, metallischen Dröhnen hinter ihr zu.

Der Wärter schloss ab, nahm die Fackel aus dem Halter und versetzte Abby dann einen unerwarteten, schmerzhaften Stoß in den Rücken. Sie schrie auf, taumelte nach vorn und stürzte zu Boden.

»So etwas machst du nicht noch mal, hast du mich verstanden?«, fuhr er sie ärgerlich an. »Ich kann es auf den Tod nicht ausstehen, wenn man mich für dumm verkaufen will. Und jetzt komm hoch!«

»Ich … ich verstehe nicht, was … Sie … meinen«, stammelte Abby völlig verstört, rappelte sich auf und versuchte mit seinem forschen Tempo Schritt zu halten. »Ich … habe Ihnen doch nichts getan …«

»Du hast mich angelogen!«, fauchte Putney, während sie eine Steintreppe mit ausgetretenen Stufen hochstiegen. Die Fackel hatte er gelöscht, denn Helligkeit flutete hier durch vergitterte Fenster in den Gefängnisgang. »Du hast gesagt, du hast kein Geld und niemanden da draußen, der für dich bezahlen kann …«

»Aber das ist die Wahrheit!«

Der Wärter blieb stehen, fasste sie scharf ins Auge und runzelte dann die breite Stirn. Er begriff, dass sie ihn nicht angelogen hatte, und schüttelte verständnislos den Kopf. »Du hast Besuch.«

»Besuch?«, wiederholte Abby ungläubig.

»Ja.« Philip Putney ging weiter.

Die Nachricht machte sie ganz schwindelig vor Freude und erstarkter Zuversicht. Besuch. Das konnte nur ihre Mutter sein. Wer sonst sollte sie auch besuchen kommen? Es *musste* ihre Mutter sein!

Doch schon im nächsten Moment schlichen sich Zweifel in ihre Zuversicht ein. Noch vor vier Tagen war ihre Mutter so geschwächt und fiebrig gewesen, dass ihr schon das Sprechen das Letzte an Kraft abverlangt hatte. Nichts hatte auf eine Besserung ihres Zustandes hingedeutet, ganz im Gegenteil. Sie war von Tag zu Tag mehr in sich zusammengefallen.

Abby biss sich auf die Lippen, wollte fragen, brachte jedoch kein Wort über ihre Lippen. Sie fürchtete sich vor Putneys Antwort.

Der Wärter blieb vor einer schweren Bohlentür stehen. Rechts davon stand eine schwere Seemannskiste mit Messingbeschlägen, die im Laufe der Jahre von Grünspan befallen waren.

Abby stutzte. Ihr Umhang lag über der Kiste.

Putney bemerkte ihren erstaunten Blick. »Nur zu, nimm ihn dir«, forderte er sie mit dem müden Lächeln eines Mannes auf, der schon vor Jahren zu dem Schluss gelangt war, dass Gefühle bei seiner Arbeit nichts zu suchen hatten, und der auch nach dieser Überzeugung handelte. »Er gehört dir wieder. Ist bezahlt wie alles andere.«

Wie ein Strohfeuer fiel Abbys Hoffnung in sich zusammen. Ihre Mutter konnte es also nicht sein, denn sie hatte nicht einen Penny, um irgendetwas zu bezahlen. Doch sie nahm die Pelerine und hängte sie sich um. Zum ersten Mal seit vier Tagen fühlte sie sich nun einigermaßen warm. »Wer … wer besucht mich?«, fragte sie.

»Was fragst du mich? Seinen Namen hat er nicht genannt. Und wenn er es getan hätte, hätte es auch nichts bedeutet. Er hat gezahlt und mehr interessiert mich nicht«, erklärte der Wärter gleichgültig. »Zwanzig Minuten gebe ich euch. Mehr ist nicht drin!«

Jenseits der schweren Bohlentür lag ein großer, quadratischer Raum. Eine gut sechs Yard lange Gitterwand, die vom Boden bis unter die Decke reichte, teilte den Raum in zwei gleiche Hälften. Zu beiden Seiten der Gitterwand zogen sich einfache Holzbänke entlang. In jeder Raumhälfte gab es ein vergittertes Fenster, das sich nach außen hin wie eine zu groß geratene Schießscharte verjüngte, und eine Tür, neben der ein dreibeiniger Schemel stand.

»Dein Besuch«, sagte Putney, deutete mit dem Kopf auf den jungen Mann, der auf der anderen Seite des Gitters saß, fast am Ende der Bank, und ließ sich auf den Hocker neben der Tür nieder. Er zog eine lange Tonpfeife und einen Tabaksbeutel aus seiner Rocktasche hervor.

Zögernd ging Abby durch den kahlen, nackten Raum und trat an das Gitter, den Blick auf den jungen Mann gerichtet, der ihretwegen gekommen war. Einen Augenblick hatte sie geglaubt, es sei Edmund oder Edward, der Taschendieb. Doch als sie die Bank erreichte, sah sie, dass zwischen den beiden keine Ähnlichkeit bestand.

Der Mann jenseits der dicken Eisenstäbe war mehrere Jahre älter, Anfang Zwanzig vielleicht, hatte rot-blondes Haar und war längst nicht so hager wie der Junge in der Flickenjoppe, der sie ins Unglück gestürzt hatte. Außerdem war er ordentlich gekleidet und trug solides Schuhwerk. Nein, ihr geheimnisvoller Besucher sah wirklich nicht so aus, als müsste er sich um sein leibliches Wohl allzu große Sorgen machen.

»Abby?«, fragte er. Seine Stimme war angenehm, ruhig und ernst.

Sie nickte.

»Setz dich. Wir haben nicht viel Zeit!«, forderte er sie auf und fuhr mit gedämpfter Stimme fort: »Diese schurkischen Wärter lassen sich jeden Atemzug in diesem Höllenloch bezahlen!« Er warf einen schnellen Blick zu Putney hinüber, als fürchtete er, immer noch zu laut gesprochen zu haben. Doch der bullige Wärter schenkte ihnen keinerlei Beachtung. Er hatte sich gegen die Wand gelehnt, paffte seine Pfeife und starrte gedankenversunken zum Gitterfenster hoch.

»Wer sind Sie?«, fragte Abby und setzte sich ihm gegenüber auf die Bank.

»Du kannst mich Frederick nennen.«

Sie musterte ihn argwöhnisch. »Das ist nicht Ihr richtiger Name, nicht wahr?«

»Und wenn, was würde es ausmachen? Nenn mich Frederick oder lass es bleiben. Du kannst es halten, wie du willst, Abby«, sagte er ungerührt. »Da, wo ich herkomme, haben Namen nicht viel zu sagen. Man wechselt sie nach Belieben ... und nach Notwendigkeit.«

»Und wo kommen Sie her?«

»Das tut jetzt nichts zur Sache. Man hat dir deine Sachen wiedergegeben?« Es war keine Frage, sondern eine Feststellung, für die Frederick eine Bestätigung wünschte.

»Ja ... man hat mir alles zurückgegeben«, antwortete Abby mit wachsender Verwirrung, aber auch mit wachsendem Argwohn. »Der Wärter sagt, jemand hat dafür bezahlt. Waren Sie das?«

Frederick nickte und musterte sie offen. Mitleid stand auf einmal in seinen ungewöhnlich blauen Augen, deren Blick Abby Unbehagen verursachte. Doch nur für einen kurzen Moment. Dann kehrte wieder dieser merkwürdig kühle, distanzierte Ausdruck zurück.

»Ich weiß, du hast in den letzten Tagen Schreckliches mitgemacht. Newgate ist die Hölle auf Erden. Du wirst vor allem Hunger haben. Hier, nimm das und iss.«

Erst jetzt, als der Mann danach griff, bemerkte Abby den kleinen Leinensack, der rechts neben ihm auf der Bank gelegen hatte. Frederick öffnete ihn und holte einen halben Laib frischen Brotes, ein faustgroßes Stück Käse und einen fingerbreiten Streifen Fleisch hervor.

Abby gingen die Augen über. Ihr Magen schmerzte vor Hunger, und das Wasser lief ihr im Mund zusammen, ohne dass sie es merkte. Auch wenn sie die letzten Tage nicht hungernd und frierend im Kerker verbracht hätte, wäre ihre Reaktion beim Anblick dieser so lange entbehrten Lebensmittel nicht anders gewesen. Herrlich duftendes, frisches Brot! Einen ganzen Käse! Und Fleisch! Richtiges Fleisch!

Frederick brach ein Stück vom reichlich schräg geschnittenen Brotkanten ab und reichte es ihr durch das Gitter. »Iss langsam, Abby. Es ist alles für dich.«

Abby riss es ihm aus der Hand und stopfte es gierig in den Mund. Es war ihr gleichgültig, was er von ihr dachte. Sie kaute und würgte und schluckte. Und sobald er ihr ein neues Stück hinhielt, griff sie auch schon zu.

Er ließ sie ein, zwei Minuten gewähren. Schließlich aber sagte er: »Es ist genug da. Und was du nicht schaffst, kannst du nachher mit in die Zelle nehmen. Niemand wird dir etwas wegnehmen, dafür ist gesorgt. Putney nicht und auch keiner von den anderen Gefangenen. Der Wärter wird es zu verhindern wissen. Er hat seinen Anteil schon erhalten. Also würge es nicht so in dich hinein. Dir wird schlecht werden. *Es ist alles für dich, ganz für dich allein, hörst du?*«

Abby atmete heftig und drehte sich ängstlich zu Putney um. Doch dieser machte tatsächlich keine Anstalten, zu ihr herüberzukommen und ihr die Kostbarkeiten abzunehmen. Dabei war ihm nicht entgangen, was sich am Gitter abspielte. Mit spöttischer Miene erwiderte er ihren Blick, spuckte einen Strahl Tabaksaft auf den Boden, schob sich den Stiel der Tonpfeife wieder zwischen die fauligen Zähne und schaute weg.

Es stimmte also, was Frederick gesagt hatte!

»Das Fleisch!«, bat Abby und die Spannung wich aus ihrem Körper. Sie zwang sich, ihre Gier unter Kontrolle zu halten und sich nicht so gehen zu lassen. Doch das Verlangen, sich auf das frische Brot, den Käse und vor allem das herzhaft duftende Fleisch zu stürzen, war kaum zu bezähmen. Zu lange hatte sie gehungert und davon geträumt, nur einmal wieder genug zu essen zu haben. »Bitte!«

Im nächsten Moment biss sie in den Fleischstreifen. Es war gutes Schweinefleisch. Gebraten und saftig, ohne zu fett zu sein. Ihr war, als hätte sie in ihrem Leben nie etwas auch nur annähernd so Köstliches gegessen wie dieses Stück Schweinefleisch. Sie kaute mit selbstvergessener Andacht und vergaß einen Augenblick sogar, wo sie sich befand.

Plötzlich dachte sie an ihre Mutter und sie hörte auf zu essen. Nicht einen Bissen bekam sie mehr hinunter. Ihr war schlagartig schlecht. Wann hatten sie zu Hause das letzte Mal Brot, Käse und Fleisch *gleichzeitig* auf dem Küchentisch gehabt?

Sie saß da, das angebissene Stück Schweinebraten in der Hand, und die Tränen liefen ihr über das dreckverschmierte Gesicht.

»Was ist?«

»Meine Mutter ...«

Frederick verstand. »Sorg dich nicht um sie. Auch sie hat zu essen. Wir kümmern uns um sie.«

Abby schaute ihn mit feuchten Augen an. »Wir? ... Wer ist wir?«

»Freunde von Edward. Wir halten zusammen. Wenn einer von uns in Schwierigkeiten gerät, kümmern wir uns um ihn und um seine Angehörigen ... wenn er welche hat.« Er hielt seine Stimme so leise, dass sie nicht bis zum Wärter drang.

»Edward heißt er also.« Abby fuhr sich mit dem Handrücken über die Augen, in denen es nun aufblitzte. »Und Sie gehören zu seinen *Freunden*, ja? Oder wollen Sie sagen, dass Sie zur selben Bande von Taschendieben gehören?« Aufwallender Zorn schwang in ihrer Stimme mit.

Unter ihrem plötzlich feindseligen Blick zuckte er nur mit den Achseln. Eine vage, fast schon verlegene Geste, die ihren Verdacht jedoch bestätigte. Edward und Frederick waren Mitglieder von einer der organisierten Banden, die London und die Überlandstraßen unsicher machten. Seiner Kleidung und seinem Auftreten nach zu urteilen, musste Frederick zu den Wortführern der Bande zählen.

»Ihr Freund Edward weiß, dass man mich für seine Komplizin hält und deshalb ins Gefängnis geworfen hat, nicht wahr?«, fragte Abby scharf. »Er hat mich in diese entsetzliche Lage gebracht …«

»Daran kann keiner mehr etwas ändern!«

Abby sah ihn ungläubig an. »Wie können Sie es wagen, mir so etwas …«, begann sie.

Er unterbrach sie. »Was Edward getan hat, war ein dummer, ja, unverzeihlicher Fehler, aber er ist geschehen und nicht mehr rückgängig zu machen.«

»Ein *Fehler?*« Abby schüttelte den Kopf. Sie konnte es einfach nicht fassen, wie kaltschnäuzig dieser fremde Mann über das ihr angetane Unrecht sprach. »Ein Fehler?«

»Ja, genau das!«, bestätigte Frederick hart, ohne sich von ihrem unverhohlenen Zorn beeindrucken zu lassen. »Edward hat einen simplen Fehler begangen, der für dich natürlich schreckliche Folgen hat. Er hätte einen Unbeteiligten nicht in die Sache verwickeln dürfen. Doch er war wohl in Panik und hat kopflos gehandelt.«

»Oh, ich dachte schon fast, ich sollte für mein Schicksal auch noch dankbar sein«, sagte Abby mit bitterem Hohn.

»Ich kann verstehen, wie dir zumute ist …«

»Das glaube ich nicht!«

»… doch das ändert nichts an den Tatsachen«, fuhr Frederick

ruhig fort. »Was geschehen ist, ist geschehen – und lässt sich nicht mehr ändern.«

»So einfach ist das?« Abby hatte die Hände zur Faust geballt und kämpfte mit den Tränen.

Er sah ihr fest in die Augen. »Ja, so entsetzlich einfach ist es, Abby.«

Schweigend starrte sie ihn an. Dann fragte sie: »Warum ist Edward nicht gekommen, um mir das zu sagen?«

»Edward ist längst nicht mehr in London. Er wird von anderen Freunden versteckt, bis Gras über diese Sache gewachsen ist«, erwiderte Frederick kühl. »Es tut ihm Leid, dass du jetzt für ihn büßen musst. Aber es ist nicht seine Schuld, dass die Leute deinen Unschuldsbeteuerungen nicht glauben. Vor allem ist er kein Märtyrer. Oder glaubst du vielleicht ernstlich, er würde sich stellen und das Risiko auf sich nehmen, für den Diebstahl möglicherweise gehängt zu werden?«

»Aber dass *ich* hier verrecke und vielleicht für *sein* Verbrechen gehängt werde, das ist nicht weiter schlimm, ja?«, brach es schrill und mit ohnmächtigem Zorn aus Abby heraus. »Ich bin auch kein Märtyrer!«

»Es wäre ein tragischer Irrtum ... einer unter tausend anderen«, antwortete er gelassen.

»Wie kann man nur so etwas Gemeines sagen«, flüsterte sie mit rauer Stimme.

»Es mag herzlos und gemein klingen, Abby, aber so meine ich es nicht. Ich will dir nur vor Augen halten, wie sinnlos es für einen von uns ist, sich gegen die Mühlen der Justiz zu stellen. Recht oder Unrecht! Wer fragt denn schon danach, wenn du kein Geld in der Tasche hast und nichts bist! Und wenn du zehnmal unschuldig bist!« Er hatte erregt gesprochen, räusperte sich nun und fuhr dann mit nüchternem Tonfall fort: »Außerdem wird man dich dafür nicht hängen.«

»Woher wollen Sie das wissen?«

»Du bist noch nicht alt genug für den Strick. Wenn du so alt wärst wie Edward, wäre das was anderes. So aber brauchst du den Henker nicht zu fürchten. Zu welcher Strafe man dich auch ungerechterweise verurteilen wird, der Galgen wird es nicht sein.«

Abby war einen Moment sprachlos. Frederick rechnete fest damit, dass man sie für eine Tat verurteilen würde, auf die die Todesstrafe stand – und die sie nicht begangen hatte. Und er nahm es wie selbstverständlich hin. Dachte gar nicht daran, irgendetwas zu tun, um dieses unglaubliche Unrecht zu verhindern!

»Ich hasse Sie!«, schrie Abby ihn schließlich an. »Ich hasse Sie! … Gehen Sie! … Ich will Sie nicht mehr sehen! … Was sind Sie nur für ein Mensch!«

Abby sprang von der Bank auf, doch Frederick hatte ihre Reaktion wohl vorausgesehen. Seine rechte Hand schoss nämlich blitzschnell durch das Gitter und packte fest ihren Arm.

Der Wärter richtete sich auf dem Schemel auf, bereit, jeden Moment einzugreifen.

»Reiß dich zusammen und setz dich wieder!«, zischte Frederick.

»Lassen Sie mich los!« Abby versuchte vergeblich sich loszureißen.

»Du kannst uns hassen, wie du willst, doch führ dich nicht so auf! In deiner Lage kannst du dir solche Gefühlsausbrüche nicht erlauben. *Setz dich, verdammt noch mal, ehe der Wärter dich abführt!*«

Abby stand zitternd vor Erregung am Gitter, funkelte ihn hasserfüllt an und befreite sich mit einem Ruck von seiner Hand, deren Griff sich gelockert hatte. Doch sie setzte sich, die Lippen zu einem schmalen, fast blutleeren Strich zusammengepresst.

Philip Putney gab ein knurriges Räuspern von sich, als wollte er sagen: »Ein zweites Mal lasse ich so einen Krawall nicht durchgehen!«, und fuhr fort, an seiner Pfeife zu paffen.

Frederick atmete auf. »Na also. Und jetzt lass uns in Ruhe über alles reden.«

»Ich – ich weiß nicht, warum ich Ihnen überhaupt noch zuhöre«, sagte Abby schwach und schüttelte den Kopf.

»Weil deine Vernunft stärker ist als deine Gefühle.«

»Sie *wissen,* dass ich unschuldig bin. Doch es kümmert Sie gar nicht. Eigentlich sind Sie verabscheuungswürdiger als die geifernden Leute, die mich auf der Straße beschuldigt haben, und der Konstabler und die Wärter hier. Sie wissen, dass man mir ein himmelschreiendes Unrecht antut, und Sie lassen es völlig gleichgültig geschehen!«

Frederick zeigte sich nicht im Mindesten beeindruckt. Im Gegenteil. Er nickte sogar noch bestätigend. »Nein, ich denke auch nicht daran, irgendetwas zu tun. Weil es sinnlos wäre. Auch wenn Edward sich stellen und alle Schuld auf sich nehmen würde, wäre es gar nicht mal so sicher, dass man dich freilassen würde. Die Zeugen werden bei ihrer Aussage bleiben, und das Gericht würde nur glauben, Edward wollte seine Komplizin, sein junges Liebchen freibekommen. So oder so, eine Verurteilung ist dir gewiss.«

Abby blickte ihn an, und sie begriff allmählich, dass Frederick kein gefühlloser, skrupelloser Verbrecher war. Er sah die Tatsachen einfach nur nüchtern und machte ihr keine falschen Hoffnungen.

»Ja, ich verstehe«, sagte sie und empfand auf einmal keinen Hass mehr. Sie verstand wirklich. Kein Gericht der Welt würde gegen die Aussagen des bestohlenen Kaufmannes und der anderen Zeugen, die von ihrer Komplizenschaft felsenfest überzeugt waren, sein Urteil fällen und sie freisprechen. So war es nun einmal. Wer arm war, dem haftete auch gleich der Geruch des möglichen Verbrechens an. Denn einen anderen Ausweg als das Verbrechen gab es in der Not oftmals gar nicht. »Warum sind Sie dann gekommen?«

»Wie ich es schon sagte, wir halten in unserer ...«, er

dämpfte seine Stimme, sodass der Wärter ihn nicht hören konnte, »... Organisation zusammen. Wir können dir die Freiheit nicht wiedergeben, und wir haben auch weder die nötigen Beziehungen noch das Geld, um dir einen Anwalt zu beschaffen. Der würde dir vor Gericht auch gar nichts nutzen, weil du nun mal scheinbar auf frischer Tat ertappt worden bist und es dafür genug Zeugen gibt. Ein Anwalt wäre somit nur herausgeworfenes Geld. Aber wir können dafür sorgen, dass du in diesem Pestloch nicht im stinkigsten Kerker sitzen und hungern musst. Und wir können ein wenig für deine Mutter tun. Zumindest haben wir ihr zu essen und zu trinken gebracht.«

Abby wagte kaum die Frage auszusprechen. »Wie ... wie geht es ihr?«

Er wich ihrem Blick nicht aus und zuckte auch nicht mit der Wimper, als er antwortete: »Nicht gut. Ich glaube nicht, dass sie verstanden hat, was mit dir passiert ist. Sie fieberte.«

»Können Sie nicht einen Arzt ...«, begann Abby.

»Nein!«, schnitt er ihr scharf das Wort ab. »Das schlag dir aus dem Kopf! Wir können dem Wärter ein paar Münzen zustecken, damit er dich in eine bessere Zelle verlegt und dir deine Sachen wiedergibt, und wir können dir dann und wann einmal ein wenig Brot bringen. Aber das ist auch schon alles. Wir sind keine reichen Wohltäter, Abby. Ein jeder von uns muss sehen, wo er bleibt. Wir haben vielleicht ein bisschen mehr als andere, zumindest manchmal, aber dafür riskieren wir auch unseren Hals. *Stehlen oder sterben!* heißt es bei uns. Eine andere Wahl gibt es für uns nicht. Und ich habe schon so einige Freunde sterben sehen. Was nun deine Mutter betrifft ...«

Er stockte kurz und zuckte dann mit den Schultern. »Ich brauche dir eigentlich nichts zu sagen. Du weißt bestimmt selbst gut genug, dass sie sehr schwach und sehr krank ist. Ich glaube nicht, dass sie sich noch einmal erholen wird. Du musst der Wirklichkeit ins Auge sehen, Abby.«

»Kommt zum Ende!«, rief Putney. »Eure Zeit ist um!«

Abby fühlte bei seinen Worten keinen direkten Schmerz und auch keine Trauer, sondern mehr eine Art von Leere. Sie unternahm noch nicht einmal den Versuch, ihm zu widersprechen. Er hatte nur ausgesprochen, was sie schon vor ihrer Einkerkerung tief in ihrem Innersten gewusst hatte, ohne es sich jedoch eingestehen zu wollen.

»Bitte, tun Sie für meine Mutter, was Sie können«, bat sie leise, bückte sich nach dem angebissenen Streifen Schweinefleisch und erhob sich von der Bank.

»Du hast mein Wort«, versprach Frederick ernst.

»Danke.« Ihre Stimme war kaum zu hören.

»Ich werde versuchen, dich einmal die Woche zu besuchen. Versprechen kann ich es dir jedoch nicht. Es kommt immer darauf an, ob wir … gute oder schlechte Tage gehabt haben, du verstehst?«

Sie nickte.

Der Wärter kam vom Schemel hoch. »Schluss jetzt!«, rief er.

»Ist ja schon gut, Mann!«, rief Frederick ihm gereizt zurück. »Du bist gut bezahlt worden und das nächste Mal wirst du dasselbe bekommen. Vergiss das nicht! Außerdem sind wir ja gleich so weit.«

»Hoffentlich«, brummte Putney und hantierte an seinem Schlüsselbund herum.

Frederick wandte sich ihr wieder zu. »Hier, nimm das mit! Geh ein bisschen sparsam damit um!« Er schob ihr den Kanten Brot und den Käse durch das Gitter. Leise fügte er hinzu: »Pass beim Brot auf. Ich habe einen Eichensplitter darin versteckt. Er ist eisenhart und spitz und gibt eine gute Waffe ab. Damit kannst du jemanden umbringen, wenn es sein muss. Schau mich nicht so entgeistert an. Du bist in Newgate, wo alles Abscheuliche möglich ist, und nicht in einem Mädchenpensionat. Also sei vorsichtig damit und versteck ihn gut. Vielleicht wirst du eines Tages auf ihn angewiesen sein, um dein Leben zu verteidigen!«

Abby nahm es und blickte ihn dann nachdenklich an. »Warum tun Sie das, Frederick? Ich gehöre nicht zu Ihrer Bande und bin nicht die Einzige, die schuldlos in Newgate eingekerkert ist. Es wäre doch leicht gewesen, mich meinem Schicksal zu überlassen. Denn haben Sie vorhin nicht selbst gesagt, dass jeder selber zusehen muss, wo er bleibt?«

Ein merkwürdig spöttisches Lächeln zeigte sich auf seinem Gesicht. »Eine gute Frage, die ich mir auf dem Weg hierhin auch schon gestellt habe.«

»Sie werden doch einen Grund haben«, drängte Abby. Seine Antwort war ihr wichtig, ohne dass sie zu erklären vermochte, warum.

»Ich weiß nicht, warum ich es tue«, sagte er zögernd. »Auf keinen Fall, weil mich das Gewissen quälen würde oder so. Nicht die Spur. Ich habe die Spielregeln, nach denen wir leben müssen, nicht erfunden, und versuche nur zu überleben. Ich weiß wirklich nicht, warum ich es tue. Vielleicht habe ich ein weiches Herz ...«

Er lachte gezwungen auf und wurde schlagartig ernst. »Es stimmt nicht, was ich gesagt habe, Abby. Ich weiß sehr wohl, warum ich es tue.«

»Ja?«

»Weil ich Angst habe«, sagte er und blickte durch sie hindurch. Sein Blick war in eine Ferne gerichtet, die jenseits der Mauern lag.

»Sie haben Angst?«, fragte Abby überrascht. »Wovor?«

»Davor, eines Tages auf der anderen Seite des Gitters zu stehen. Vielleicht ist dann auch jemand da, der kommt, um mir zu helfen. Ich hoffe es sehr. Vermutlich bilde ich mir ein, dass das der Fall sein wird, wenn ich jetzt nur meinen Teil tue. Dabei ist es viel wahrscheinlicher, dass keiner auch nur einen Finger für mich rühren wird.«

Sein Eingeständnis berührte sie. »Das glaube ich nicht. Bestimmt werden Ihre Freunde ...«

Barsch fuhr er ihr in die Rede. »Was reden wir da für ein dummes Zeug zusammen! Frag so etwas nicht noch einmal! Es geht dich nichts an!«

Er schien zu bereuen, ihr seine tiefsten Beweggründe und Ängste eingestanden zu haben. Und sein Abschiedsgruß fiel sehr kurz und schroff aus: »Bis nächste Woche! ... Wenn ich kann!« Er wandte sich ab und ging mit eiligen Schritten zur Tür, ohne sich noch einmal nach ihr umzusehen.

Philip Putney kam zu ihr hinüber. Sein Blick fiel auf das Fleisch, das neben dem Käse und dem Brot auf der Bank lag. Er zog sein Messer hervor und schnitt sich wie selbstverständlich ein daumenlanges Stück ab und steckte es in den Mund. Genüsslich kauend sagte er: »Wenn du klug bist, stellst du dich gut mit dem Burschen, Kleines. Der kann 'ne Menge für dich tun. Solange er mir wöchentlich die vereinbarte, lächerlich geringe Summe zukommen lässt, hast du hier nichts zu befürchten. Ich nehm dich unter meine Fittiche. Der alte Putney wird für dich sorgen, als wärst du sein eigen Fleisch und Blut.« Er spuckte ein Stück Knorpel aus und zog die Mundwinkel herunter, als er warnend fortfuhr: »Hört er aber auf zu zahlen, dann landest du wieder da, wo du die letzten Tage zugebracht hast. Also halt dir den Kerl warm! Haben wir uns verstanden?«

»Ja«, sagte Abby, noch ganz benommen von dem Gespräch mit Frederick.

»Gut, dann nimm deine Sachen und komm mit!«, forderte er sie auf. »Ich bring dich in deine neue Zelle! 'ne wahre Luxusherberge, was ich da für dich besorgt habe.«

Putneys Luxusherberge entpuppte sich als nicht minder verdrecktes, stinkendes Loch. Auch hier floss der Abwasserkanal mitten durch die Zelle. Doch die Strohschicht auf dem Steinboden war dicker und bei weitem nicht so verfault wie in der Zelle, in der Abby bisher gehaust hatte. Außerdem gab es hier richtige, wenn auch primitive Bettstellen. Vier Stück an der Zahl. Und nur sieben weitere Insassen.

Der Wärter schob sie in die Zelle und deutete auf eine der Frauen, die sich ohne jede Ausnahme in einem erbarmungswürdigen Zustand befanden, was ihr Äußeres betraf. Doch sie sahen längst nicht so ausgezehrt und schwächlich aus wie die Gefangenen, mit denen Abby bisher die Zelle geteilt hatte.

»Emily, du bist hier die Einzige, die 'ne Pritsche für sich allein hat. Ab jetzt teilst du die Bettstelle mit Abby!«, bestimmte er und blickte in die Runde. »Und dass mir keiner auf den Gedanken kommt, ihr an die Sachen zu gehen oder ihr 'nen Krümel von ihrem Brot oder so zu klauen! Wer das wagt, der wandert ins Rattenloch!«

Er erhielt nur ein unbestimmtes Murmeln als Antwort, doch es schien ihm zu genügen, denn er sagte zufrieden: »Gut, dass wir uns verstanden haben!«, knallte die Zellentür zu, verriegelte sie und entfernte sich.

Die junge, schmalgesichtige Frau, die Putney mit Emily angesprochen hatte, erhob sich stumm von der Bettstelle, als Abby näher trat, und rückte zur Seite, um ihr Platz zu machen.

Emily sprach nicht ein Wort, stellte Abby schnell fest. Während sie zu den anderen Frauen schnell Kontakt fand und ins Reden kam, sonderte sich Emily immer ab. Sie schien vor sich hin zu träumen. Und keiner von den anderen Zelleninsassen wusste zu sagen, weshalb Emily in Newgate saß. Die sechs anderen Frauen machten dagegen kein Hehl daraus, was sie ins Gefängnis geführt hatte: Die eine hatte als Wäscherin mehrere Laken und bestickte Taschentücher gestohlen, eine andere war an einem Einbruch beteiligt gewesen, eine dritte hatte in einer üblen Taverne gearbeitet und einem betrunkenen Mann bei einer Rauferei ein Auge ausgeschlagen, wieder eine andere hatte einem gesuchten Straßenräuber Unterschlupf gewährt, und eine zierliche Frau namens Elizabeth beteuerte wie Abby, völlig unschuldig zu sein. Immer wieder versicherte sie, dass sie von den betrügerischen Unterschlagungen ihres spurlos verschwundenen Mannes nichts gewusst habe.

Nur Emily verriet nichts über ihre Herkunft und die Tat, die man ihr zur Last legte. Sie reagierte auf derartige Fragen nur mit einem Kopfschütteln und schien die meiste Zeit in Tagträume versunken zu sein.

Als die Dunkelheit einsetzte, holte Abby den Eichensplitter aus dem Brot. Er war so lang wie ihre Hand, mehr als daumenbreit an seinem dicken Ende und an der Spitze so scharf wie die geschliffene Klinge eines Dolches. Frederick hatte nicht übertrieben. Die Eiche war so hart wie Eisen. Im Notfall stellte dieser geschnitzte und glatt polierte Eichensplitter eine wirksame Waffe dar.

Abby versteckte ihn unter ihren Kleidern und zwängte sich dann zu Emily auf die schmale Bettstelle.

Ihre Gedanken kreisten unablässig um ihre Mutter – und um Frederick, bis sie endlich in einen von Albträumen heimgesuchten Schlaf fiel.

Im Traum rannte sie wieder durch die Gassen von Haymarket, von einer bösartigen Menschenmenge verfolgt und gellend um Hilfe schreiend.

Plötzlich schreckte sie auf.

Ein Schrei!

Hatte sie geschrien? Im Schlaf?

Abby richtete sich schlaftrunken auf der harten Pritsche auf. Erst jetzt merkte sie, dass sie das Bett ganz für sich allein hatte. Emily lag nicht mehr neben ihr. Wo war sie? Dem diffusen Licht nach zu urteilen, musste es kurz vor Sonnenaufgang sein.

Und dann hörte sie einen zweiten Schrei. Diesmal aber gedämpft und in ein ersticktes Schluchzen übergehend. »Warum hat sie das getan?«, fragte eine verstörte Stimme aus dem Halbdunkel. Es war Elizabeth, die zierliche Frau. »Mein Gott, warum hat sie das nur getan?«

Abby fuhr herum und blickte erschaudernd zur hohen Gittertür der Zelle. Dort hing Emily. Sie hatte sich erhängt. Entsetzen wallte wie ein plötzlicher Brechreiz in ihr auf und sie umklammerte mit aller Kraft die Kante der Pritsche. Sie befürchtete, im nächsten Moment die Beherrschung zu verlieren und ihre grenzenlose Angst und Verzweiflung in die feuchtkalte Dunkelheit der Zelle hinauszuschreien.

»Warum nur?«, fragte Elizabeth erneut.

»Sie wird schon 'nen Grund gehabt haben«, erhielt sie eine kaltschnäuzige Antwort von Celia, der Wäscherin. »Und jetzt hat sie es hinter sich. Also was jammerst du, Beth?«

»Emily ist fein raus«, pflichtete ihr eine andere Gefangene ungerührt bei. »Besser so ein Ende, als jahrelang in diesem Höllenloch von Newgate zu sitzen!«

»Die Neue ist 'n richtiges Glückskind«, schnaubte die Wäscherin mit kaum verhohlener Missgunst. »Warum hab nicht ich mit ihr 'ne Pritsche geteilt? Dann hätte ich die jetzt ganz für mich allein ... und nicht diese Abby.«

»Warte es ab«, höhnte eine andere Stimme. »Vielleicht tut dir Nellie auch den Gefallen, sich klammheimlich am Gitter aufzuknüpfen.«

»Darauf kannst du warten, bis dir das Fleisch von den Knochen fällt!«, erwiderte Nellie derb, die Einbrecherin, die sich mit der Wäscherin eine Bettstelle teilte.

Abby drehte sich mit dem Gesicht zur Wand, zog die Knie bis zur Brust an und presste die Hände auf die Ohren. Sie konnte dieses entsetzlich gefühllose Gerede der Frauen nicht länger mit anhören. Sie zitterte unter ihrem Umhang, den sie als Decke benutzte. Ein Menschenleben war im Gefängnis von Newgate so gut wie wertlos. Und diejenigen, die schon länger eingekerkert waren, hatten sich daran gewöhnt, den Tod als etwas Selbstverständliches, ja sogar als Erlösung hinzunehmen.

Und das war es, was Abby mehr fürchtete als alles andere: Dass auch sie eines Tages so sein, so denken und auch so gefühllos reden würde wie Nellie und Celia.

Sechstes Kapitel

In einer Woche! Wenn ich kann!«, hatte Frederick gesagt, als er gegangen war. Vor Ablauf der Woche hatte Abby daher nicht damit gerechnet, ihn im kahlen Besucherzimmer von Newgate wieder zu sehen. Als Frederick sie aber schon zwei Tage später wieder besuchte, wusste Abby sofort, was sein Kommen zu bedeuten hatte. Nicht ein Wort brauchte er zu sagen, um ihr mitzuteilen, weshalb er erschienen war. Die Nachricht vom Tod ihrer Mutter las sie ihm vom Gesicht ab.

»Wann?«, fragte sie nur.

»Irgendwann in der Nacht«, antwortete er. Seine Stimme war frei von irgendwelchem Bedauern oder Mitgefühl. Er überbrachte einfach die Bestätigung einer überfälligen Nachricht. »Sie war schon tot, als Charlotte heute Morgen in die Dachkammer kam.«

Abby riss sich zusammen und war nach außen hin gefasst. »Danke, dass Sie gekommen sind, um mir das mitzuteilen, Frederick. Bitte gehen Sie jetzt. Ich möchte nicht darüber sprechen.«

Er unternahm keinen Versuch, sie umzustimmen, und ging auf der Stelle.

Abby wandte sich an Putney. »Kann ich einen Augenblick allein sein?«

Zu ihrem Erstaunen zuckte der Wärter gleichgültig mit den Achseln. »Warum nicht? Er hat für 'ne halbe Stunde bezahlt, also sollst du sie auch haben.« Er ließ sie in dem vergitterten Raum allein.

Abby weinte nicht. Noch vor einer Woche hätte sie es vielleicht getan. Doch was vor einer Woche gewesen war, schien mittlerweile zu einem völlig anderen Leben zu zählen. Sie saß nur auf der harten Bank, starrte auf den Boden und vermochte nicht zu ergründen, was sie nun fühlte. Trauer? Entsetzen? Verlassenheit? Verzweiflung? Ohnmächtigen Zorn? Hoffnungslosigkeit? Auflehnung gegen ein scheinbar unabwendbares Schicksal?

Es war wohl von allem etwas dabei. Selbstmitleid zählte jedoch nicht dazu. Sie erinnerte sich der Worte ihrer Mutter über die Schwachen und die Zaghaften. Auf die Welt von Newgate trafen sie zu.

»Nein, ich werde nicht schwach sein, Mutter«, murmelte sie leise vor sich hin. »Und ich werde auch nicht einfach so aufgeben wie Emily. Was immer auch kommen mag, ich werde alles versuchen, um es zu überstehen. Und niemals werde ich die Hoffnung aufgeben. Niemals. Das schwöre ich dir!«

Siebtes Kapitel

Die zweite Hälfte des Februars verstrich und starker Schneefall kennzeichnete die letzten Tage des Monats. London versank unter einer weißen Decke, die vielen Obdachlosen den Tod brachte. Sie erfroren im Schlaf. Das eisige Wetter hielt sich bis weit in den März. Und noch Anfang April fielen die Temperaturen mit Einbruch der Dunkelheit so tief, dass der Tod auf der Straße und in den Elendsvierteln reiche Ernte hielt.

Auch im Gefängnis von Newgate setzte die eisige Kälte so manch einem elenden Leben ein Ende. Der Leichenwagen, der morgens in den Hof rollte, musste selten einmal ohne einen Toten auf seiner strohbedeckten Ladefläche davonfahren.

Abby dachte so manches Mal mit Schrecken daran, dass wohl auch sie den bitterkalten Winter in Newgate nicht lebend überstanden hätte, wenn Frederick nicht gewesen wäre. Ohne

Strümpfe, Schuhe und Umhang wäre sie auf dem eisigen Steinboden der Zelle sicherlich in irgendeiner Februarnacht erfroren.

Frederick hielt Wort und besuchte sie regelmäßig. Einmal die Woche saßen sie sich für zehn, zwanzig Minuten am Trenngitter gegenüber. Stets brachte er ihr einen Kanten Brot mit. Manchmal hatte er auch ein Stück Pökelfleisch oder irgendeine andere Köstlichkeit dabei. Und steckte er ihr ein paar Pennys oder gar ein Sixpence zu, dann wusste sie, dass seine Diebesbande eine einträgliche Woche hinter sich hatte.

»Irgendwann wirst du ein bisschen Geld bitter nötig haben, denn ich werde nicht ewig kommen können. Irgendwann einmal wird wohl auch mir der Boden zu heiß werden und dann wirst du auf dich allein gestellt sein. Also überlege dir zehnmal, bevor du auch nur einen Penny ausgibst, ob es wirklich sein muss! Und versteck das Geld gut! Es werden Leuten schon für weniger als ein Sixpence die Kehlen durchgeschnitten!«, warnte er sie bei diesen Gelegenheiten, die leider viel zu selten waren.

Abby war für seine Besorgnis dankbar, obwohl sie seiner stets eindringlichen Warnungen längst nicht mehr bedurfte. Längst hatte sie erkannt, dass ein Menschenleben hinter den Mauern von Newgate manchmal weniger als einen Penny wert war. Deshalb hütete sie die paar Münzen, die sie im Saum ihres Kleides versteckt hielt, wie einen Schatz. Und das waren die wenigen Pennys und Sixpence auch, wenn sie an die Unglücklichen im Rattenloch dachte.

Viel hatten sie sich bei diesen Treffen nicht zu sagen. Ihre Gespräche kreisten um Belanglosigkeiten. Schon bei seinem dritten Besuch hatte er ihr unmissverständlich zu verstehen gegeben, dass er auf keinen Fall noch einmal über sich und seine Beweggründe zu sprechen gedachte. Auch seine Zugehörigkeit zu einer Bande organisierter Taschendiebe sei als Gesprächsthema von nun an tabu.

Für Frederick waren diese Besuche eine Pflicht, die er sich

selbst auferlegt hatte, um die Schuld eines Freundes abzutragen. Für Abby waren sie jedoch die einzigen Lichtblicke in ihrem schrecklichen, eintönigen Kerkerleben. Dass er über persönliche Dinge mit ihr nicht zu reden gewillt war, nahm sie gern hin, wenn er sie nur weiterhin besuchte. Frederick war ihre letzte Verbindung zu der Welt, die jenseits der mächtigen Gefängnismauern lag. Und solange er dem Wärter jede Woche die vereinbarte Summe zukommen ließ, brauchte sie nicht zu fürchten, wieder zurück ins Rattenloch geworfen zu werden.

Die Wochen vergingen und wurden zu Monaten, ohne dass Abby Lynn der Prozess gemacht wurde. Nichts Ungewöhnliches, wie sie von ihren Zellengenossen und von Putney erfuhr. Es gab Gefangene, die ein Jahr oder auch zwei hatten warten müssen. Und niemand hatte sich die Mühe gemacht, diejenigen zu zählen, die in den Zellen gestorben waren, bevor ein Gericht über Schuld oder Unschuld hatte befinden können.

Als der Frost wich und der Frühling den Winter endgültig abgelöst hatte, hatte auch Abby sich gewandelt. Sie hatte in den Monaten viel Elend, Grausamkeiten und Tote gesehen. Und sie war hart geworden, ohne jedoch die Menschenverachtung und Gefühllosigkeit angenommen zu haben. Sie hatte gelernt, sich keinem Einschüchterungsversuch ihrer Mitgefangenen zu beugen und sich zu behaupten. Mit Geschick, Furchtlosigkeit, Diplomatie und notfalls auch mit Gewalt.

Dann kam der Tag im Mai, als Philip Putney sie schon früh am Morgen aus der Zelle holte. »Los, raus mit dir!«, forderte er sie schroff auf.

»Besuch?«, fragte Abby verwundert, als sie dem riesenhaften Wärter über den Gang folgte. Frederick war erst vor fünf Tagen da gewesen.

»Nein. Heute kommst du vor Gericht«, beschied Putney sie mürrisch. Er war an diesem Morgen übellaunig. »Und jetzt halt den Mund!«

Abby hatte all die Wochen auf diesen Tag gewartet. Sie hatte davon geträumt und sich an die Hoffnung geklammert, einen fairen Prozess zu bekommen und vor Richter und Geschworenen doch noch ihre Unschuld beweisen zu können. Doch nun, da der Tag gekommen war, wich alle Hoffnung von ihr und machte furchtsamer Beklemmung Platz. Sie konnte nur noch an das denken, was Frederick ihr bei seinem ersten Besuch mit schonungsloser Offenheit prophezeit hatte: Ob sie schuldig war oder nicht, eine Verurteilung sei ihr gewiss!

Philip Putney öffnete die Tür zu einer Kammer, stieß Abby unsanft hinein und rief verdrossen: »Hier ist sie, Frau! Mach sie zurecht. Aber sieh zu, dass du schnell mit ihr fertig wirst. Sie muss gleich ins Old Bailey!«

Sarah Putney war eine kräftige, schwergewichtige Frau mit einem breitflächigen Gesicht, das fleckig war von Pockennarben. Sie stand ihrem Mann in nichts nach, was ihre Gleichgültigkeit gegenüber dem Elend von Newgate betraf. Es war ihr Alltag, ihr Beruf, der ihr ein bescheidenes Einkommen sicherte. Und sie konnte genauso derb zupacken und unflätige Reden führen wir er.

Jetzt stemmte sie ihre schwieligen Hände in die breiten Hüften. Und barsch fuhr sie ihren Mann an: »Willst du mir sagen, wie ich meine Arbeit zu tun habe, Philip Putney?«

»Du sollst sie präsentabel machen und dich damit beeilen, verdammt noch mal! Das ist alles, was ich zu sagen habe!«, grollte ihr Mann gereizt. »Wenn du zu schlampig bist, muss ja ich den Kopf dafür hinhalten, nicht du!«

Sie spuckte auf den Boden. »Pah! Als ob ich nicht weiß, was die Herren mit ihren empfindlichen Nasen erwarten! Also verschwinde und kümmere dich um deinen eigenen Dreck. Du stiehlst mir nur die Zeit!«

Der Wärter funkelte sie wütend an. »Der Teufel soll dich holen, Weib!«, fluchte er und zog die Tür mit einem lauten Knall hinter sich zu.

Sarah musterte Abby mit gerümpfter Nase. »Der Teufel soll mich in der Tat holen, wenn ich mit dir nicht 'n verdammtes Stück Arbeit habe, Täubchen!«, sagte sie grimmig. »Zieh dich aus!«

Abby sah sie verständnislos an.

»Hast du nicht gehört?«, fuhr Sarah Putney sie ungehalten an. »Du sollst dich ausziehen, und zwar ein bisschen flott, mein Täubchen! Sonst helfe ich dir auf die Sprünge!«

»Aber warum?«

»Weil du so stinkst, als hätte man dich aus der übelsten Kloake von London gezogen, Täubchen! Du riechst es vielleicht nicht mehr, aber der Richter und die Geschworenen werden von deinem Gestank in Ohnmacht fallen, wenn man dich so in den Gerichtssaal lässt.«

Abby wurde vor Scham hochrot im Gesicht und blickte an sich hinunter. Sie hatte in den vergangenen drei Monaten, so gut es ging, versucht ihre Kleider sauber zu halten. Doch natürlich war es ein hoffnungsloses Unterfangen gewesen. Eine Zelle in Newgate war nun mal kein Pensionszimmer, sondern ein zum Himmel stinkendes Dreckloch. Sie hatte diese Kleider zudem Tag und Nacht getragen, weil sie keine anderen hatte. Und zum Waschen gab es keine Möglichkeit. Ja, sie war dreckig und stank.

»Nimm's dir nicht zu Herzen. Egal, wo sie herkommen, Täubchen, hier stinken sie alle. Ob Dame oder Dirne. Ob Gassenjunge oder Gentleman. Nur vor Gericht, da darf der Gestank von Newgate nicht die Herren Perückenträger beim Rechtsprechen stören!« Sie lachte kurz und freudlos.

Zögernd begann sich Abby zu entkleiden. Eine Gänsehaut bildete sich auf ihrem mageren Körper.

Sarah Putney griff zu einer binsenumwickelten, bauchigen Flasche, die neben dem Fuß des klobigen Tisches stand. Doch mitten in der Bewegung hielt sie inne, blickte Abby mit geneigtem Kopf und einem gierigen Ausdruck in den Augen an und fragte: »Hast du vielleicht noch ein paar Münzen, Täubchen? Dann kannst du Puder und sogar Duftwasser haben. Na, wie steht's damit?«

»Nicht einen Penny habe ich«, sagte Abby, splitternackt und zitternd vor Kälte. Einen ihrer kostbaren Pennys für so etwas zu opfern, wäre ihr vielleicht zu Beginn ihrer Einkerkerung noch in den Sinn gekommen. Jetzt jedoch erschien ihr dieser Gedanke so absurd wie ein voll gedeckter Tisch in der finsteren Zelle, in der sie die ersten Tage verbracht hatte.

Sarah seufzte enttäuscht und zuckte mit den Achseln. »Na, dann wirst du dich eben mit Essig begnügen müssen«, brummte sie, hob die Flasche hoch und goss die Blechschüssel auf dem Tisch halb voll. Sie tunkte einen löchrigen Lappen, der alles andere als blütenrein war, in die Flüssigkeit und begann Abby abzuwaschen.

»Die Prozedur ist nicht gerade so angenehm wie Daunenfedern am Hintern, aber auch kein Grund zum Jammern! Also reiß dich zusammen, sonst lernst du mich von meiner unfreundlichen Seite kennen, Täubchen!«, drohte sie, als Abby beim ersten Brennen unwillkürlich zusammenzuckte und einen unterdrückten Laut des Schmerzes von sich gab.

»Es wird nicht wieder vorkommen!«, versicherte Abby mit gepresster Stimme und biss die Zähne zusammen. Die Wärtersfrau ging nicht gerade zart mit ihr um. Der essiggetränkte Lappen klatschte immer wieder wie ein schmerzhafter Peitschenschlag auf ihren Leib. Sie nahm auch keine Rücksicht auf Kratzwunden, in denen der Essig wie Feuer brannte. Dazu kam, dass der Essig ihr so stechend scharf in die Nase stieg, dass ihr davon beinahe übel wurde. Schließlich atmete sie nur noch durch den Mund.

Endlich hatte die raue, lieblose Prozedur ein Ende. »So, das muss genügen!« Sarah Putney ließ den Lappen achtlos zu Boden fallen. »Du kannst dich wieder anziehen.«

Hastig zog Abby Unterrock und Mieder an, während die

Wärtersfrau ihr Kleid und den Umhang oberflächlich mit einer groben Bürste bearbeitete. Anschließend spritzte sie auch noch ein wenig Essig auf die Sachen.

»Keiner soll mir nachsagen können, ich hätt dich nicht fein rausgeputzt, mein Täubchen«, sagte sie spöttisch und schob sie aus der Kammer in den Gang, wo ihr Mann schon wartete. »Du riechst jetzt so verführerisch wie 'n Fass Essiggurken!«

Abby kämpfte gegen die Demütigung an, die ihr die Tränen in die Augen schießen ließ. Man hatte sie wie ein Stück Vieh behandelt, dem man den gröbsten Dreck abschrubbte, bevor man es zur Schlachtbank führte.

Ihr Prozess fand im Old Bailey, dem obersten Strafgerichtshof, statt und war nur einer von vielen, die an diesem Vormittag im Schnellverfahren verhandelt wurden. Es waren Fälle, die nach Ansicht der Justiz keiner Zeit raubenden Verhandlung bedurften. Verbrecher, die ihre Tat gestanden hatten oder auf Grund der Beweislage als überführt gelten konnten. Fast allen drohte die Todesstrafe, denn schon der Diebstahl eines Gegenstandes, der mehr als einen Shilling wert war, galt als Kapitalverbrechen – und als Fall für den Henker.

Auf den Zuschauerbänken drängte sich bis auf wenige Ausnahmen sensationslüsternes Volk. Strafprozesse waren fast so beliebt wie öffentliche Hinrichtungen, die der Londoner Pöbel stets zu jahrmarktähnlichen Volksbelustigungen mit Ausschweifungen aller Art entgleiten ließ.

Der hagere Richter, dessen gepuderte Perücke ein stumpfes Mehlweiß aufwies, hatte sich nicht darauf verlassen, dass die Angeklagten den Pesthauch von Newgate nicht in den Gerichtssaal bringen würden. Er hatte vorgesorgt. Ein großer Blumenstrauß lag vor ihm auf dem Pult. Der Strauß war nicht nach farbharmonischen Gesichtspunkten zusammengestellt, sondern nach der Intensität der Blumendüfte. Es fanden sich nur solche Blumen im Strauß, die einen starken Duft verströmten. In diesen Strauß steckte er ab und zu seine Nase.

Auch die Geschworenen saßen nicht unvorbereitet auf den Bänken. Ihnen stand zwar nicht die Duftvielfalt eines bunten Blumenstraußes zur Verfügung, doch ein parfümgetränktes Taschentuch, das immer wieder zur Nase geführt wurde, tat den gleichen Dienst.

Abby bekam davon kaum etwas mit, als man sie unter dem Geraune und den neugierigen Blicken der Schaulustigen in den Saal führte. Wie eine Lawine stürzten die Eindrücke auf sie ein. Dumpfe Angst und Beklemmung erfassten sie. Ihr war, als würde sie in eine gähnende Leere stürzen.

Man zeigte mit Fingern auf sie. Jemand lachte schadenfroh, und ganz deutlich hörte sie eine kratzige Stimme, die sagte: »Ein hübscher Hals für den Strick!«

Abby hatte sich in den qualvollen Wochen ihrer Gefangenschaft immer und immer wieder vorzustellen versucht, wie ihr Prozess wohl ablaufen würde. Und unzählige Male hatte sie im Geiste durchgespielt, wie sie ihre Sache vor Gericht vertreten wollte. Sie hatte sich ihre Worte immer wieder neu überlegt, um auch ja nichts Falsches zu sagen. Schließlich war sie davon überzeugt gewesen, gut gewappnet und vorbereitet zu sein, um vor Richter und Geschworene zu treten. Sie hatte diesem Tag entgegengefiebert.

Doch nun kam alles ganz anders.

Vergessen waren die Sätze, die sie sich in schlaflosen Nächten zurechtgelegt hatte, um das Gericht von ihrer Unschuld zu überzeugen. Ausgelöscht wie eine schwache Flamme im Sturmwind. Ihr Gehirn war wie ein Puzzle, das sich plötzlich in seine zahllosen Bestandteile aufgelöst hatte. Alles wirbelte wild durcheinander. Nichts passte mehr zusammen. Es war ein Chaos der Gefühle und der Eindrücke, in deren Tiefe die Todesangst wie ein sprungbereites Raubtier lauerte und sie lähmte.

Es traf sie wie ein Schlag bei einer öffentlichen Züchtigung, als die Stimme des Staatsanwalts scharf und schneidend durch den Saal schallte: »Angeklagte Abigail Lynn ...«

Von da an zog der Prozess wie eine Kette von immer schneller wechselnden Bildern an ihr vorbei. Sie hörte jedes Wort, das gesprochen wurde, und vermochte auch auf die bohrenden Fragen des Staatsanwaltes zu antworten. Doch irgendwie war nicht sie diejenige, die da verhört wurde und mit ihren Unschuldsbeteuerungen bei den Geschworenen nur auf verschlossene, abweisende Gesichter stieß.

Frederick behielt Recht. Das Urteil stand schon von vornherein fest. Die Aussagen der Zeugen waren erdrückend. Dagegen wirkte ihr Gestammel wie der lächerliche Versuch, den Geschworenen stinkenden Schwefel für duftendes Rosenöl verkaufen zu wollen.

»Hast du dem Gericht noch etwas vorzutragen, das du zu deiner Verteidigung ins Feld führen kannst, Angeklagte?«, fragte sie der hagere Richter schließlich.

Abby schüttelte benommen den Kopf und sagte mit einer tonlosen Stimme, die ihr selbst fremd war: »Nein, ich habe alles gesagt. Es war nicht so! Ich habe mit dem Taschendieb nicht gemeinsame Sache gemacht. Ich bin unschuldig! Unschuldig! Unschuldig ...«

»Das genügt!«, rief der Richter.

Die Geschworenen brauchten sich keine fünf Minuten zur Beratung zurückzuziehen, um zu einem einstimmigen Urteilsspruch zu kommen.

»Die Angeklagte ist schuldig im Sinne der Anklage!«, verkündete der Obmann der Geschworenen.

Wie eine scharfe Axt fielen seine Worte in das erwartungsvolle Schweigen.

Der Richter räusperte sich und richtete seinen durchdringenden Blick auf Abby Lynn. »Auf deine Tat steht die Todesstrafe, Angeklagte. Doch mit Rücksicht auf dein jugendliches Alter verwandle ich die Todesstrafe in sieben Jahre Verbannung nach New South Wales! Gott möge deiner jungen und doch schon so verdorbenen Seele gnädig sein!«

»Verbannung nach New South Wales? Wo doch nur die Hälfte der Deportierten lebend dort ankommt?«, rief einer der Zuschauer höhnisch. »Da ist der Strick doch gnädiger! Ob nun sieben Jahre Sträflingskolonie oder zwanzig, von da gibt's für keinen ein Zurück! New South Wales ist lebenslänglich.«

»Ja«, rief eine andere Stimme, die sich Abby für immer einprägen sollte, »und zwar am Ende der Welt!«

Achtes Kapitel

Zwei Wochen später wurde ein Gefangenentransport nach Portsmouth zusammengestellt. Dort wurde seit Anfang des Jahres ein aus drei Schiffen bestehender Verband, dessen Ziel die Sträflingskolonie New South Wales im fernen Australien war, von der Admiralität ausgerüstet und verproviantiert.

Die Umbauten und Sicherungsvorkehrungen in den Zwischendecks und im Laderaum waren abgeschlossen. Die lebende Fracht, die aus mehreren hundert Verbannten bestand, konnte nun an Bord gebracht werden. Schon in wenigen Wochen sollte die Flotte die Anker lichten und Kurs auf die 20 000 Kilometer entfernte Sträflingskolonie nehmen.

Die hoffnungslos überfüllten Gefängnisse Englands nahmen die günstige Gelegenheit wahr, sich eines kleinen Teils ihrer Insassen zu entledigen. Wie gewöhnlich kamen auch diesmal viele der Sträflinge aus den Zellen von Newgate.

Es war ein frischer Morgen, und auf den Gitterstäben glitzerte noch der Tau, als man Abby und gut hundert weitere Frauen in den Gefängnishof führte. Eine lange Reihe geschlossener Kastenwagen stand zum Abtransport der Sträflinge bereit. Erstes Sonnenlicht fiel über die Mauer und ließ das Fell so manch eines Zugpferdes seidig glänzen.

Die Frauen hatten dafür jedoch keinen Blick. Die rauen barschen Stimmen der Wärter und der Wachmannschaften vermischten sich auf dem Hof zu einem wüsten Gebrüll. Ketten klirrten. Pferde schnaubten unruhig.

Vier Frauen hatten schreiende Kleinkinder auf dem Arm, die im Gefängnis zur Welt gekommen waren und bisher wundersamerweise überlebt hatten. Die Begleitmannschaften drängten zur Eile. Bis nach Portsmouth in der Grafschaft Hampshire war es ein langer Weg. Schon mit der schnellen Postkutsche war die Strecke nicht unter zwei Tagen zurückzulegen. Die plumpen, schwer beladenen Kastenwagen würden noch bedeutend länger unterwegs sein. Zumal sie auf der Fahrt immer zusammenbleiben mussten, damit die Wachmannschaft leichtere Arbeit hatte. Somit würde das schwächste Gespann das Tempo des ganzen Trosses angeben.

»Los! ... Bewegt euch, faules Pack! ... Ihr seid hier nicht auf einem Picknick-Ausflug in den Hyde Park! ... Vorwärts, oder wir machen euch Beine, dreckiges Gesindel!«, brüllten die Wärter und teilten schmerzhafte Stöße und Hiebe aus, als einige der Sträflinge sich widerspenstig zeigten und mit hasserfüllten Verwünschungen auf die Befehle der Wärter antworteten.

Die Wäscherin Celia und Nellie, die Einbrecherin, befanden sich auch unter den Frauen. Abby wurde in dem Gedränge jedoch von ihnen getrennt, was sie nicht bedauerte. Mit diesen beiden kaltschnäuzigen Sträflingen hatte sie nichts weiter als dasselbe Strafmaß gemein: sieben Jahre Verbannung nach New South Wales.

»Na, kommt schon, ihr Schönen! Holt euch euren reizenden Beinschmuck ab!«, höhnte der Wärter, der immer zwei Sträflinge mit einer schweren Eisenkette am Fußgelenk zusammenschloss, sodass an Flucht nicht zu denken war.

Bevor Abby wusste, wie ihr geschah, war sie mit einer Frau zusammengekettet, die sie während ihres Gefängnisaufenthaltes noch nie gesehen hatte. Hager wie sie alle, hielt sie sich im

Gegensatz zu vielen anderen jedoch aufrecht, als wollte sie schon durch ihre äußere Haltung zum Ausdruck bringen, dass nichts ihren Stolz brechen konnte. Strähniges Haar fiel ihr ins Gesicht, das trotz einer langen Narbe über dem rechten Auge auf eine herbe Art anziehend wirkte. Ihr Alter war schwer zu schätzen. Doch älter als Anfang zwanzig konnte sie kaum sein, denn die Haut um Augen und Mund war noch glatt und straff.

»Sieht so aus, als müssten wir ein paar Tage miteinander auskommen«, sagte sie spöttisch und musterte ihre Mitgefangene kurz. »Na ja, schaust ganz passabel aus, Kleine. Hätte es wohl schlechter treffen können, als mit dir an einer Kette zu liegen.«

»Wir werden uns bestimmt vertragen«, meinte Abby.

»Bisher bin ich noch mit keiner ausgekommen, Kleine. Aber wenn wir Portsmouth erreichen, ohne dass wir uns gegenseitig die Augen ausgekratzt haben, will ich zufrieden sein. Na, wir werden sehen«, entgegnete sie schnell und mit unverhohlenem Misstrauen. »Aber wo wir nun schon mal keinen Schritt ohne den anderen tun können, kann es nicht schaden, einander beim Namen zu nennen. Also, auf welchen Namen hörst du?«

»Abby Lynn. Und wie heißt du?«

»Rachel Blake.«

»Bist du schon lange in Newgate?«, fragte Abby.

»Was geht dich das an?«, fragte Rachel zurück. Ihre Stimme hatte nichts Feindseliges an sich, sondern klang auf unpersönliche Art abweisend kühl. »Meinen Namen zu kennen gibt dir noch lange nicht das Recht, mich mit Fragen zu löchern.«

»Gut, es geht mich nichts an«, räumte Abby ein und zuckte mit den Achseln. »Aber ich sehe auch keinen Grund, warum ich verschweigen sollte, dass ich drei Monate in Newgate eingekerkert war.«

»Drei Monate!«, wiederholte Rachel geringschätzig. »Pah! Da hast du ja noch nicht mal Zeit gehabt, die Gitterstäbe deiner Zelle in aller Ruhe zu zählen!«

»Aber du, wie?«, sagte Abby herausfordernd.

»Ein bisschen mehr Zeit als du hatte ich bestimmt! Für mich war das der dritte Winter, den ich in diesem Pestloch überstanden habe ... Gott allein mag wissen, wie!«

Abby lächelte kaum merklich.

Rachel furchte die Stirn, als sie das Lächeln bei ihr bemerkte. »Schau an, kaum den Kinderschuhen entwachsen und doch schon gerissen genug, einem Antworten aus der Nase zu ziehen, die man eigentlich für sich behalten wollte. Du hast in den drei Monaten offenbar mehr gelernt als andere in drei Jahren. Oder warst du schon so ausgekocht, bevor du Newgate von innen kennen gelernt hast?«

Abby kam nicht mehr dazu, ihr darauf zu antworten. Sie waren in der Schlange der zusammengeketteten Gefangenen vorgerückt. Ein Wärter stieß ihr seinen Schlagstock in den Rücken. »Siehst du nicht, dass der Wagen voll ist? Los, rüber zum nächsten! Und ein bisschen Beeilung!«, herrschte er sie an.

Auch Rachel erhielt einen Hieb, der sie an der Hüfte traf und vorwärts taumeln ließ. »Gegen diese geifernden Kerle ist der Henker geradezu ein barmherziger Samariter!«, stieß sie verächtlich hervor, als sie sich beeilten, dem Befehl des Wärters nachzukommen.

Es war gar nicht so einfach, gemeinsam und mit der schweren Kette am Bein in den Kastenwagen zu klettern. Eine dünne Lage Stroh bedeckte den Boden. Sie waren in diesem Wagen die Ersten und mussten sich deshalb ganz hinten in die Ecke setzen.

Im Handumdrehen war der fensterlose Verschlag so voll, dass man Platzangst bekommen konnte. Abby vermochte noch nicht mal ihre Beine auszustrecken.

»Hätte nie gedacht, dass ich mal Sehnsucht nach meiner dreckigen Zelle haben würde«, meinte Rachel neben ihr und fand Zustimmung bei den anderen Frauen, die mit ihnen in dem Wagen eingepfercht waren.

»Pest und Pocken über diese Henkersknechte!«, fluchte eine

der Frauen im Dunkel, als die Türen zugeknallt und von außen verriegelt wurden. Das wenige Licht, das hier und da durch einen winzigen Spalt zwischen den Brettern ins Wageninnere fiel, reichte noch nicht mal aus, um von vorn nach hinten zu schauen und dabei ein Gesicht zu erkennen. Nur die schemenhaften Umrisse der am Boden kauernden Gestalten waren zu erkennen wie graue Schatten in einer mondlosen Nacht. »Da ist mir meine Zelle ja noch zehnmal lieber, 'n wahrer Ballsaal war das stinkende Loch gegen diesen Brettersarg auf Rädern! Der Schlag soll die Bastarde treffen, die sich diese Teufelei ausgedacht haben!«

»Wenn's einen trifft, dann werden wir das sein!«, antwortete ihr eine andere Stimme brüsk. »Die Zunge soll mir verdorren, wenn auch nur die Hälfte von uns Portsmouth lebend zu sehen kriegt!«

»Halt dein lästerliches Maul, Tilly! Wir haben schon so genug zu ertragen«, wies sie jemand, der vorn bei den Türen saß, ungehalten zurecht.

»Wir werden hier krepieren wie die Ratten in 'ner Lattenkiste«, bekräftigte die Frau ihre düstere Prophezeiung. »Ihr werdet noch an meine Worte denken ... wenn ihr zu denen gehört, die diese Fahrt überleben!«

So schrecklich wurde die Fahrt nach Portsmouth nun doch nicht, wenn sie auch schlimm genug war. Die qualvolle Enge machte den tagelangen Transport zu einer menschenunwürdigen Tortur. Jedes noch so intimste menschliche Bedürfnis musste, schlimmer noch als in der Zelle, in aller Öffentlichkeit und unter hautenger Tuchfühlung mit den anderen Leidensgefährten um einen herum verrichtet werden. Und wenn das Dunkel diese Entwürdigung den Augen auch gnädigerweise verbarg, so änderte das doch nichts an der Tatsache, dass alle anderen Sinne jede kleinste Regung des Mitgefangenen registrierten. So blieb nichts wirklich verborgen. Die Luft im geschlossenen Kastenwagen war dementsprechend entsetzlich. Es stank schon nach wenigen Stunden bestialisch nach Körperausdünstungen, Exkrementen und Erbrochenem.

Wo die Wagen auf ihrem Weg nach Portsmouth vorbeikamen, wandten sich die Menschen entlang des Weges voller Ekel ab und hielten sich die Nase zu. Und stoppte der Sträflingstransport in einem Dorf, bekamen Fahrer und Wachmannschaften Schmähungen und Drohungen zu hören, wenn sie die Pferde am Marktbrunnen tränken oder eine Rast in der Wirtschaft einer Poststation einlegen wollten. Sie mussten schon außerhalb lagern.

Niemand wollte mit dem menschlichen Abschaum aus London etwas zu tun haben. Und schickte man sie nicht deshalb auch in diese ferne Kolonie der Verbannten?

Neuntes Kapitel

Abby döste vor sich hin, den Kopf an Rachels Schulter gelehnt. Ihr Körper verlangte nach Schlaf, nachdem sie in der Nacht kaum ein Auge zugetan hatte. Der Wagentross hatte irgendwo im Freien campiert. Das Wetter war umgeschlagen. Ein Kälteeinbruch hatte die milden Temperaturen jäh absinken lassen und der Nachtfrost war durch alle Ritzen in den Wagen gedrungen.

Sie hatten sich im feuchten, stinkenden Stroh aneinander gedrängt, um sich gegenseitig zu wärmen. Geschlafen hatten jedoch die wenigsten. Ein unablässiges Gemurmel, Zähneklappern und Gefluche, vermischt mit dem nie endenden Kettengerassel, hatte den Wagen die ganze Nacht hindurch erfüllt. Den Sträflingen in den anderen Fahrzeugen war es bestimmt nicht anders ergangen.

Erst als sich der neue Tag erwärmte und sich die feuchte Kälte in den rollenden Zellen allmählich verflüchtigte, erstarb das Klagen und Seufzen für eine Zeit lang. Der ersehnte Schlaf senkte sich über sie und zog sie hinab in die unergründlichen Tiefen des Traumes. Auch Abby sank in den Schlaf, eingelullt vom gleichmäßigen Rattern und Rumpeln des Wagens.

Ein derber Knuff weckte sie Stunden später, und eine Hand versuchte ihren Kopf hochzudrücken, der auf etwas herrlich Weichem, Warmem ruhte.

»Ich bin noch so müde! ... Lass mich noch was schlafen, Mutter«, bettelte Abby mit schlaftrunkener Stimme. Im Traum war sie in jene Zeit zurückgekehrt, als ihre Mutter noch gesund gewesen war und sie in der kleinen Dachwohnung gelebt hatten. In der Erinnerung wurde aus dem armseligen zugigen Verschlag und ihrer bitteren Not eine gemütliche Behausung, in der ihr gemeinsamer täglicher Kampf ums Überleben nicht nur erträglich, sondern geradezu ein Geschenk Gottes zu sein schien.

Es war ein schöner Traum gewesen, dessen Bilder jedoch plötzlich brüchig wurden und an Tiefe verloren. Sie nahm Geräusche und Gerüche wahr, die überhaupt nicht in diesen friedvollen Traum passten und ihn zu zerstören drohten. Ihr Unterbewusstsein sagte ihr, dass sie gleich erwachen und in die grausame Wirklichkeit zurückkehren würde. Doch sie wollte ihre Traumwelt nicht verlassen. Sie wehrte sich gegen das Eindringen dieser schrillen Stimmen und ekelhaften Gerüche in ihre harmonischen Traumbilder. Und sie versuchte sich so an das Warme, Weiche zu klammern, wie sie ihren Traum festzuhalten versuchte.

Vergeblich.

»Jetzt reicht es! Hoch mit dir! Verdammt noch mal, ich bin doch kein Kindermädchen! Was denkst du dir überhaupt? Ich hätte dich besser gleich weggestoßen!«

Rachels schroffe Stimme brachte Abby augenblicklich in die Wirklichkeit zurück. Sie setzte sich auf, blickte in das Halbdunkel und wurde sich bewusst, dass sie offenbar in Rachels Schoß geschlafen hatte.

»Entschuldige«, murmelte sie verlegen. »Ich bin einfach eingeschlafen und hab davon gar nichts gemerkt. Es tut mir Leid, wenn ich dir zur Last gefallen bin.«

»Zur Last! Das kannst du laut sagen!«, lamentierte Rachel und drückte das Kreuz gegen die Bretterwand. »Mir tut jeder Knochen weh. So hab ich mich verhalten, damit du weich in meinem Schoß liegst! Der Teufel mag wissen, was mich geritten hat, das zu erlauben.«

Abby wusste nichts darauf zu antworten und schwieg. Eine Frau im hinteren Teil des Wagens bekam einen heftigen Hustenanfall, der schnell in ein Würgen überging. Ein Baby schrie erbärmlich. Zwei Frauen stritten sich und bedachten sich mit den unflätigsten Beleidigungen, die sich zwei Menschen aus der Gosse nur ausdenken konnten.

Am liebsten hätte Abby sich die Ohren zugehalten. Doch sie wusste, dass das nichts nutzte. Die Stimmen, Gerüche und Bilder kamen längst nicht mehr nur von außen. Sie saßen schon drinnen in ihrem Kopf. Waren dort eingebrannt. Wie alt sie auch werden mochte, sie würden sie bis zu ihrem Tod begleiten.

Draußen wurden plötzlich Stimmen laut. Befehle mischten sich in das Rumpeln der Wagen und das eintönige Hufgetrappel. Der Kastenwagen wurde langsamer. Die eisenbeschlagenen Räder rollten knirschend auf sandigem Boden aus. Pferde wieherten und schnaubten. Zaumzeug klirrte.

»Wir halten an!«, rief eine der Sträflingsfrauen, und ihre Stimme überschlug sich fast vor freudiger Erregung.

»Es muss Mittag sein! ... Wir kommen raus!«, rief eine andere schrill und hämmerte vor Ungeduld gegen die Seitenwand. »Aufmachen! ... Lasst uns raus! ... Aufmachen! ... Aufmachen!«

Im Handumdrehen nahmen alle Sträflinge diesen Ruf auf.

Die Stimmen schwollen in den Transportern zu einem Höllenlärm an. Seit sich der Tross noch vor Sonnenaufgang wieder in Bewegung gesetzt hatte, hatten die Gefangenen die qualvolle Enge Stunde um Stunde mit apathischer Ergebenheit ertragen. Nun aber schlug die Apathie in Hysterie um. Die Aussicht, endlich wieder an die frische Luft zu kommen und sich für eine halbe Stunde die Beine vertreten zu können, brachte sie fast zur Raserei.

Abby merkte erst gar nicht, dass auch sie von der Raserei mitgerissen wurde, mit den Fäusten wie wild gegen die Bretterwand hämmerte und sich die Kehle aus dem Leib schrie. Es war Rachel, die sie mit einer Ohrfeige zur Besinnung brachte.

»Wie die Tiere!«, sagte sie voller Verachtung. »Schmeiß einen Kanten Brot unter sie und sie werden sich gegenseitig umbringen!«

Abby atmete heftig und ließ ihre schmerzenden Fäuste in den Schoß sinken. Rachels Worte beschämten sie zutiefst, und es machte ihr Angst, dass sie sich von dieser Raserei hatte anstecken lassen. »Sie ... sie sollen uns nur rauslassen«, sagte sie entschuldigend.

Rachel lachte grimmig auf. »Glaubst du wirklich, die Wachen lassen uns raus, solange wir so ein Spektakel veranstalten? Niemals!«, antwortete sie mit erhobener Stimme.

Rachel behielt Recht. Die Frauen schrien und schlugen gegen die Wände, doch die Türen blieben verriegelt. Als nichts geschah, verstummte das hysterische Geschrei, und das Gehämmer gegen die Wände wurde zu einem vereinzelten Pochen, das nun noch von dumpfer Resignation als von zornigem Aufbegehren zeugte.

»Wie die Tiere!«, wiederholte Rachel noch einmal mit gedämpfter Stimme, und obwohl Abby ihr Gesicht im Dunkel nicht sehen konnte, war sie doch sicher, dass ihr Mund zu einem geringschätzigen Lächeln verzogen war.

Es dauerte noch eine gute Weile. Dann erst wurden die Türen

entriegelt und aufgerissen. Gleißendes Sonnenlicht flutete in den Kastenwagen und blendete sie.

Die Wachen schlugen mit ihren Schlagstöcken gegen die Seitenwände, während sie ihre Befehle schrien und die Sträflinge wie Vieh aus den Wagen trieben. Einige besonders herzlose Wachen machten sich einen Spaß daraus, die ganz Schwachen und Langsamen zu Boden zu stoßen, wenn sie halb blind und mit zittrigen Gliedern aus den Wagen ins Freie taumelten.

Abby und Rachel kamen ohne Stockhiebe davon. Sie wankten durch die Gasse, die die Wachmannschaft gebildet hatte. Sie führte die Sträflinge auf eine große, saftig grüne Wiese. Ein klarer Bach schlängelte sich mit leisem Gluckern durch das frische Grün, das sich bis zum Horizont erstreckte. Rechter Hand, aber noch eine gute halbe Meile entfernt, zeichneten sich die Umrisse eines Gehöftes von stattlichen Ausmaßen ab.

Abby blinzelte in das helle Licht der Frühlingssonne, sog den herrlichen Duft der bunten Wiesenblumen tief in sich ein und empfand das fröhliche Gezwitscher der Vögel, die auf Bäumen und Sträuchern nah der Landstraße saßen, wie ein kostbares Geschenk.

»Mein Gott, klares Wasser!«, stieß Rachel hervor, als sie sich wie die anderen am Ufer des Baches ins Gras sinken ließ, um ihren Durst zu stillen. Sie hatten Glück, dass ihr Wagen als einer der ersten geöffnet worden war und sie eine Stelle oberhalb von ihren Mitgefangenen ergattert hatten.

Kaum hatten sie genug getrunken, als der Strom der Sträflinge aus den anderen Wagen den Bach zu beiden Seiten bevölkerte, auch oberhalb von ihnen. Nicht wenige trampelten dabei einfach durch den Bach oder wuschen sich Dreck und Erbrochenes von den Kleidern, noch bevor die anderen ihren Durst gelöscht hatten. Innerhalb weniger Augenblicke trübte sich das kristallklare Wasser und verwandelte sich in eine dreckige Brühe. Das hinderte die neu Dazugekommenen jedoch nicht daran, davon zu trinken.

Wenig später wurde hartes, trockenes Brot verteilt. Gierig schlangen sie ihr karges Mittagessen hinunter. Es reichte zwar nicht, um ihnen das Gefühl wohliger Sättigung zu geben. Doch es nahm ihnen den nagenden Hunger und stimmte sie vorübergehend versöhnlicher mit ihrem Schicksal.

»Wie wird es erst auf dem Schiff sein, wenn die Bastarde uns hier schon wie Vieh abfertigen«, meinte Rachel mit finsterer Miene.

»Wir haben Newgate überlebt, dann werden wir auch die Überfahrt nach New South Wales überleben«, antwortete Abby zuversichtlich und genoss mit geschlossenen Augen die schon recht warme Frühlingssonne auf ihrem blassen, ausgezehrten Gesicht.

»Was verstehst du schon vom Überleben!«

Abby öffnete die Augen und sah sie ärgerlich an. Die herablassende Art, mit der Rachel sie behandelte, hatte sie schon von Anfang an verdrossen. Jetzt reichte es ihr. »Du bist natürlich eine Hellseherin, nicht wahr?«, sagte sie zornig. Eine Wut flammte in ihr auf, die sie selber am meisten überraschte.

»Ich? Warum?«, fragte Rachel überrascht.

»Weil du ganz genau zu wissen scheinst, wie schlecht oder gut es mir und all den anderen im Vergleich zu dir ergangen ist! Offenbar bist du die Einzige, der das Schicksal bitter mitgespielt hat.«

»Das habe ich nicht behauptet.«

»Aber du tust so, als ob du hier die Einzige bist, die zu leiden hat! Dabei weißt du nicht mehr als das Schwarze unter den Fingernägeln! Einen Dreck weißt du!«, hielt Abby ihr aufgebracht vor und redete sich ihren Groll über Rachels Überheblichkeit von der Seele. Sie deutete auf eine Frau, deren linke Gesichtshälfte von Brandnarben übersät und entstellt war. »Kennst du vielleicht ihr Schicksal? Weißt du, ob sie schuldig oder nicht schuldig ist? Und das einarmige Mädchen da drüben, was ist mit dem? Na komm, erzähl mir schon, dass sie es doch eigentlich ganz leicht gehabt und gar keinen Grund hat, sich über irgendetwas zu beklagen. Na los, warum sagst du denn nichts?«

»Abby, bitte ...«

Abby hatte sich in Rage geredet und gab ihr keine Möglichkeit, sie zu unterbrechen. »Egal, was dir auch zugestoßen ist, Rachel, es gibt dir kein Recht, so geringschätzig zu anderen zu sein, deren Schicksal du überhaupt nicht kennst. Also rümpfe nicht immer die Nase, wenn ich irgendetwas sage! Du bist zwar ein paar Jahre älter, aber zu sagen hat das überhaupt nichts, auch wenn du dir das zehnmal einbilden magst!« Sie war regelrecht außer Atem, nachdem sie ihrem Zorn freien Lauf gelassen hatte, aber auch erschrocken über ihre Heftigkeit. Und sie wartete darauf, dass Rachel ihr den zügellosen Wortschwall mit gleicher Münze zurückzahlen würde.

Doch nichts dergleichen geschah. Rachel saß reglos neben ihr im jungen Gras, starrte auf das rostige Eisen mit der schweren Kette an ihrem Fuß und schwieg. Sie blickte noch nicht mal auf.

Abby bedauerte nun, dass sie sich zu diesem Ausbruch hatte hinreißen lassen. Rachel mochte Fehler haben und merkwürdig kaltherzig und herablassend sein. Aber andererseits hatte sie doch zugelassen, dass sie in ihrem Schoß schlief. Zwar hatte sie sich hinterher reichlich kratzbürstig und unleidlich gegeben, doch was bedeutete das schon. Jedenfalls im Schlaf weggestoßen hatte sie sie nicht.

»Was mag bloß in ihr vorgehen?«, fragte sich Abby insgeheim und wünschte, Rachel würde etwas sagen. Doch sie verharrte in ihrem Schweigen.

Als die Wachen sie zehn Minuten später wieder in die Bretterverschläge trieben, deren Gestank ihnen nach der frischen Landluft nun noch bestialischer vorkam und sie würgen ließ, schwieg Rachel immer noch. Abby sagte sich, dass es ihr letztlich egal sein könne, wenn Rachel nun nicht mehr mit ihr sprach. Doch das stimmte nicht. Sie wünschte sich nichts sehnlicher als jemanden, mit dem sie sprechen konnte. Doch außer der schweren Kette und dem Los der Verbannung schien sie nichts weiter zu verbinden.

Die Türen krachten zu und schlossen den belebenden Sonnenschein aus. Wenn sie das nächste Mal anhielten, würde schon die abendliche Dunkelheit über dem Land liegen und die Nachtkälte wieder durch die Ritzen kriechen.

Abby schloss die Augen, überließ sich dem gleichmäßigen Rattern der Räder und versuchte ihre abscheulich stinkende Umgebung auszusperren, indem sie sich in ihre Gedanken zurückzog.

Ob sie morgen endlich Portsmouth erreichen würden? Wie man sie wohl an Bord der Schiffe unterbrachte? Wie lange mochte die Überfahrt nach New South Wales dauern? Wirklich ein halbes Jahr und länger, wie einige zu wissen vorgaben? Und stimmte es, dass diese Sträflingskolonie im fernen Australien nicht weniger schrecklich war als die Kerker im Gefängnis von Newgate?

Abby fuhr aus ihren Gedanken auf. Rachel hatte irgendetwas gesagt. »Was?«

»Du hast Recht.«

Abby verstand erst nicht. »Recht? Womit!«

»Dass ich in Wirklichkeit einen Dreck weiß.«

»Ach, so ...« Sie wusste nicht, was sie erwidern sollte. Bisher hatte ihr noch niemand Recht gegeben. Nicht mal ihre Mutter.

»Es tut mir Leid, Abby.«

Merkwürdigerweise machte Rachels Entschuldigung sie verlegen. »Ich ... ich hab es nicht so gemeint«, schwächte Abby nun im Nachhinein ihren Vorwurf ab, obwohl sie jedes Wort so gemeint hatte, wie sie es gesagt hatte. Aber irgendetwas in ihr brachte sie dazu, zu lügen. »Ich weiß überhaupt nicht mehr, was ich alles gesagt habe. Bestimmt viel dummes Zeug. Ich weiß nicht, was vorhin in mich gefahren ist. Mir sind wohl irgendwie die Nerven durchgegangen.«

»Ich bin sicher, du weißt noch jedes Wort, das du gesagt hast«, erwiderte Rachel ruhig und ohne Vorwurf in der Stimme. »Und ich gehe jede Wette ein, dass du auch jetzt nichts davon zurücknehmen würdest, wenn du ganz ehrlich bist.«

Abby zog es vor zu schweigen, weil sie nicht wieder lügen wollte. Sie sah, wie Rachel neben ihr nickte, als wäre ihr ihre stumme Reaktion Bestätigung genug.

Sie schwiegen eine Weile. Doch diesmal hatte ihr Schweigen nichts Trennendes an sich.

»Meine Mutter war dem Alkohol verfallen«, sagte Rachel dann unvermittelt und so leise, dass Abby sie gerade noch verstehen konnte. »Meinen Vater habe ich nie gekannt. Meine Mutter wohl auch nicht ... höchstens die eine Stunde, die er in ihrem Bett verbracht hat. Vielleicht haben sie sich noch nicht mal so lange gekannt. Manche Männer blieben keine zehn Minuten.«

Rachels Stimme klang so teilnahmslos und gleichgültig, als erzählte sie von einem ganz alltäglichen Erlebnis, das völlig ohne Belang war und die Erwähnung nur deshalb verdiente, weil es sonst nichts zu bereden gab.

Abby fuhr ein Schauer über den Rücken und auf den Armen stellten sich Millionen kleinster Härchen zu einer Gänsehaut auf. Sie wollte sich über die Arme reiben, wagte jedoch nicht, sich zu bewegen.

»Ich war keine acht, als ich sie das erste Mal besinnungslos in ihrer Kammer fand«, fuhr Rachel in einer unwirklichen Art Plauderton fort, »in einer Lache aus Gin und Erbrochenem. Der Mann, mit dem sie zuvor zusammen war, hatte ihr an Stelle von Geld Gin gegeben. Egal, wie wir auch sonst hungern mochten, Gin gab es immer bei uns. Mutter trank den billigsten Gin, den die hartgesottenen Bergleute in unserer Gegend vermutlich noch nicht mal geschenkt getrunken hätten. Es war ein Fusel, der ihr über die Jahre hinweg die Innereien zerfraß und das Augenlicht raubte. Doch am Gin ist sie nicht gestorben, wenn du das denkst. So schnell ist es mit ihr auch nicht gegangen ... leider nicht.«

Sie machte eine Pause und setzte ihren erschreckenden Lebensbericht dann mit unverändertem Tonfall fort: »Als ich zehn war, fasste ich den festen Entschluss, von ihr wegzulaufen. Damals versuchte meine Mutter immer wieder, mich an »großzügige Männer«, wie sie es nannte, zu verkuppeln. Sie wollte, dass ich meinen Körper verkaufte so wie sie. Ich war damals recht hübsch, und ich wusste, dass andere Mädchen in meinem Alter schon mit Männern gegen Geld das Bett teilten. Nur ein paar Straßen weiter gab es sogar ein recht vornehmes Haus, in dem die ältesten Mädchen gerade sechzehn waren. Wer da arbeiten konnte, wurde von den Straßenmädchen beneidet. Voller Stolz teilte mir meine Mutter mit, dass man mich dort aufnehmen und ich viel mehr Geld verdienen würde, als ich mir vorstellen könnte. Doch so ergeben und gehorsam ich sonst auch war, was das betraf, widersetzte ich mich ihr mit Händen und Füßen. Nach einer fürchterlichen Nacht, als sie mich mit einem Mann mitten in der Nacht aus dem Schlaf holte und ich ihm das Gesicht zerkratzte und wie eine Wahnsinnige um mich schlug und biss, gab sie diese Versuche auf.

Es war Februar damals, als dies passierte und ich mich entschloss, meine Mutter sich und ihrem Gin zu überlassen. Im Sommer wollte ich los. Weg aus dieser dreckigen Stadt Sheffield und ab nach London, der Stadt der Verheißungen. Doch ich wartete ein paar Monate zu lange – und als mein Bruder Jacob im Juli zur Welt kam, war es zum Weglaufen zu spät. Da konnte ich einfach nicht mehr. Es wäre sein Tod gewesen, denn wer hätte sich um ihn gekümmert, wenn ich davongelaufen wäre? Meine Mutter konnte ja kaum für sich allein sorgen, geschweige denn für ein hilfloses Baby. Noch nicht mal gestillt hat sie ihn, und es war ein Wunder, dass er überhaupt durchgekommen ist.«

Wieder unterbrach Rachel ihren Bericht für einen langen Augenblick, als gingen ihre Gedanken vorübergehend eigene Wege, die unaussprechlich waren. Dann nahm sie den Erzählfaden wieder auf:

»Jacob war eigentlich mein Kind. Meine Mutter hat ihm nie einen zweiten Blick geschenkt. Für sie war er immer nur der ›Schreihals‹, der nimmersatte ›Fresser‹ oder bestenfalls einfach nur der ›Junge‹. Er hat ihr nie etwas bedeutet ... ebenso wenig wie ich. Vielleicht hätte ich damals dennoch gehen sollen, denn dass ich geblieben bin, hat ihm letztlich doch nichts genutzt. Er wäre dann eben gleich in der ersten Woche gestorben und hätte später nicht so zu leiden brauchen. Es wäre wohl für uns alle besser gewesen. Aber hinterher ist man immer um ein bisschen schlauer als vorher.«

Als Rachel hier abbrach und länger schwieg, als sie das bisher während des Erzählens getan hatte, wagte Abby zum ersten Mal eine Frage zu stellen.

»Was ist aus deinem Bruder geworden?«

»Jacob ist gerade alt genug geworden, um von meiner Mutter an einen Agenten verkauft zu werden, der Kinder an Minenbesitzer vermittelte. Neun war er da. Meine Mutter brauchte dringend Geld, weil sie von dem vielen Gin immer aufgedunsener wurde und nicht mehr anziehend auf Männer wirkte. Und je weniger die Männer zu ihr kamen, desto mehr suchte sie Trost und Vergessen im Gin. Ich konnte Jacob nicht helfen, weil ich krank war. Als ich davon erfuhr, dass sie ihn wie ein Stück Möbel verschachert hatte, war es schon zu spät. Der Agent hatte ihn sofort mitgenommen und Jacob schuftete schon in irgendeinem der Bergwerke rund um Sheffield. Er kroch zwölf Stunden und länger am Tag durch die niedrigen Stollen, zog die Wagen mit dem Erz hinter sich her, watete mit nackten Füßen durch das Wasser, das sich immer wieder in Mulden auf den Stollenboden sammelt, und atmete tagaus, tagein die staubige Luft ein. Wie ich meine Mutter beschwor, mir den Namen des Agenten zu nennen und Jacob aus dem Bergwerk zu holen, und was ich auch versuchte, es blieb fruchtlos. Ich sah Jacob nicht wieder.«

»Du hast nie wieder von ihm gehört?«, fragte Abby und hatte Mühe, sich ihre tiefe Ergriffenheit nicht anmerken zu lassen. Sie spürte, dass Rachel eines auf gar keinen Fall wollte – und zwar Mitleid.

»Oh, doch, gehört habe ich schon noch von ihm«, antwortete Rachel leichthin. »Sonst säße ich heute wohl auch nicht in diesem Wagen. Es war gut ein Jahr, nachdem sie meinen Bruder für ein paar Shilling verkauft hatte. Ich hatte Arbeit in einer Tuchweberei gefunden und wohnte nicht mehr bei meiner Mutter, doch ich suchte sie ab und zu auf, immer in der Hoffnung, irgendwann einmal doch noch etwas über Jacobs Schicksal zu erfahren. Das mit London hatte ich aufgeschoben. Ich konnte einfach nicht aus Sheffield weg, ohne zu wissen, was aus meinem kleinen Bruder geworden war.

Fast auf den Monat drei Jahre sind es her, dass ich meine Mutter mal wieder aufsuchte. Es war spät am Abend, als ich von der Arbeit aus der Fabrik kam. Meine Mutter hatte einen Mann mitgebracht und beide waren betrunken. Normalerweise wäre ich sofort wieder gegangen, wenn sie nicht so geschrien hätte. Sie hatte Streit mit dem Mann, der sie mit dem Messer bedrohte, sich aber kaum noch auf den Beinen halten konnte. Nur deshalb gelang es mir auch, ihm das Messer abzunehmen und ihn aus dem Zimmer zu jagen. Doch das passte meiner Mutter nun erst recht nicht. Sie begann zu toben und schlug mich mit der Flasche ...«

Abby sah, wie Rachel gedankenverloren über die lange Narbe über ihrem rechten Auge strich, und wusste nun, woher sie stammte.

»Ich stürzte blutüberströmt zu Boden«, fuhr Rachel nach kurzem Stocken fort, »während sie wie wahnsinnig auf mich einbrüllte, mich beschimpfte und dann auf einmal schrie: ›Verdammte Brut, der Teufel soll dich undankbares Geschöpf holen.

Dann habe ich endlich Ruhe vor dir und deinem ewigen Gejammer um Jacob! Jacob ist tot, hörst du? Schon seit Monaten, bei einem Stolleneinbruch erschlagen, damit du es endlich weißt!‹ Ja, das schrie sie mir lallend ins Gesicht. Mein Bruder war schon lange tot und sie hatte es die ganze Zeit gewusst und mir verschwiegen.«

Rachel holte tief Atem. »Dann habe ich sie erstochen. Bis nach London bin ich wirklich noch gekommen. Dort hat man mich geschnappt. Sie wollten mich hängen. Doch ich wurde zu lebenslänglich begnadigt. Ja, und jetzt ist daraus Verbannung geworden, was wohl ein und dasselbe ist. So, Abby, jetzt weißt du endlich, mit wem du das Fußeisen teilst.«

In Newgate hatte Abby viele Geschichten zu hören bekommen, die von allen nur erdenklichen Scheußlichkeiten und menschlichen Abgründen gehandelt hatten. Doch nichts hatte sie so erschüttert wie Rachels leidenschaftsloses Bekenntnis, das weder irgendetwas zu rechtfertigen versuchte noch um Anteilnahme heischte. Ja, vielleicht rührte es sie gerade deshalb so auf, eben weil sie alles so sachlich und scheinbar gänzlich unbeteiligt erzählt hatte. Doch sie spürte, dass sich hinter dieser vorgetäuschten Teilnahmslosigkeit der Schmerz um den geliebten Bruder und das jahrelange Märtyrium wie ein stummer Schrei verbargen.

Abby hätte gern etwas gesagt oder einfach nur ihre Hand gedrückt, um ihr zu verstehen zu geben, wie betroffen sie sich fühlte. Doch sie hatte Angst, das falsche Wort zu treffen und missverstanden zu werden. So saß sie einfach nur neben ihr, ohne etwas zu sagen oder zu tun. Das kam ihr als das Beste vor, was sie tun konnte.

Die folgenden Minuten hing ein jeder von ihnen seinen eigenen Gedanken nach. Der Wagen rumpelte weiter schwerfällig über die Landstraße. Zwei Frauen, die den vulgären Londoner Gossenslang sprachen, stritten sich lauthals wegen einer Nichtigkeit und gerieten sich im wahrsten Sinne des Wortes in die

Haare. Andere Frauen ergriffen die Partei der Streithälse und verschlimmerten die Sache dadurch nur noch. Das Geschrei weckte das Baby, das sich nun mit einem hohen durchdringenden Weinen zu Wort meldete. Das junge irische Mädchen Megan, das nicht weit davon an der Wand zum Kutschbock saß, ließ sich von diesem Tumult nicht in ihrer Andacht stören. Mit leiser, melodischer Stimme betete sie weiter. Ein sanftes Flüstern im groben Stimmenlärm.

Auch Abby hatte sich schon längst an diese einzigartige Geräuschkulisse gewöhnt. Sie nahm sie wahr, ohne sie jedoch bewusst zu hören.

»Es ist wirklich gut zu wissen, mit wem man das Fußeisen teilt«, nahm sie nach einer guten Weile Rachels letzten Satz auf.

»Es bewahrt einen vor unangenehmen Überraschungen«, sagte Rachel trocken.

Abby hatte den Eindruck, als schwinge eine unausgesprochene Frage in ihrer Erwiderung mit, und sie glaubte zu wissen, welche Frage das war. Doch es bestand kein Grund, irgendetwas zu überstürzen. Sie hatten endlos viel Zeit, dass Eile völlig fehl am Platze war.

»Was hältst du von Taschendieben?«, fragte sie.

Rachel blickte sie im Dunkeln spürbar überrascht an. »Hast du fremde Taschen ausgeräumt? Bist du etwa deshalb in Newgate gelandet?«

»Nein.«

»Das hätte mich auch gewundert. *Den* Eindruck hast du nämlich nicht auf mich gemacht.«

»Welchen dann?«, wollte Abby wissen.

Rachel zuckte mit den Schultern. »Was weiß ich. Aber für einen Taschendieb sprichst du irgendwie zu … zu gebildet. Immerhin kannst du lesen und schreiben.«

»Woher weißt du das?«

»Vorhin, als wir auf der Wiese saßen, hast du Buchstaben mit einem Stock auf die Erde gemalt. Ich weiß nicht, was es war, denn ich kann weder lesen noch schreiben, aber es war ein langes Wort, und du hast dafür dennoch nicht lange gebraucht. Was war es, was du da geschrieben hast?«

»Verbannung«, sagte Abby, überrascht von Rachels Beobachtungsgabe und Scharfsinn.

»So, und was hat die Verbannung eines gebildeten Mädchens mit gewöhnlichen Taschendieben zu tun?«

»Ein Taschendieb hat mich in den Kerker von Newgate gebracht und ein anderer Taschendieb hat mir dort das Leben gerettet«, antwortete Abby und berichtete ihr, was ihr an jenem eisigen Februarmorgen zugestoßen war und wie Frederick ihr Leben in Newgate erträglich gemacht hatte. Sie bemühte sich dabei, genauso sachlich zu erzählen, wie Rachel es vorhin getan hatte, was ihr jedoch nicht immer gelang. Manchmal schlich sich doch Bitterkeit in ihre Stimme.

Rachel hörte ihr aufmerksam und ohne sie einmal zu unterbrechen zu. Als sie geendet hatte, sagte sie in ihrer nüchternen Art: »Du hast ganz einfach Pech gehabt, Abby. Dieser Edward hätte tausend heilige Eide schwören können, verurteilt hätte dich diese Richterbrut dennoch. Das hat sein Freund, dieser Frederick, völlig richtig gesehen. Du kannst keinem einen Vorwurf machen.«

»Ja, ich weiß«, seufzte Abby. »Wenn ich damals doch bloß nicht so kopflos davongerannt wäre, dann …«

Schroff fuhr Rachel ihr ins Wort. »Du bist aber und damit musst du dich abfinden! Wenn und Aber! Wenn ich mit einem goldenen Löffel im Mund zur Welt gekommen wäre, wäre bei mir auch vieles anders gelaufen! Oder wenn meine Mutter keine versoffene Schlampe gewesen wäre!« Sie atmete einen Augenblick heftig vor Erregung, hatte sich aber sofort wieder in der Gewalt. Und ruhig fuhr sie fort: »Es taugt nichts, sich mit Dingen zu quälen, die geschehen sind und sich nicht mehr ändern lassen.«

»Aber ich kann das doch nicht einfach so vergessen, als wäre nichts geschehen!«, wandte Abby aufbegehrend ein.

»Das habe ich damit auch nicht gesagt. Vergessen sollst du nichts. Aber genauso wenig sollst du dich in der Vergangenheit vergraben und dich immer wieder damit quälen, was gewesen wäre, wenn du dies oder das nur anders gemacht hättest. Nicht einen Winter hätte ich überstanden, wenn ich mich so verhalten hätte!«, sagte Rachel eindringlich. »Damit machst du dich nur selber kaputt und nimmst dir die Kraft, mit den Dingen fertig zu werden, die noch vor dir liegen. Und ich gehe jede Wette ein: auf der Überfahrt und in dieser verdammten Sträflingskolonie New South Wales, an welchem gottverlassenen Ende der Welt sie auch liegen mag, wartet bestimmt noch so einiges, mit dem wir fertig werden müssen, wenn wir nicht draufgehen wollen! Lass dir das gesagt sein.«

»Ja, vermutlich«, murmelte Abby bedrückt.

Abby mochte nicht länger darüber sprechen, obwohl sie sich irgendwie leichter fühlte, nachdem sie Rachels Geschichte erfahren und ihr alles über sich erzählt hatte. Und sie wünschte, auch weiterhin mit ihr zusammenbleiben zu können.

»Wenn du nichts dagegen hast, können wir doch versuchen, auch auf dem Schiff zusammenzubleiben«, sprach sie ihren Wunsch aus – und wartete voller Bangen auf ihre Antwort.

Rachel ließ sich Zeit. Schließlich sagte sie gleichmütig: »Wenn's möglich ist, warum nicht. Scheint ja nichts dagegen zu sprechen. Könnte es schlimmer treffen als mit dir.«

Abby freute sich, als hätte sie ein wunderbares Geschenk erhalten, und genau betrachtet war das ja auch der Fall. Sie strahlte über das ganze Gesicht, was Rachel glücklicherweise nicht sehen konnte. Denn für allzu überschwängliche Gefühlsäußerungen hatte sie offenbar nicht viel übrig. Und deshalb erwiderte sie darauf, Rachels gleichmütigen Tonfall imitierend: »Ja, und du bist auch gar nicht mal so übel, wenn man sich erst mal an dich gewöhnt hat.«

Doch sie beide wussten, dass sie damit Freundschaft geschlossen hatten. Etwas Kostbareres konnte Abby sich nicht vorstellen – die Freiheit einmal ausgenommen.

Zehntes Kapitel

Am Abend gab es eine wässrige Suppe mit Graupen und Kartoffelstücken, die schon lauwarm vom Feuer kam und in den Blechnäpfen der Sträflinge im Handumdrehen kalt war. Wer mehr als ein Dutzend Graupen und halb so viele Kartoffelstücke in seinem Napf fand, konnte sich glücklich schätzen. Zwar stillte die Suppe den Hunger, doch dieses trügerische Sättigungsgefühl würde sich nach kurzer Zeit wieder verflüchtigen, hatten sie doch kaum mehr als angewärmtes Wasser zu sich genommen.

Die Wachmannschaften ließen es sich dagegen gut gehen. Sie hatten sich bis auf die Dienst habenden Wachposten um die wärmenden Feuerstellen versammelt, dicke Kartoffeln an den Rand der Glut gelegt und lange fleischgespickte Spieße über die Flammen gehalten. Und während das Fleisch brutzelte und der Saft zischend in der Glut verdampfte, machten große Krüge mit Branntwein unter ihnen die Runde.

Mit großen Augen, in denen Gier, Hass und Hoffnungslosigkeit standen, starrten die Sträflinge zu den Feuern hinüber, wünschten sich, nur einmal die klammen Hände über den hell lodernden Flammen wärmen zu dürfen. Und was hätten sie für die angekohlten Stücke Fleisch oder Kartoffeln gegeben, die die Männer als ungenießbar ins Feuer warfen.

Abby musste unablässig schlucken, während sie den Männern beim Essen zusah. Als sie den Kopf wandte, fiel ihr Blick auf das Gesicht der jungen Frau, die in Newgate ein Kind zur

Welt gebracht und das Baby nun an die Brust gelegt hatte, um es zu stillen. Tränen liefen ihr über das ausgezehrte Gesicht mit den tiefen Augenhöhlen, während das winzige, in Lumpen gewickelte Geschöpf an ihrer Brust saugte, die wohl kaum noch Milch hergab. Sie weinte lautlos, den Blick auf die Männer am Feuer gerichtet und den Bratengeruch in der Nase. Keine zwanzig Schritte trennten beide Lager, doch es hätten ebenso gut zwanzigtausend Meilen sein können.

Abby ertappte sich an diesem Abend zum ersten Mal dabei, wie sie den mitleidlosen Männern die Pest an den Hals wünschte, ja, sogar das wilde Verlangen zu töten verspürte. Sie erschrak zutiefst, als sie merkte, was in ihr vor sich ging. War es bereits so weit mit ihr gekommen, dass sie womöglich schon wegen einer Kartoffel oder eines Stückes Fleisch jegliche Hemmungen verlor? Begann sie schon so zu werden wie Nellie und Celia? Wie die Tiere, wie Rachel immer wieder über die anderen Sträflinge in ihrem Wagen urteilte.

»Vermutlich ist es bloß eine Frage der Zeit, bis wir wie die Tiere werden«, dachte Abby entsetzt über ihre Erkenntnis. »Bei manchen dauert es wohl nur länger als bei anderen. Oh, mein Gott, lass mich nicht so werden ...«

In der Nacht begann es zu regnen. In Strömen prasselte der Regen auf die Dächer der Kastenwagen, die die Feuchtigkeit nun genauso leicht durchließen wie die Kälte in der Nacht zuvor. Donnergrollen rollte aus der Ferne heran, erst schwach, dann immer lauter und bedrohlich, und bald hatte das schwere Unwetter ihr Nachtlager erreicht. Das Krachen der Blitze übertönte lange das heftige Trommeln der Regenfluten.

An Schlaf war nicht zu denken. Abby und Rachel schmiegten sich aneinander und teilten sich den spärlichen Schutz von Abbys Umhang, so gut es ging. Die meisten anderen waren nicht so glücklich dran. Dünne, verschlissene Kleider umschlotterten ihre unterernährten Körper. Und richtiges Schuhwerk besaßen die wenigsten. Und so kauerten sie in der regennassen Dunkelheit, zitterten wie Espenlaub und hofften vergeblich auf ein schnelles Ende des Regens.

Als der Tag anbrach, regnete es noch immer, wenn auch nicht mehr so heftig. Mit quälender Langsamkeit zog der Wagentross weiter.

»Wir kommen nie in Portsmouth an! Diese Henkersknechte wollen, dass wir schon auf dem Weg dorthin krepieren!«, krächzte Tilly, die schon am ersten Tag prophezeit hatte, dass die wenigsten von ihnen das Schiff erreichen würden.

An diesem Tag war Abby fast geneigt, dieser düsteren Voraussage Glauben zu schenken. Ein ständiges Schniefen und Husten erfüllte den Gefangenenwagen. Und das Baby, das die Tage zuvor noch kräftig geschrien hatte, schien jetzt viel zu schwach, um mehr als ein leises Wimmern von sich zu geben.

»Nimm Stroh und reib damit Arme und Beine, bis sie brennen!«, riet Rachel. »Das hält warm. Eine Hand voll trockenes Stroh wäre am besten, aber davon wirst du hier nicht einen einzigen Halm mehr finden. Doch es hilft auch so.«

Abby befolgte den Ratschlag und scheuerte das nasse Stroh so lange über Beine und Arme, bis ihr die Muskeln den Dienst versagten. Es half tatsächlich ein wenig, doch es raubte auch viel Kraft, sodass Abby sich im Stillen fragte, ob das nicht den Teufel mit dem Beelzebub austreiben war.

An diesem dritten Tag bewegte sich die lange Kolonne noch langsamer vorwärts, als es an den beiden Tagen zuvor schon der Fall gewesen war. Sie merkten es am Klang der Räder, die sich viel schwerfälliger zu drehen schienen, und am zögernden Hufschlag der berittenen Wachen. Und es gab immer wieder lange Pausen, in denen die Wagen zum Stillstand kamen. Dann hörten sie wütende Stimmen. Einmal wurde gereizt nach dem Schmied gerufen, und ein anderes Mal warteten sie gut eine Stunde, bis sie dann über eine Brücke rumpelten. Jedes Mal schien es ewig zu dauern, bis sich die Wagenkolonne endlich wieder in Bewegung setzte.

»Es ist der Regen«, mutmaßte Rachel. »Es muss so schlimm gegossen haben, dass auf der Straße kein Vorankommen ist. Bestimmt ist der Boden so aufgeweicht, dass man knöcheltief darin versinkt. Und mit der Brücke vorhin war auch irgendwas. So ein Regenguss kann einen ruhigen Bach in ein reißendes Gewässer verwandeln, das Brückenpfeiler knickt wie Fidibusse. Das wird es wohl gewesen sein.«

»Wenn wir doch nur erst in Portsmouth wären«, stöhnte Abby auf. »Feuchter, enger und stinkiger als hier kann es auf dem Schiff gar nicht sein.«

»Hoffen wir, dass du Recht hast. Doch einen Penny darauf verwetten würde ich nicht«, brummte Rachel. »Trauen tue ich nur meinen eigenen Augen und Ohren – und meinem Magen.«

»Es kann gar nicht schlimmer sein als hier!«, behauptete Abby, die sich an diese Hoffnung klammerte und Kraft daraus schöpfte.

»Es gibt nichts, was nicht noch schlimmer werden könnte«, antwortete Rachel ungerührt.

»Wie können sie uns denn noch schlimmer behandeln, als sie es jetzt schon tun?«, wandte Abby protestierend ein. »Sie können einfach nicht!« Es war weniger Überzeugung als Hoffen, was sie zu diesem beschwörenden Einwand veranlasste.

Doch Rachel lachte nur bitter auf. »Von wegen! Ist dir noch immer nicht aufgegangen, dass der Mensch die grausamste Kreatur auf Erden ist? Kein Tier tut seinem ärgsten Feind das an, was der Mensch mit seinesgleichen treibt, Abby. Und wenn es darum geht, einen Menschen zu quälen und zu erniedrigen, ist die Fantasie der Menschen grenzenlos ... grenzenlos grausam und mitleidlos!«, stieß Rachel mit einem Kratzen in der Stimme hervor.

Abby wusste dem nichts entgegenzusetzen, weil es die Wahrheit war. Doch Hoffen, das konnte ihr keiner nehmen, und die Hoffnung wollte sie nie aufgeben!

Vermutlich wäre Rachel mit einer leichten Erkältung davongekommen, wenn das hintere rechte Wagenrad noch bis Portsmouth gehalten hätte. Doch das Schicksal wollte es nicht so. Irgendwann gegen Mittag ging plötzlich ein heftiger Ruck durch den Wagen. Es krachte. Im nächsten Augenblick hörten sie das scharfe Splittern von Holz – und der Kastenwagen kippte nach hinten auf die rechte Seite.

»Das Rad ist gebrochen!«, übertönte jemand das allgemeine Geschrei und Gefluche. »Jetzt sitzen wir fest!«

Wenig später wurden die Türen aufgerissen und alle mussten aus dem Wagen in den Regen. Schon nach den ersten Minuten waren sie bis auf die Haut durchnässt. Die Straße war, wie Rachel geahnt hatte, völlig aufgeweicht, und sie versanken mit den schweren Ketten an den Füßen bis tief über die Knöchel im Dreck, als eine Abteilung des Wachpersonals sie von der Landstraße weg auf einen Acker führte.

Dort mussten sie stundenlang warten und im Regen ausharren, bis zwei Berittene einen Handwerker aus dem nächsten Dorf geholt hatten und der Schaden behoben war. Als es endlich weiterging, waren sie total durchgefroren.

Abby dachte immer wieder an das Baby, das immer stiller geworden war und während der Stunden auf dem Acker ganz reglos im Schoß seiner Mutter gelegen und mit leerem Blick in den grauen Himmel gestarrt hatte. Es erschien ihr wie ein Wunder, dass das Kind noch lebte.

»Morgen sind wir in Portsmouth! Bis zum Hafen sind es keine zwanzig Meilen mehr!«

Diese Nachricht, die irgendein Sträfling von einem der Wachposten aufgeschnappt hatte, machte am Abend schnell die Runde. Zum ersten und einzigen Mal während dieser schrecklichen Fahrt hatten sie ein wirklich trockenes Dach über dem Kopf. Es war eine große, leere Scheune, die zu einem Gehöft gehörte, das erst vor kurzem bis auf die Grundmauern niedergebrannt war.

»Wenn wir doch hier nur die Nacht verbringen dürften«,

wünschte Abby, denn sie wusste, dass sie nachher wieder in den Wagen kriechen mussten. »Aber immerhin haben wir es morgen hinter uns ...«

»Fragt sich nur, was dann kommt«, blieb Rachel skeptisch und hustete.

»Du hast dich erkältet. Hier, nimm meinen Umhang. Du musst dich jetzt warm halten!«

Rachel wies den Umhang zurück. »Kommt gar nicht in Frage. Es ist nichts weiter als eine leichte Verkühlung. Hab schon ganz anderes überstanden. Mach dir also wegen mir keine Sorgen. Brauche nur eine heiße Fleischsuppe und zwei Tage Schlaf in einem weichen Federbett und ich bin wieder putzmunter«, spottete sie.

Rachel hustete die ganze Nacht und sie war nicht die Einzige. Doch erst als Abby am nächsten Morgen den fiebrigen Glanz in den Augen ihrer älteren Freundin und die vielen kleinen Schweißperlen auf ihrem Gesicht bemerkte, begann sie sich ernstlich um sie zu sorgen. Rachel war krank, daran gab es keinen Zweifel.

»Keine Angst, ich schüttle so was schnell ab«, versicherte sie ihr und bemühte sich um ein zuversichtliches Lächeln, das jedoch nicht sehr überzeugend ausfiel.

Es hatte endlich zu regnen aufgehört. Die dunklen, tief hängenden Regenwolken hatten sich verzogen. Ein sonnigblauer Frühlingshimmel spannte sich über die Küste um Portsmouth und die warmen Temperaturen ließen die feuchtkalten Nächte zu einer unangenehmen Erinnerung verblassen. Doch die Folgen dieser drei Tage und Nächte in Regen und Kälte ließen sich nicht so leicht abschütteln.

Als die Wagenkolonne den Hafen von Portsmouth erreichte und auf der India-Pier hielt, war es früher Nachmittag. Die Wagen spien einer nach dem anderen ihre stinkende Fracht aus. Abgerissene, hohlwangige Gestalten in Lumpengewändern, an denen sich zum Teil schon Schimmel gebildet hatte.

Die Seeleute, die die Sträflinge unter Bewachung von Marinesoldaten in Langbooten zu den drei auf Reede liegenden Schiffen der *East India Company* rudern mussten, waren alles andere als zimperliche Gesellen mit empfindlichen Nasen, und dasselbe galt für die Rotröcke, die Soldaten. Doch so manch einer zog es vor, nur durch den Mund zu atmen, um dem Gestank der Deportierten zu entgehen.

Als Abby mit Rachel aus dem Wagen stieg und darauf wartete, einem der Boote zugewiesen zu werden, vergaß sie für eine kurze Weile, wer sie war und warum sie sich hier befand. Mit staunenden Augen nahm sie das Bild auf, das sich ihr bot.

Portsmouth war der Hauptstützpunkt der Kriegsmarine und übertraf mit seinen vielen königlichen Docks und Werften jeden anderen Hafen Englands. Doch auch was den Überseehandel betraf, brauchte Portsmouth keine Konkurrenz zu fürchten. Es gab kaum eine bedeutende Reederei, die nicht hier ihr Hauptkontor hatte und ihre Schiffe nicht von hier aus in aller Herren Länder schickte.

Ein Meer von Masten hob sich in den Himmel, wohin sie auch blickte. Schiffe über Schiffe drängten sich an den Kais vor den Lagerhallen und Kontoren. Zwischen den kanonenbestückten Kriegsschiffen der königlichen Marine und den Handelsfahrern wimmelte es nur so von kleinen Schaluppen, schnittigen Schonern, bauchigen Lastkähnen und Ruderbooten, die in diesem scheinbaren Irrgarten das blau-grüne Wasser der weiten Bucht in allen Richtungen durchpflügten. Eine Fregatte hielt gerade mit windgeblähten Segeln und rauschender Bugwelle auf die offene See zu, während ein schlanker Dreimaster auf Gegenkurs gegen den Wind ankreuzte und sich langsam dem Hafen näherte. Auf einem anderen Segler wurden gerade die Anker gelichtet und die Leinen losgeworfen, während ein Teil der Mannschaft die Wanten enterte. Laut schallten die Kommandos der Bootsleute über das Wasser und wurden an den Kais von den Zurufen der Schauerleute übertönt, die eine Flut von Fässern, Säcken und Kisten aus den tiefen dunklen Bäuchen der Handelsschiffe holten oder dort verstauten. Ein nicht enden wollender Strom von Fuhrwerken sorgte auf den Kais für den Transport der vielfältigen Waren.

Abby wurde aus ihrem gedankenversunkenen Staunen gerissen, als die Schlange der wartenden Sträflinge vorwärts rückte und Rachel plötzlich strauchelte. Fast wäre sie gestürzt, wenn Abby sie nicht geistesgegenwärtig am Arm gepackt und festgehalten hätte.

»Rachel! Mein Gott, was ist?«, stieß sie erschrocken hervor, als sie sah, wie zittrig ihre Freundin auf den Beinen war.

»Ich … ich hab wohl nicht aufgepasst«, murmelte Rachel und fuhr sich fahrig über das schweißnasse Gesicht.

»Du hast Fieber!«

»Ach, was! Ein kleiner Schwächeanfall, weiter nichts!«, wehrte Rachel gereizt ab. »Ich bin die frische Luft wohl nicht mehr gewöhnt.«

Es war mehr als ein kleiner Schwächeanfall, das wusste Rachel so gut wie Abby. Aber sie weigerte sich, das einzugestehen, als könnte sie dadurch die Krankheit unter Kontrolle halten. Doch ihr Wille war längst nicht mehr so stark wie die Schwäche, die ihren Körper befallen hatte. Als ihnen die Fußeisen mit der schweren Kette abgenommen wurden und sie an der Reihe waren, in eines der Ruderboote zu steigen, musste Abby sie stützen, sonst wäre sie erneut gestürzt.

Die Matrosen trieben das Langboot mit kräftigem, gleichmäßigem Riemenschlag über die Bucht. Wenig später wölbte sich die Bordwand des Ostindienfahrers wie der mächtige Rumpf eines aus dem Wasser ragenden Wales über ihnen in den Himmel. Wie Lanzen ohne Ende reckten sich die Masten empor und schienen die wenigen hoch dahinziehenden Wolken aufspießen zu wollen. *Kent* hieß der Dreimaster, der sie nach Australien bringen sollte, *Sirius* und *Calcutta* die beiden anderen der Sträflingsflotte.

An Bord des Schiffes zu klettern, kostete Rachel alle Kraft und Willensanstrengung, zu der sie noch fähig war. Abby musste sie fast den schmalen, steilen Niedergang hinuntertragen, der zu den Sträflingsunterkünften unter Deck führte.

Zimmerleute hatten einen Teil des Laderaums abgetrennt, massive Zwischenwände eingezogen, ein schweres Gitter zum Treppenaufgang hin eingesetzt und den lukenlosen Raum mit schmalen Bretternischen, jeweils immer drei übereinander, ausgefüllt. An die zweihundert Deportierte sollten hier eingepfercht werden.

Zwischen den Reihen schmaler Bettstellen gab es einen nicht minder schmalen Gang, den zwei Sträflinge auf einmal nicht passieren konnten, wenn sie sich nicht aneinander vorbeizwängten. Nur an einer Stelle, und zwar genau in der Mitte der Sträflingsunterkunft, öffnete sich der Gang zu einem freien Raum, der etwa fünf Schritte im Quadrat maß. Dort stand in der Mitte ein gemauerter Herd, auf dem Wasser für Tee erhitzt werden konnte. Diese primitive Kochgelegenheit durfte während der Reise jedoch nur bei gutem Wetter benutzt werden. Bei rauem Seegang, wenn das Schiff rollte und schlingerte, war offenes Feuer an Bord eines Segelschiffes verboten.

»Im Armensarg haste mehr Platz«, hörte Abby jemanden sagen, als sie Rachel den Gang entlangschleppte und nach zwei freien Bettstellen Ausschau hielt. Das einzige Licht kam von einer Laterne, die neben der Kochstelle von einem Balken hing. Darunter stand ein schweres Fass, aus dem sich die Gefangenen mit ihrem Blechnapf Trinkwasser schöpfen konnten. Solange das Schiff im Hafen lag, gab es zumindest daran keinen Mangel. Doch wenn sie auf See waren, würde es anders aussehen.

»Aber trocken ist es und sauber«, wandte eine andere Stimme ein.

»Ja, *noch*! Lass uns mal in den ersten Sturm kommen! Dann reden wir noch mal darüber!«

Abby hörte nicht länger auf das Gerede der anderen, denn sie hatte endlich eine Reihe mit freien Pritschen erreicht. »Leg du dich hier unten hin«, sagte sie. »Ich nehme die Koje über dir.«

»Danke, Abby«, sagte Rachel schwer atmend und sank auf die harten Bretter. »Ich muss mich nur etwas ausruhen, verstehst du. Morgen geht es mir schon besser, du wirst sehen …«

»Ja, ganz bestimmt«, antwortete Abby und die Worte blieben ihr fast im Hals stecken.

Rachel sah die Sorge in Abbys Augen. »Schau mich nicht so an, als wären meine Tage schon gezählt, Kleine! So schnell bin ich nicht kleinzukriegen, darauf hast du mein Wort. Ich denke doch nicht daran, mir diese Seereise entgehen zu lassen, zumal mir die Admiralität die Passage bezahlt!«

Abby rang sich mühsam ein Lächeln ab. Rachel versuchte sie aufzumuntern, dabei war ihr die Krankheit deutlich ins Gesicht geschrieben. »Ich werd schon aufpassen, dass du Wort hältst!«, sagte sie.

Rachel nickte und schloss erschöpft die Augen. Kurz darauf fiel sie in einen unruhigen Schlaf. Abby blieb an ihrer Koje sitzen, obwohl sie nichts für sie tun konnte. Nur warten und hoffen.

Lautes verzweifeltes Schluchzen drang durch das Stimmengewirr zu ihr in den hinteren Teil der Sträflingsunterkunft. Abby blickte sich noch einmal um. Erst später erfuhr sie von Megan, dem irischen Mädchen, dass man der jungen Frau das Baby weggenommen hatte. Das Kind musste schon in der Nacht gestorben sein, denn es war schon ganz kalt und steif gewesen. Man hatte es ihr mit Gewalt aus den Armen nehmen müssen.

Elftes Kapitel

Der Mittelgang bleibt frei, verdammt noch mal!«, brüllte Sam Harrow, ein breitschultriger Mann von gedrungener Statur und kantigen Gesichtszügen, der unter den Gefangenenwärtern das Kommando führte. Sein dichtes, schwarzes Haar war streng nach hinten gekämmt und im Nacken zu einem geteerten Zopf gebunden. »Zurück mit euch! Habt ihr nicht gehört? Weg vom Gitter und zwischen die Kojen, sonst verschaffe ich euch 'ne Nacht mit leerem Magen!«

»Ob mit oder ohne euren Schweinefraß, was macht das für einen Unterschied?«, erwiderte eine zornige Stimme aus der Menge der Frauen, die sich mit ihren Blechnäpfen in den Gang gedrängt hatten, als am Abend drei Wärter mit einem Kessel Suppe und einem Sack Brot vor der Gittertür zur Sträflingsunterkunft aufgetaucht waren. Sie wurden begleitet von vier Marinesoldaten, die nun neben dem Gitter Aufstellung nahmen, die Flinten mit aufgepflanzten Bajonetten fest umklammert, als fürchteten sie, einem Aufstand der Gefangenen mit Waffengewalt begegnen zu müssen.

Bei den Soldaten vom New South Wales Corps handelte es sich im Gegensatz zu den Wärtern um junge Männer. Ihren angespannten Gesichtern und unruhigen Blicken konnte man unschwer entnehmen, dass sie sich alles andere als wohl in ihrer Haut fühlten und bestimmt noch keine Erfahrung im Umgang mit Sträflingen hatten. Sträflinge, die sich wie eine wilde, hungrige Meute hinter dem Gitter drängten, mit den Blechnäpfen wütend gegen die Bettpfosten schlugen und schrill durcheinander schrien.

»Zum letzten Mal! Zurück!«, brüllte Sam Harrow und übertönte mit seiner durchdringenden, scharfen Stimme den tumultartigen Lärm.

Das Geschrei sank zu einem zornigen Gemurmel herab, während die Sträflinge widerstrebend vom Gitter abrückten, den Mittelgang freimachten und sich zwischen den Bettreihen aufstellten.

Ein schwerer Schlüsselbund rasselte. Sam Harrow entriegelte die Gittertür und stieß sie nach innen auf. Mit einer knappen Kopfbewegung bedeutete er seinen Männern, die Brotsack und Suppenkessel trugen, ihm zu folgen.

Abby rüttelte Rachel an der Schulter. »Du musst aufstehen. Es gibt Essen!«

Rachel öffnete die Augen, die fiebrig glänzten, und schüttelte den Kopf. »Keinen Hunger«, murmelte sie.

»Du musst aber etwas essen!«

»Ich kann nicht. Lass mich … bitte.«

»Gut, bleib liegen. Ich sorge schon dafür, dass sie mir auch eine Portion für dich geben«, sagte Abby, nahm Rachels Blechnapf in die andere Hand und stellte sich hinter Megan, die im dritten Bett über ihr schlief.

Megan drehte sich zu ihr um. »Hoffentlich tun sie das auch«, sagte sie skeptisch.

»Sie müssen!«, erwiderte Abby heftig. »Sie können Rachel doch nicht verhungern lassen, nur weil sie krank ist und nicht aufstehen kann!«

»Ich glaube, es gibt nichts, was sie mit uns Verbannten nicht tun können«, meinte Megan bitter.

Die Wärter kamen durch den Mittelgang, verteilten das Brot und knallten jedem eine Kelle dickflüssiger Pampe in den Napf.

»Wo bleibt die Kanne Rum, um diesen verfluchten Kleister runterzuspülen?«, fragte eine kräftige, vollbusige Frau mit einem grobflächigen Gesicht, das auf der linken Seite von einer Hautflechte verunstaltet war. Sie hatte das untere Bett auf der anderen Seite, gegenüber von Rachel, Abby und Megan, belegt und hieß Cleo. »Oder wollt ihr etwa, dass wir an dieser leimigen Pampe ersticken?«

»Wer so 'n großes Maul hat wie du, kann auch 'nen Strohsack verschlucken, ohne 'n Kratzen im Hals zu spüren!«, fertigte Sam Harrow sie schlagfertig ab und erntete damit sogar unter den Sträflingen schadenfrohes Gelächter.

Cleo murmelte einen Fluch und bedachte die Umstehenden, die mit den anderen gelacht hatten, mit bösen Blicken, die auch tatsächlich Wirkung zeigten. Die Frauen in ihrer Nähe verstummten fast schlagartig und wandten sich hastig ab, als fürchteten sie ihren Zorn.

Als Abby an der Reihe war und zwei Blechnäpfe hinhielt, wurde Sam Harrows Miene noch finsterer. »Hältst dich wohl für besonders schlau, was?«, fuhr er sie an. »Oder hast du noch nicht begriffen, dass es für jeden nur eine Portion gibt?«

»Es ist für meine Freundin! Sie ist krank und kann nicht aufstehen!«, wandte Abby ein und hielt seinem finsteren Blick stand.

»Wer zum Essen nicht mit seinem Napf antritt, kriegt auch nichts! So einfach ist das! Bei uns herrschen Ordnung und Disziplin. Also gewöhnt euch daran, wenn ihr euch das Leben nicht noch schwerer machen wollt!«

»Aber Sie können sie doch nicht verhungern lassen!«, beschwor Abby ihn. »Sie muss essen, sonst wird sie sterben!«

»So, meinst du?«, schnaubte der Wärter und zögerte kurz. Dann winkte er ungeduldig. »Mach Platz und lass mich sehen, wie krank deine Freundin wirklich ist. Na los, ich will hier keine Wurzeln schlagen!«

Abby wich hastig in die hintere Ecke zwischen den beiden Bettreihen zurück, und Sam Harrow trat vor, beugte sich zu Rachel hinunter und stieß sie kurz an, wie man einen Tierkadaver anstößt, um sich zu vergewissern, dass kein Leben mehr in ihm ist. Rachel stöhnte auf, murmelte etwas Unverständliches und schlug dann die Augen auf.

Der Wärter trat schnell zurück, als fürchtete er, sich anzustecken, und zuckte dann mit den Achseln. »Ob sie nun was zu essen bekommt oder nicht, viel macht das bei der wahrscheinlich auch nicht mehr aus«, sagte er gefühllos. »Aber ich will nicht so sein.«

Er wandte sich dem Wärter zu, der die Suppe mit dem hölzernen Schöpflöffel austeilte. »Mach ihr beide Näpfe voll, Charles. Ein zweites Stück Brot kriegt sie auch.«

Abby hatte den Eindruck, als würde Charles ihr besonders viel auf die Blechschüssel häufen, und sah ihn dankbar an. Der Wärter schaute schnell weg, als könnte er Dankbarkeit von einem Sträfling nicht ertragen.

»Morgen brauchen wir wohl 'ne Portion weniger zu schleppen«, sagte Sam Harrow zynisch, als er mit seinen Leuten weiterging.

Die Worte versetzten Abby einen schmerzhaften Stich. Wie konnte man nur so herzlos sein! Hatten diese Männer kalte Steine in der Brust, wo andere ihr Herz sitzen hatten? Gab es nichts mehr, was diese Menschen berührte und ihnen einen Funken Mitgefühl abrang?

Es war sinnlos, sich den Kopf darüber zu zerbrechen, und schnell eilte sie zu Rachel ans Bett. Ihr eigenes Essen schob sie unter die Pritsche. Sie war zwar ausgehungert, doch zuerst musste sie ihre Freundin versorgen.

Rachel verweigerte erst jeden Bissen. Sie wollte nichts essen, doch Abby bestand darauf, ließ nicht locker und zwang es ihr fast zwischen die Zähne. Widerwillig begann Rachel zu schlucken. Doch viel war es nicht, was sie zu sich nahm. Sie würgte mehrmals, behielt aber das Essen glücklicherweise bei sich. Abby war für jeden Bissen dankbar, den Rachel hinunterschluckte.

»Nur Durst – Durst!«, murmelte sie immer wieder.

Abby gab ihr zu trinken, riss einen Fetzen aus ihrem Kleid, befeuchtete es und wischte ihr damit das Gesicht ab. Sie war erschrocken, als sie ihr über die Stirn fuhr. Rachel war so heiß. Sie glühte förmlich!

Das Fieber war noch gestiegen …

Cleo, die vom Nachbarbett zuschaute, verzog das Gesicht. »Kannst dir die Liebesmüh sparen, Herzchen. Die hat der Sensenmann schon auf seiner Liste.«

»Hör auf damit!«, bat Abby mühsam beherrscht, ohne sich zu ihr umzudrehen.

Doch Cleo dachte gar nicht daran. Im Gegenteil. Es schien ihr Spaß zu bereiten, ihr jegliche Hoffnung zu nehmen. Kaltschnäuzig fuhr sie fort: »Ich sag dir, morgen, spätestens übermorgen, ist ihre Pritsche frei. Gib mir besser was von dem Fraß, den du noch übrig hast. An die da ist das bloß vergeudet, Herzchen!«

»Ich bin nicht dein Herzchen und ich möchte nichts mehr davon hören!«, zischte Abby.

Cleo schnaubte. »Ob du's hören willst oder nicht, Herzchen, aber die liegt bald in der Grube, so wie ich Cleo heiße! Falls man sie nicht einfach nur über Bord wirft. Den Bastarden ist ja alles zuzutrauen. Na ja, tot ist tot. Und ob nun die Würmer an einem nagen oder die Fische, wen kümmert's dann noch.«

Abby fuhr herum und vergaß sich in ihrem wilden Zorn, der wie eine Stichflamme in ihr hochschoss. »Halt dein dreckiges Maul!«, schrie sie. »Hast du denn keinen Rest Anstand mehr im Leib? Musst du alles in den Dreck zerren und mit Füßen treten?«

Es wurde still in der Unterkunft.

Cleo starrte sie einen Moment verblüfft an, dann schoss ihr das Blut ins Gesicht. »Vorsicht, Herzchen!«, zischte sie. »Bisher hat noch keiner gewagt, so mit mir zu sprechen!«

»Dann ist es allerhöchste Zeit!«, antwortete Abby aufgebracht. »Deine gemeinen, gefühllosen Reden ekeln mich an, verstehst du mich? Was hat dir Rachel denn getan, dass du so verächtlich von ihr sprichst? Und was habe ich dir getan, dass du mich absichtlich mit deinen schändlichen Reden verletzen willst? Mein Gott, was musst du für eine verdorbene Seele haben, wenn du so zu deinen Mitgefangenen bist, die du nie zuvor gesehen hast und die dir nie etwas getan haben!«

»He, pass auf, was du da sagst!«, drohte Cleo und kniff die Augen zusammen.

Doch Abby war jetzt nicht mehr zu bremsen. Wie eine dammbrechende Flut drängte es sie, ihren Gefühlen Luft zu machen. Zu viel hatte sie schon in sich hineingefressen. »Wie kann man nur so voller Menschenverachtung sein! So kaltherzig und ohne eine Spur von Mitgefühl! Als ob es nicht schon genügen würde, dass uns die Wärter wie den letzten Dreck behandeln! Nein, das genügt dir nicht, stimmt's? Du willst sie mit deinen abstoßenden Reden noch übertreffen! Aber hast du dich schon mal gefragt, wer für dich Essen holt oder dir zu trinken gibt, wenn du mal krank bist? Niemand wird für dich auch nur den kleinen Finger rühren! Niemand, hörst du?«

Alle Augenpaare waren auf Abby und Cleo gerichtet. Es war erschreckend still in der Unterkunft. Niemand rührte sich von der Stelle. Kein Husten brach die angespannte Stille. Es war, als hielten alle den Atem an, in Erwartung dessen, was da kommen würde. So manch einer rechnete damit, dass Cleo Abbys Beschuldigungen nicht tatenlos hinnehmen und sich auf sie stürzen würde.

Genau das hatte Cleo auch vor. Doch Megan vereitelte ihr Vorhaben, indem sie Abby bei den Schultern packte und sie grob an Rachels Koje zurückschob, sodass sie nun Cleo den Rücken zuwandte. »Kümmere dich lieber um sie, statt hier Streit vom Zaun zu brechen!«, sagte sie mürrisch. »Ich glaub, sie hat nach dir gerufen.«

Rachel hatte kein Wort gesagt und auch nicht mitbekommen, was da zwischen Abby und Cleo vorgefallen war. Doch das war in diesem Augenblick auch völlig unwichtig. Megan stand zwischen den beiden Kontrahenten und gab damit schweigend, aber unmissverständlich zum Ausdruck, wessen Partei sie im Notfall ergreifen würde.

Das gab Cleo auch tatsächlich zu denken. Sie zögerte sichtlich, wie sie sich in Anbetracht dieser veränderten Situation verhalten sollte. Die Frauen, die in ihrer Nähe standen, machten nicht den Eindruck, als würden sie ihr bei einer Prügelei beistehen.

Schließlich spuckte sie verächtlich in Abbys Richtung aus. »Lohnt sich gar nicht, dass ich mir an dir die Finger schmutzig mache, du Dreckstück! Aber beim nächsten Mal stopf ich dir das Maul, dass du Blut und Zähne spuckst!«, stieß sie wutschnaubend hervor und merkte wohl gar nicht, wie widersinnig das klang.

Abby schaute sich um und wollte etwas erwidern, doch Megan, die noch immer die Hand auf ihrer Schulter hatte, drückte fest zu, um ihr zu verstehen zu geben, dass sie Cleo nicht weiter herausfordern sollte. Ihre stumme Warnung kam auch an. Abby unterdrückte die scharfe Erwiderung, die ihr schon auf der Zunge gelegen hatte.

»Und krepieren wird sie doch!«, schleuderte Cleo ihr noch einmal hasserfüllt entgegen, weil sie sonst nichts zu sagen wusste. Dann stieß sie eine junge Frau, die den Weg zum Mittelgang hin versperrte, zur Seite und entfernte sich in Richtung Gittertür.

Nun kam wieder Leben und Bewegung in die Sträflinge und es wurde aufgeregt getuschelt. So manch anerkennender, respektvoller Blick traf Abby, weil sie vielen aus dem Herzen gesprochen und Mut gezeigt hatte. Doch es gab auch einige, die fast mitleidig zu ihr hinüberschauten. Das waren diejenigen, die Cleo näher kannten.

»Das war unvernünftig von dir«, sagte Megan leise zu ihr, als sich die allgemeine Aufmerksamkeit wieder anderen Dingen zuwandte.

»Ach, was«, sagte Abby, noch immer aufgebracht. »Ich bin noch nie in meinem Leben vernünftiger gewesen! Irgendjemand musste es ihr ja wohl sagen, oder?«

»Darum geht es gar nicht.«

»So? Worum denn?«

»Kennst du Cleo Murdoch?«, fragte Megan.

»Nein. Aber was hätte das geändert?«

Megan lachte grimmig auf. »Eine ganze Menge. Na ja, vielleicht auch nicht«, räumte sie im nächsten Atemzug ein. »Du bist nicht so wie die anderen.«

»Und wie sind die anderen?«, wollte Abby wissen.

»Leicht einzuschüchtern und darauf bedacht, sich unter keinen Umständen mit jemand von Cleos Sorte anzulegen«, erklärte Megan. »Sie hat sich nämlich den Ruf erworben, noch gemeiner und rücksichtsloser als die Wärter zu sein, wenn es um ihren eigenen Vorteil geht. Und den sieht sie überall. Es genügt schon, dass ihr jemand widerspricht, um sie handgreiflich werden zu lassen. Und ich sag dir, sie kann zuschlagen wie ein Mann. Hast du dir mal ihre Hände angesehen? Das sind Pranken wie bei einem Hafenarbeiter. Und was noch schlimmer ist: sie weiß sie auch wie so einer zu gebrauchen!«

»Du scheinst sie gut zu kennen«, stellte Abby fest und bemühte sich um einen gelassenen Tonfall, obwohl sie insgeheim doch beunruhigt war. Wie Recht sie auch gehabt hatte, es war unüberlegt gewesen, was sie da getan hatte. Dennoch, sie bereute es nicht. »Hast du mit ihr in Newgate eingesessen?«

Megan schüttelte den Kopf. »Cleo kommt von den Hulks.«

»Hulks?« Abby runzelte die Stirn. Sie hatte die Bezeichnung zwar schon gehört, wusste jedoch nichts damit anzufangen.

»Ja. Das sind die schwimmenden Gefängnisse. Meist ehemalige Kriegsschiffe, bei denen Reparaturen nicht mehr lohnen. Die abgetakelten, ausgemusterten Schiffe liegen an der Themse im stinkenden Uferschlamm und verrotten dort langsam. Die Fäulnis kriecht durch die Wracks wie ein Pesthauch und macht auch vor den Gefangenen nicht halt. Hier in Portsmouth habe ich auch welche gesehen. Es sind auf jeden Fall dic schlimmsten Gefängnisse, die du dir vorstellen kannst.«

»Schlimmer als Newgate?«

Megan zuckte mit den Achseln. »Mag sein, dass man sich darüber streiten kann. Aber sicher ist, dass sie elende Löcher sind. Wer nicht mindestens oben im Zwischendeck einquartiert ist, wo es Luken gibt, sondern unten im Rumpf unterhalb der Wasserlinie, gehört zu den Elendsten, die man sich nur vorstellen kann«, berichtete Megan mit Schaudern in der Stimme. »Wer einmal dort unten angekettet liegt, sieht das Tageslicht nur wieder, wenn seine Leiche von Bord geschafft wird.«

»Du … du warst dort unten in so einer Hulk?«, fragte Abby zögernd.

»Ja, und ich wäre verreckt wie die anderen, wenn das Schiff im April nicht ganz abgesoffen wäre. Es war so morsch, dass man an manchen Stellen den Finger tief ins Holz bohren konnte. Ich hatte Glück, bei der Verlegung zu den wenigen zu gehören, die auf den anderen Hulks keinen Platz mehr fanden und deshalb nach Newgate gebracht wurden.«

Abby hätte zu gern gewusst, wofür dieses irische Mädchen mit den dunklen Augen, das sich ihren Glauben trotz allem bewahrt hatte, verurteilt worden war. Doch sie hatte kein Recht, sie das zu fragen. Sie würde es ihr aus freien Stücken erzählen, wenn ihr der Sinn danach stand. Tat sie es nicht, war es auch gut.

»Aber Cleo kam nicht nach Newgate«, sagte Abby, damit Megan weiter erzählte.

»Nein. Aber Frauen wie Cleo geht es auch auf den Hulks nicht so schlecht«, fuhr Megan bereitwillig fort. »Sie hatte oben im Zwischendeck einen recht trockenen, warmen Platz und brauchte auch kein Eisen zu tragen. Und sie hatte auch besseres Essen als die gewöhnlichen Gefangenen, gelegentlich sogar Branntwein.«

»Hat sie denn Geld?«, fragte Abby verwundert.

Megan warf ihr einen spöttischen Blick zu, als hätte sie nie etwas so Einfältiges gehört. »Keinen Penny! Sie hat mit ihrem

Körper bezahlt! Ihr Gesicht ist zwar entstellt, aber ihr Körper ist den Männern immer noch die eine oder andere Vergünstigung wert. Und so wird das auch hier auf der *Kent* sein. Von anderen habe ich gehört, dass auf solchen Sträflingstransporten sich nicht nur die Aufseher mit willigen Gefangenen vergnügen, sondern auch die Seeleute auf ihre Kosten kommen. Sogar Offiziere und Soldaten vom New South Wales Corps verkürzen sich auf diese Weise die lange Seereise.«

»Meinst du wirklich?« Abby konnte sich nicht vorstellen, dass die Männer sich mit so verdreckten, stinkenden Frauen, wie sie es waren, abgeben würden.

»Solange wir im Hafen liegen, werden Cleo und andere ihres Schlages nicht viele Bewerber haben. Obwohl es bestimmt auch unter den Wärtern und Seeleuten Männer gibt, die kein Geld mehr in der Tasche haben, um eine von den Hafenhuren zu bezahlen. Die holen sich dann von uns für eine Extraportion Brot oder ein paar Schluck Rum, was sie brauchen«, sagte Megan voller Abscheu. »Aber spätestens, wenn wir auf See sind, werden Frauen wie Cleo gefragt sein.«

»Sollen sie es nur tun, wenn sie mich nur in Ruhe lassen«, sagte Abby und fragte sich, wie tief man gesunken sein musste, wenn man sich für so etwas hergab.

Megan schien ihre Gedanken erraten zu haben, denn fast zurechtweisend erwiderte sie: »Nicht alle, die sich verkaufen, sind so verkommen wie Cleo. Wenn es ums Überleben geht, hat man in unserer Lage nicht viele Möglichkeiten zur Wahl, Abby. Es ist leicht, jemanden zu verurteilen. Aber was sollen diejenigen tun, die ein Baby haben und nicht wissen, wie sie es am Leben halten sollen? Ohne Sonderrationen geht es kaum und die müssen mit dem Körper erkauft werden.«

»Tut mir Leid, so habe ich es nicht gemeint. Verurteilen will ich keinen«, versicherte Abby.

Megan kam wieder auf Cleo zurück und legte ihr mit eindringlichen Worten nahe, von nun an sehr auf der Hut zu sein.

»Du hast sie dir zum Feind gemacht. Was du ihr vor allen angetan hast, wird sie dir nicht verzeihen …«

»Aber was habe ich ihr denn schon groß angetan?«

»Du hast sie in ihren Augen schändlichst beleidigt und sie vor den anderen bis auf die Knochen blamiert. Und das kann sie nicht tatenlos hinnehmen, ohne ihren Einfluss zu verlieren. Du weißt doch ganz genau, dass nur der Stärkere sich in so einer Meute behaupten kann. Sie wird auf Rache sinnen, verlass dich drauf. Früher oder später wird sie es dir heimzahlen.«

»Ich werde schon auf mich aufpassen.«

»Das wird nicht reichen.« Megan seufzte. »Aber noch brauchst du nichts zu befürchten. Cleo ist eigentlich feige. Sie schlägt nur dann zu, wenn sie sich ihrer Sache ganz sicher ist. Im Augenblick hat sie nicht viele Freunde unter den Sträflingen hier. Von den Hulks sind nur ganz wenige auf der *Kent*, wie ich gesehen habe.«

»Was wird sie deiner Meinung nach also tun?«

»Erstmal gar nichts. Sie wird abwarten, sich neue Freunde schaffen und sich bei den Wärtern einschmeicheln. Das wird ihr auch gelingen, da bin ich mir sicher. Aber das dauert seine Zeit. Und solange wir im Hafen liegen, brauchst du nicht viel von ihr zu befürchten. Wenn wir dann auf See sind und sie sich gut mit den Wärtern steht, wird es gefährlich. Denn dann wird sie sich etwas einfallen lassen, um sich an dir zu rächen. Und sie soll noch nicht mal vor Mord zurückschrecken, wie auf den Hulks gemunkelt wurde. Unterschätze sie also ja nicht!«

Abby blickte betroffen drein. Dass ihr hitziger Wortwechsel solche Folgen haben würde, wäre ihr nicht im Traum in den Sinn gekommen. Wie gut, dass Megan sie zumindest vor der Gefahr gewarnt hatte. »Aber das gilt dann ja auch für dich, Megan!«

»Nein, mir wird sie nichts tun.«

»Aber du hast doch für mich Partei ergriffen. Wenn du dich

nicht zwischen uns gestellt hättest, hätte sie sich doch sofort auf mich gestürzt!«, gab Abby zu bedenken. »Wenn sie so ist, wie du erzählt hast, dann wird sie auch dich nicht ungeschoren davonkommen lassen. Das habe ich wirklich nicht gewollt. Ich wünschte jetzt wirklich, ich hätte mich zusammengerissen und den Mund gehalten.«

»Mach dir wegen mir keine Sorgen. Ich bin vor ihr sicher. Sie wird mich nicht anrühren – und wenn ich ihr ins Gesicht spucken würde!«, versicherte sie.

Verständnislos blickte Abby sie an. »Aber warum nicht? Steht sie irgendwie in deiner Schuld?«

Megans Gesicht nahm einen verschlossenen Zug an. Und fast feindselig antwortete sie: »Man könnte es so nennen. Aber frag nicht weiter. Ich werde es dir nicht sagen. Dafür habe ich meine guten Gründe.«

»Natürlich. Wenn du meinst ... Entschuldige, ich wollte nicht neugierig sein«, murmelte Abby, verwirrt über Megans plötzlichen Stimmungsumschwung. »Ich dachte nur ...«

»Manchmal sollte man seine Gedanken für sich behalten«, unterbrach Megan sie. »Wie zum Beispiel vorhin. Du hättest dir damit eine Menge Ärger und schlaflose Nächte ersparen können.«

»Aber es ist geschehen!«, erwiderte Abby trotzig.

Megan lächelte traurig. »Ja, und du wirst dafür bezahlen müssen – wie für alles im Leben, was du falsch machst«, sagte sie und ging davon.

Zwölftes Kapitel

Abby wusste zuerst nicht, was sie geweckt hatte. Sie vernahm lautes Schnarchen und schweres Atmen, als sie zu sich kam und die Augen öffnete. Ein schwacher Lichtschimmer drang von irgendwo jenseits der Bettreihen, die wie ein endloses Labyrinth von Pfosten und Brettern ihr Blickfeld füllten. Sie drehte den Kopf zur Seite, und ein Schmerz, der wie Feuer brannte, jagte augenblicklich von ihrem Nacken aus in die Schulter. Sie wusste nun, was sie aus dem Schlaf gerissen hatte.

Mit schmerzverzerrtem Gesicht richtete sie sich auf und sah sich benommen um. Sie befand sich nicht in ihrer Koje, sondern saß auf den harten Planken neben Rachels Pritsche. Es dauerte einen Moment, bis sie sich wieder erinnerte. Sie hatte noch lange bei Rachel gesessen, nachdem die meisten Sträflinge sich schon längst schlafen gelegt hatten, ihr zu trinken gegeben und ihr immer wieder das fieberheiße Gesicht abgewaschen. Cleo hatte mit bösem Blick zu ihr hinübergestarrt, jedoch kein Wort gesagt. Das war auch nicht nötig gewesen. Der Hass in ihren Augen war beredter gewesen als tausend Worte. Schließlich hatte sie noch einmal ausgespuckt und ihr den Rücken zugekehrt.

Abby erinnerte sich noch dunkel daran, wie sie gegen die aufsteigende Müdigkeit angekämpft und mit Mühe die Augen aufgehalten hatte. Dann war sie doch eingeschlafen, einfach hier auf den eisenharten Planken.

Plötzlich schoss ihr durch den Kopf, was Cleo über Rachel gesagt hatte. Dass sie morgen wohl schon tot sein würde. Sie ignorierte den Schmerz, den ihr Nacken aussandte, und wandte sich ihrer Freundin zu, beugte sich über sie. Sie war nicht tot. Sie atmete. Doch es war der Atem einer Kranken, die mit dem Tode rang: flach, schnell und unregelmäßig.

»Rachel?«, flüsterte sie und legte ihr die Hand auf die Stirn. Fast hätte sie sie erschrocken zurückgezogen, wie man von einer glutheißen Herdplatte zurückzuckt. Schweiß bedeckte längst nicht mehr nur das Gesicht ihrer Freundin, sondern tränkte ihre ganze Kleidung.

Das Herz zog sich ihr vor Angst zusammen. »Rachel! Bitte, sag doch was!«, flüsterte sie ihr flehend ins Ohr. Doch sie erhielt keine Antwort. Sie tastete nach den beiden Blechgefäßen, die sie unter Rachels Bett gestellt hatte. In dem einen hatte sie Wasser, in dem anderen den Rest von ihrer Suppe. Diese zweite Schüssel war jetzt leer. Cleo hatte sich darüber hergemacht, nachdem sie eingeschlafen war! Davon war sie fest überzeugt. Aber im Augenblick war das nebensächlich, essen würde Rachel jetzt noch nichts.

Ein Brett knarrte. Jemand rutschte über ihr vom Brettergestell. Es war Megan. Sie strich sich ihr rot-blondes Haar aus dem müden Gesicht, gähnte unterdrückt und rieb sich die Augen. Es musste noch früh am Morgen sein, den wenigen schwachen Geräuschen nach zu urteilen, die vom Oberdeck zu ihnen herunterdrangen. Nur das Knarren von Spanten, Masten und Planken war Tag und Nacht allgegenwärtig.

Megan kauerte sich neben ihr hin, warf einen Blick auf Rachel und schüttelte den Kopf. »Mach dir keine großen Hoffnungen mehr, dass sie es übersteht, Abby.«

»Wie kannst du so etwas sagen!« Aufgebracht funkelte sie Megan an.

»Weil ich Augen im Kopf habe und es die Wahrheit ist«, erwiderte Megan ruhig. »Ich will dir wirklich nicht wehtun, aber so liegen die Dinge nun mal. Diese Stunden im Regen vorgestern waren einfach zu viel für sie. Sie muss schrecklich hohes Fieber haben und dagegen kann man nicht viel tun.«

»Aber irgendetwas *muss* man doch tun können.« Dass Rachel nicht mehr zu helfen war, wollte sie auf keinen Fall akzeptieren.

Megan hob die Hände in einer hilflosen Geste und sah sie an. »Was denn?«

»Ein Arzt muss kommen!«

»Ein Arzt?« Megan sah sie verdutzt an. »Das kannst du nicht im Ernst meinen! Ein Arzt! Pah!«

»Aber jedes Schiff hat doch einen Schiffsarzt und der muss sich auch um die Kranken unter uns kümmern!«

»Wer sagt dir denn, ob er überhaupt schon an Bord ist? Und wenn das der Fall wäre, glaubst du wirklich, die Wärter würden ihn für deine Freundin aus dem Bett holen?«

»Sie müssen!«

»Mach dich nicht lächerlich! Wir sind Sträflinge, die nach New South Wales deportiert werden und keine Rechte haben. Absolut keine, verstehst du mich? Sträflinge, bei denen es auf einen mehr oder weniger nicht ankommt. Hast du das denn noch immer nicht begriffen?«

»Aber sie können uns doch nicht einfach verrecken lassen, wenn wir krank werden!«, stieß Abby beschwörend hervor.

»Versuch doch, sie davon zu überzeugen, dass sie das nicht können!«, forderte Megan sie grimmig auf. »Aber ich sage dir, du wirst bei ihnen auf Granit beißen. Oder hast du gesehen, dass sich auf dem Transport irgendeiner von den Wachen um das Baby gekümmert hätte? Hat da jemand den nächsten Arzt geholt? Von wegen! Sie haben es elendig krepieren lassen! So sieht es mit ihrer Art von Gerechtigkeit und christlicher Nächstenliebe aus!«

Tränen der Verzweiflung sammelten sich in Abbys Augen, während sie Rachels heiße Hand hielt. »Sie darf nicht sterben, Megan«, sagte sie mit erstickter Stimme. »Sie darf nicht.«

»Die Natur wird ihren Lauf nehmen«, sagte Megan müde. »Entweder besiegt Rachel das Fieber, das in ihr lodert, aus eigenen Kräften, oder aber der Tod holt sie, Abby. Wir können nur hoffen, dass der HERR sie noch einmal verschont. Wir können für sie beten.«

»Ich will nicht beten!«, antwortete Abby heftig. »Ich will, dass ihr geholfen wird!«

Megan seufzte schwer. »Du drehst dich im Kreis, Abby. Ja, wenn du genügend Geld hättest, um den Wärter zu bestechen, dann gäbe es vielleicht noch eine Chance, für Rachel einen Arzt zu bekommen. Aber wer von uns hat denn auch nur noch einen einzigen Penny ...«

»Wie viel Geld?«, fragte Abby und packte sie so fest am Arm, dass Megan zusammenzuckte.

»Sag bloß ...«

»Wie viel?«, drängte Abby.

»Vielleicht tut er es für ein Sixpence, vielleicht verlangt er aber auch einen Shilling. Was weiß ich! Bei diesen Kerlen weiß man nie, was sie einem abnehmen. Sie sind wie die Blutsauger. Erst wenn sie genug haben, lassen sie von einem ab.«

»Er kann alles bekommen, was ich habe«, stieß Abby aufgeregt hervor und machte sich an ihrem Kleidersaum zu schaffen. Und sie erinnerte sich merkwürdigerweise in diesem Moment daran, wie sie mit Megan über diejenigen Frauen gesprochen hatte, die ihren Körper verkauften, um von den Wärtern etwas zu bekommen. Sie begriff, wie schnell man doch bereit war, alles herzugeben, ja, sich sogar zutiefst zu erniedrigen, wenn es darum ging, etwas zu erhalten, was einem jeden Preis wert war.

Megan schaute ungläubig zu, wie Abby mehrere Münzen aus dem Kleidersaum drückte. »Heilige Mutter Gottes! Du hast also wirklich noch Geld«, raunte sie und schaute sich nervös um, ob sie auch nicht beobachtet wurden.

»Viel ist es nicht, aber vielleicht reicht es für einen Arzt und gute Medizin.«

»Nicht viel? Das ist ein wahrer Schatz, den du da mit dir herumträgst«, flüsterte Megan. »Pass bloß auf, dass das niemand sieht, sonst schneidet dir nachts noch einer die Kehle durch.«

»Die Wärter werden mir wohl nicht viel davon lassen. Aber das ist mir egal, wenn Rachel nur wieder gesund wird.«

»Kennt ihr euch schon lange?«

»Nein, erst seit dem Abtransport von London.«

»Dann ist das ein großes Opfer, all dein Geld für eine Fremde herzugeben.«

»Es ist kein Opfer und Rachel ist mir auch nicht fremd«, erwiderte Abby mit fester Stimme und erhob sich. »Ich gehe jetzt. Bleibst du so lange bei ihr?«

Megan nickte. »Viel Glück.«

Abby schlich auf Zehenspitzen durch den Gang zum deckenhohen Gitter. Ein Wärter hockte jenseits der Tür auf einem dreibeinigen Hocker, den Kopf gegen einen Balken gelehnt und die Augen geschlossen. Das Licht der Laterne, die neben der Treppe hing, beleuchtete sein bärtiges Gesicht.

Sie erkannte ihn wieder. Es war der Wärter, der ihr beide Blechnäpfe gefüllt hatte, und zwar mit großzügigen Portionen. Wie war sein Name noch mal? Richtig: Charles.

Abby trat ganz nah ans Gitter und rief leise seinen Namen. Er reagierte nicht. Erst als sie ihre Stimme hob, fuhr er erschrocken zusammen. Er riss die Augen auf und sprang vom Hocker, als wäre er bei etwas Verbotenem überrascht worden. Dann bemerkte er Abby an der Gittertür und der Schreck in seinen Augen wich einem Ausdruck der Erleichterung. Offenbar hatte er im ersten Moment gedacht, sein Vorgesetzter hätte ihn schlafend auf seinem Wachposten ertappt. Doch seine Erleichterung verwandelte sich sofort in Verärgerung.

»Tu das ja nicht noch mal!«, herrschte er sie an. »Oder du lernst mich kennen.«

»Entschuldigen Sie vielmals, Sir. Ich wollte Sie wirklich nicht erschrecken, Sir. Es tut mir Leid«, sagte Abby unterwürfig. »Aber Sie müssen mir helfen, bitte!«

»Ich und helfen?«, brummte Charles Dawson gereizt. »Du hast wohl schlecht geträumt, was?«

»Nein, Sir. Ich brauche dringend einen Arzt! Es geht auf Leben und Tod!«

»Wozu brauchst du einen Arzt. Du siehst doch wie das blühende Leben aus!«

»Nicht für mich, für meine Freundin! Sie hat hohes Fieber und wird sterben, wenn sie keine Medizin bekommt!«

Charles Dawson fuhr sich über den zerzausten Bart, furchte die Stirn und erinnerte sich wieder an sie. »Ach ja, du warst die mit den beiden Schüsseln. Tut mir Leid, aber ich fürchte, ich kann nichts für dich tun. Ich werde nicht dafür bezahlt, dass ich den Krankenpfleger oder Laufburschen spiele. Ich hab Wachdienst und kann nicht weg. Außerdem glaube ich nicht, dass der Schiffsarzt zu dieser Stunde allzu gnädig gestimmt sein wird, wenn ich seine Nachtruhe unterbreche. Der hat den Schlaf verdammt nötig, nach all dem Port, den er gestern mit den Offizieren in sich hineingekippt hat«, sagte er ein wenig missgünstig. »Vielleicht führt er morgen seinen ersten Inspektionsgang durch eure Quartiere durch. Du wirst dich also schon noch was gedulden müssen.«

»Aber dann kann es für Rachel schon zu spät sein! Er muss jetzt kommen. Bitte holen Sie ihn, Sir! Ich bin auch bereit, Sie dafür zu bezahlen!«

Charles Dawson hob überrascht die Augenbrauen. »Hast du bezahlen gesagt?«

»Ja.«

»Du hast Geld?«, fragte er und lehnte sich vor. Er schien schlagartig hellwach zu sein und seine Stimme hatte jegliche Trägheit verloren. Er roch sein erstes gutes Geschäft auf diesem Transport.

»Ja, ein wenig«, antwortete Abby ausweichend.

Er trat zu ihr ans Gitter. »Schau an, du hast also tatsächlich hübsche, harte Münzen?«, vergewisserte er sich noch einmal, als konnte er es noch immer nicht so recht glauben, dass ausgerechnet ein Mädchen wie sie noch Geld besitzen sollte.

»Ja.«

Sein Lächeln wurde nun regelrecht freundlich. »Nun, das ist natürlich was anderes. Kann schon sein, dass ich etwas für deine Freundin tun kann. Und wenn ich es recht bedenke, stehe ich mich mit Mister Mortimer Cranston, dem Arzt, gut genug, um es wagen zu können, ihn aus den warmen Federn zu holen. Aber es muss sich schon für mich lohnen, du verstehst, nicht wahr? Ich würde es ja kostenlos tun, wenn ich es mir leisten könnte, das kannst du mir glauben. Aber immerhin riskiere ich meine Stellung, wenn ich unerlaubt meinen Wachposten verlasse, um diesen Knochenflicker aus seinem Portrausch zu holen. Also, wie viel willst du dafür springen lassen?«

»Sixpence?«, fragte Abby unsicher.

Der Wärter verzog geringschätzig das Gesicht. »Ein Sixpence bringt mich noch nicht mal an Deck, Kind. Da musst du schon noch eines zulegen.«

»Ich gebe Ihnen zwei Sixpence. Das muss aber reichen!«

Er schüttelte scheinbar betrübt den Kopf. »Mir wäre es ja mehr als genug. Mein Ehrenwort. Aber ich fürchte, das reicht noch immer nicht. Du darfst nämlich nicht vergessen, dass ich der Wache da oben auch was in die Hand drücken muss, damit mein kleiner Ausflug nicht an Sam Harrows große Ohren dringt. Und diese Brüder lassen sich nicht mit Almosen abspeisen. Die nehmen es von den Lebendigen. Mir wird selbst nicht viel bleiben«, lamentierte er scheinheilig. »Aber das werde ich verschmerzen, wenn deiner Freundin nur geholfen werden kann.«

Sie einigten sich schließlich auf einen Shilling und drei Pennys, und das war mehr als die Hälfte von dem, was Frederick ihr nach und nach zugesteckt hatte. Ein horrender Preis, doch sie musste sich den unverschämten Forderungen des Wärters beugen.

»Also gut, einen Shilling und drei Pennys«, stimmte sie mit einem schweren Seufzer zu.

»Dann gib her!« Charles Dawson streckte ihr die Hand hin, ein gieriges Leuchten in den Augen.

Sie legte ihm ein Sixpence-Stück in die raue Handfläche. »Den Rest erhalten Sie, wenn der Arzt erschienen ist!«, sagte sie und ließ sich davon auch nicht abbringen, als der Wärter die gesamte Summe im Voraus verlangte. Das war ihr einziges Druckmittel, um sicherzugehen, dass er sein Wort auch hielt.

»Auch noch misstrauisch«, brummte Charles Dawson ungehalten, zuckte dann aber mit den Schultern. »Aber meinetwegen, den Rest hole ich mir nachher ab. Sei bloß froh, dass du an eine so vertrauensvolle, gutmütige Seele wie mich geraten bist. Aber versuch ja nicht, mich übers Ohr hauen zu wollen. Denn dann sorge ich dafür, dass du in Eisen gelegt wirst und unten in der stinkenden Bilge verrottest!«

»Sie bekommen Ihr Geld. Doch gehen Sie jetzt!«, drängte Abby.

»Ja, ja«, brummte Charles Dawson und stiefelte den Niedergang hoch.

Mit wachsender Sorge und Unruhe ging Abby vor dem Gitter auf und ab, während sie darauf wartete, dass der Wärter mit dem Arzt zurückkehrte. Wo blieben sie nur? Jede Minute konnte darüber entscheiden, ob Rachel starb oder am Leben blieb. Warum dauerte es nur so lange? War Charles an Deck aufgehalten worden? Was war, wenn sich der Arzt weigerte, wegen eines fiebernden Sträflings aus dem Bett zu steigen?

Abby bekam Magenschmerzen vor unerträglicher innerer Anspannung. Dann wurden Stimmen laut. Schwere Stiefel polterten den Niedergang hinunter, gefolgt von irgendwie schlurfenden Schritten.

Es war der Wärter mit dem Schiffsarzt der Sträflingsflotte. Als Abby Mortimer Cranston erblickte, war sie irgendwie enttäuscht. Sie hatte sich den Schiffsarzt anders vorgestellt.

Er war ein grauhaariger Mann von kleiner Gestalt, der dem

Wärter nur bis an die Schultern reichte. Grau war auch der Backenbart, der sein Gesicht umschloss, das nur aus Falten, Runzeln und tiefen Furchen zu bestehen schien. Die Gesichtshaut war stumpf und fahl wie unpoliertes Zinn. Schlaff hingen die Wangen herab und ließen die knöchrige Nase mit dem scharfen Bogen noch kantiger erscheinen, als sie es so schon war. Aus Nasen- und Ohrlöchern wucherten graue Haare so wild und ungepflegt wie über den Augen. Die Brauen sahen aus wie die Borsten einer abgenutzten Bürste. Abgenutzt und eines Schiffsarztes nicht würdig war auch seine Kleidung, mit der er wohl im Bett gelegen hatte, so zerknittert war sie. Er ging leicht gebückt, den Kopf zwischen die Schultern gezogen, mit dem zögernden Gang eines Mannes, der sich zu jedem Schritt überwinden muss, und trug eine bauchige abgegriffene Stofftasche. Sie war mit bunten Blumenmotiven bestickt und hatte Messingverschlüsse, die grün von Patina waren.

»Nun tritt schon zurück!«, forderte Charles Dawson sie auf. Abby war am Gitter stehen geblieben und hatte den Schiffsarzt angestarrt. Bittere Enttäuschung erfasste sie. Dieser alte Mann, dem das gescheiterte Leben und übermäßiger Alkoholgenuss mit jeder Furche ins Gesicht geschrieben standen, dieser alte ungepflegte Mann sollte etwas für Rachel tun können? Er sah noch nicht einmal so aus, als könnte er sich helfen, geschweige denn anderen!

Abby trat zurück.

»Wo ist die Kranke?«, fragte Mortimer Cranston. Seine Stimme war genauso schleppend wie sein Gang. Er musterte sie mit einem müden, verschleierten Blick. Sein Atem roch nach Alkohol und seine Kleider nach kaltem Tabak und Schweiß.

»Auf der linken Seite, vier Reihen hinter der Herdstelle. Das untere Bett«, antwortete Abby.

»Schön, schön«, murmelte der Arzt. »Geh vor, mein Kind.«

Abby hasste es, von Männern wie Mister Cranston oder

Charles mit »Kind« angesprochen zu werden. Schnell wandte sie sich ab, damit sie nicht die ohnmächtige Wut in ihren Augen entdeckten, und ging vor.

Megan kletterte nach oben in ihre Koje, als Abby in Begleitung der beiden Männer auftauchte. Abby bemerkte, dass auch Cleo jetzt wach war und sie aus schmalen, missgünstigen Augen anblickte. Ihr verkniffener Mund ließ darauf schließen, wie wenig es ihr passte, den Arzt an Rachels Bett zu sehen.

Charles Dawson zog Abby in den Mittelgang, während Mortimer Cranston die Kranke untersuchte. »Den Rest ... wie versprochen!«, verlangte er. »Also, her mit den Münzen!«

Abby war geneigt, sie ihm zu verweigern. »Sie haben mich betrogen!«, zischte sie. »Wie soll dieser Mann Rachel helfen können? Vielleicht kann er Brüche schienen und Beine amputieren, aber die wirkliche ärztliche Kunst ist ihm bestimmt so fremd wie mir das Segelsetzen!«

Der Wärter zuckte nur grinsend mit den Achseln. »Was hast du denn geglaubt, würdest du für dein Geld bekommen, he? Vielleicht den Leibarzt des Königs?«, höhnte er, fuhr dann aber besänftigend fort: »Ärzte, die auf 'nem Schiff der East India Company fahren, gehören sicherlich nicht zu den Perlen ihres Berufsstandes. Das sagt einem der gesunde Menschenverstand. Du hast mich gedrängt, den Schiffsarzt zu holen, und genau das habe ich getan. Also, was willst du noch mehr?«

Abby musste sich innerlich eingestehen, dass der Wärter so Unrecht nicht hatte. Er hatte sie nicht darüber aufgeklärt, was das für ein Schiffsarzt war. Doch sie hatte ihn nicht danach gefragt, und er hatte getan, worum sie ihn angefleht hatte. Sie durfte nicht ungerecht sein. Ihn traf keine Schuld.

»Es ist schon gut«, sagte Abby einlenkend und gab ihm die restlichen Münzen, die Charles schnell verschwinden ließ. Dann trat sie zu Cranston ans Bett ihrer schwer kranken Freundin.

Der Arzt hatte seine Untersuchung abgeschlossen und richtete sich gerade auf. »Es ist schlecht um deine Freundin bestellt, mein Kind. Das Fieber hat schon ihren Geist verwirrt. Sie fantasiert und nimmt gar nichts mehr wahr. Nur die wenigsten überleben ein so hohes Fieber.«

»Haben Sie denn gar keine Medizin, die ihr helfen könnte?«, fragte Abby verzweifelt.

Mortimer Cranston schüttelte den Kopf. »Nichts, was den Tod auch nur halbwegs in seine Schranken weisen könnte, mein Kind. Ich habe ihr ein wenig Laudanum gegeben, das entspannt ihren Körper und lässt sie tief schlafen. Aber eine Medizin, die mit Sicherheit hilft, sie unter uns Lebenden zu halten, kennt unsere Wissenschaft noch nicht. Vielleicht eines Tages ...«

»Aber kann man denn gar nichts tun?«, flüsterte Abby mit erstickter Stimme.

»Oh, es gibt eine ganze Menge, was man tun kann«, erwiderte der Arzt ruhig. »Sie braucht intensive Pflege. Du kannst ihr kühle Waden- und Brustwickel machen. Das senkt die Temperaturen und entzieht dem Körper die giftigen Säfte, wenn es noch nicht zu spät ist. Und sie muss viel zu trinken bekommen. Es ist gut, wenn sie schwitzt. Ich werde veranlassen, dass man ihr Tücher für die Wickel und Decken zuteilt ... sowie dreimal am Tag einen Becher mit heißer Milch, Honig und Rum. Das wird ihrem geschwächten Körper helfen, gegen das Fieber anzukämpfen. Du musst es ihr Schluck für Schluck einflößen. Es ist wichtig, dass sie das zu sich nimmt.«

»Ja, ich werde dafür sorgen, ganz bestimmt!«, versicherte Abby und leistete im Stillen Abbitte für ihr vorschnelles Urteil, das sie über Cranston gefällt hatte. Heiße Milch mit Honig und Rum! »Ich weiß nicht, wie ich Ihnen danken soll, Sir. Ich ...«

Er fiel ihr ins Wort. »Schon gut, schon gut«, nuschelte er und klappte seine Tasche zu. »Es ist wenig genug, was ich für diese Unglücklichen hier unten tun kann. Manchmal wünschte ich, ich wäre Geistlicher statt Arzt geworden. Aber was rede ich da!

Du weißt, was du tun musst. Alles andere liegt in Gottes Hand.« Ohne eine Antwort abzuwarten, schlurfte er gebückt davon, als zwänge ihn die Last der Verantwortung, die auf seinen Schultern lag, in die Knie.

Keine Stunde später brachte der Wärter die versprochenen Tücher, Decken und den Becher heißer Milch mit Honig und Rum. Neidische Blicke folgten Abby, als sie damit ans Krankenlager ihrer Freundin zurückeilte. Der herrliche Duft, der dem Becher entströmte, ließ auch ihr das Wasser im Mund zusammenlaufen.

»Eine verfluchte Schande, dieses herrliche Gesöff an so eine zu vergeuden, der der Tod doch schon deutlich ins Gesicht geschrieben steht«, schimpfte Cleo.

Abby achtete nicht darauf, was Cleo sagte. Sie war viel zu sehr damit beschäftigt, Rachel das kostbare Getränk einzuflößen, was mit großen Schwierigkeiten verbunden war. Nur in ganz kleinen Schlucken konnte sie es ihr über die Lippen bringen. Ihre Freundin nahm sie gar nicht mehr bewusst wahr und fantasierte im Fieberwahn. Und immer wieder verschluckte sie sich und spuckte einen Schwall Milch aus.

»Lass es genug sein und heb den Rest für später auf«, riet Megan. »Wir können die Milch ja wieder aufwärmen.«

Abby legte der Kranken nun kühle Wickel an. Die Tücher waren zwar schon reichlich verschlissen, aber sie erfüllten ihren Zweck. Anschließend breitete sie die Decken über ihr aus, damit sie ins Schwitzen geriet, wie der Arzt gesagt hatte.

Am Abend ergriff Rachel eine Unruhe, die Abbys Angst noch steigerte. Ihre Freundin warf sich stöhnend und wirres Zeug murmelnd von einer Seite auf die andere. Ihre Hände hoben sich in das Halbdunkel, versuchten etwas zu greifen, was nur sie sah, und sanken dann wieder auf die Decke, um sich darin zu verkrallen. Ein kurzatmiges Keuchen drang aus ihrer Kehle, während sich ihre Gesichtszüge verzerrten, als durchlitte sie im Fiebertraum Schreckliches.

»Es ist ja gut, Rachel«, versuchte Abby sie zu beruhigen und fuhr ihr über das Gesicht, wischte den Schweiß ab und strich ihr Haarsträhnen aus der Stirn. »Ich bin ja bei dir. Es wird alles wieder gut. Du musst nur gesund werden.«

»Jacob ... Jacob!«, stieß Rachel plötzlich stoßartig hervor. »Jacob! ... bist du es, Jacob?«

Abby schluckte schwer. Ihre Freundin fantasierte im Fieber, hielt sie für ihren tödlich verunglückten kleinen Bruder. Was sollte sie ihr bloß antworten? Sicher nicht die Wahrheit. Sie nahm ihre Hand und hielt sie fest. »Ja, ich bin hier ... Schwester.«

»Oh, Jacob!« Wie ein Stöhnen aus tiefster Seele klang es. »Wo ... bist ... du ... all die Zeit ... gewesen? ... Hab dich gesucht, Jacob ... lange gesucht ... Du bist tot ... Mutter gesagt ... im Stollen verschüttet.« Sie sprach abgehackt, als hätte sie nicht mehr die Kraft für vollständige Sätze. Und ihre Stimme war so leise, dass Abby ihr Ohr an ihren Mund halten musste, um sie zu verstehen.

»Ich hab es überlebt und bin weggelaufen, Schwester«, antwortete Abby ihr und hatte Mühe, das Schluchzen, das ihr in der Kehle saß, zu unterdrücken. Sie musste die Illusion aufrechterhalten, dass Jacob es war, der hier an ihrem Bett saß. Vielleicht gab es ihr neue Kraft und Lebenswillen. »Doch ich brauche dich, Rachel. Du musst gesund werden. Denn was soll ich allein ohne dich tun?«

»Ja ... diesmal ... werde ... aufpassen auf dich ... bleiben zusammen ... Mutter kann nichts dafür ... aber ich ... meine Schuld ...«, kam es kraftlos über Rachels Lippen.

»Du musst kämpfen, Rachel!«, rief Abby eindringlich. »Hörst du? Du musst für mich gesund werden, Schwester! ... Ich brauche dich! ... Jetzt, wo ich dich endlich gefunden habe, darfst du mich nicht wieder allein lassen. Verstehst du mich? Wirst du wieder gesund werden, Schwester? Mir zuliebe?«

»Ja ... gesund werden ... nur schlafen ... später ... mir alles erzählen … und ich kann …« Ihre Stimme verklang und wurde zu einem Flüstern, das nur noch die Gestalten ihrer Fieberfantasien verstehen konnten … wie Jacob, ihr kleiner Bruder, der schon seit Jahren tot war, von Gestein erschlagen, und doch noch immer in ihr fortlebte. Weil die Schuld sie quälte, ihn nicht beschützt und nicht verhindert zu haben, dass die Mutter ihn mit neun in die Mine verkauft hatte. Welch schreckliche Narben musste ihre Seele haben!

Abby wich nicht von ihrer Seite. Alle Stunde rieb sie ihren schweißnassen Körper ab, erneuerte die Wickel, gab ihr zu trinken und hoffte auf ein kleines Wunder. Sie hatte längst das Gefühl für Zeit verloren, da kein Tageslicht die Sträflingsquartiere erreichte. Nur wer den Wechsel der Wachen vor der Gittertür genau verfolgte oder auf das Schlagen der Glocken an Deck hörte, konnte die jeweilige Tages- oder Nachtstunde feststellen.

Als der Hafen schon in nachtschwarze Dunkelheit gehüllt war, tauchte Mortimer Cranston auf, um zu sehen, wie es der Fieberkranken ging. Er roch intensiv nach Alkohol, doch diesmal störte sich Abby nicht daran. Egal wie er aussah und was ihn persönlich quälte, er war gekommen und hatte mehr getan als viele andere an seiner Stelle.

»Mir scheint, es geht ihr nicht viel besser als heute Morgen«, stellte er fest und hatte leichte Schwierigkeiten mit der Artikulation. Die letzte Silbe eines Wortes schien ihm von der Zunge zu gleiten und zu einem Lallen zu zerfließen. Doch er wankte nicht. Leicht vornübergebeugt und mit hängenden Schultern stand er da, kratzte sich den Backenbart und blickte aus müden Augen, die schon zu viel gesehen hatten, auf die Kranke. »Aber auch nicht viel schlechter.«

»Ist das ein gutes Zeichen?«, fragte Abby hoffnungsvoll und hing an seinen Lippen, als erwarte sie von ihm die erlösenden Worte, die sie von ihrer Seelenqual befreiten. Sie wusste nicht, warum Rachels Überleben so wichtig für sie geworden war.

Dass sie sich angefreundet hatten und sie Rachel sehr vermissen würde, war nur ein Teil der Antwort auf diese Frage, die sie selbst verwirrte. Es steckte viel mehr dahinter als der gefürchtete schmerzliche Verlust eines Menschen, an dem man hing. Es war ihr, als dürfte Rachel vor allem deshalb nicht sterben, damit Gefangene wie Cleo, Nellie und Celie nicht Recht behielten und mit ihrer gemeinen, mitleidlosen Menschenverachtung triumphierten. Das Böse, Abgründige und Hasserfüllte durfte nicht immer und immer wieder den Sieg erringen!

Der Schiffsarzt zuckte mit den Schultern. »Ich will es hoffen. Es ist noch zu früh, um etwas Genaueres sagen zu können. Aber wenn sie diese Nacht übersteht, kann man wieder Hoffnung haben. Ich glaube, dass es sich in dieser Nacht entscheidet, auf welcher Schale der Waage von Leben und Tod die schwereren Gewichte liegen.«

»Sie wird es überstehen. Bestimmt. Sie ist stark und wird kämpfen!«, flüsterte Abby beschwörend, als könnte die Kraft ihrer Worte Hoffnung zu Wirklichkeit werden lassen.

Mortimer Cranston legte ihr eine Hand auf die Schulter. Eine Geste, die Trost und Zuspruch ausdrücken sollte, bei Abby jedoch das Gegenteil bewirkte. Ihr war eher so, als gingen die Ernüchterung und Illusionslosigkeit, die den grauhaarigen Schiffsarzt umgaben, auch auf sie über. Und die Worte, mit denen er sie allein ließ, waren genauso wenig tröstlich.

»Du bist ein tapferes Mädchen, das seinesgleichen sucht. Aber ich fürchte, du wirst noch tapferer sein müssen, falls der Tod doch einkehrt. Ich lasse dir noch etwas Laudanum hier, das nimmt notfalls den Schmerz und betäubt Geist wie Körper. Denn Sterben ist manchmal ein grausames und einsames Geschäft – und zwar sowohl für den, den der Tod gezeichnet hat, als auch für den, der die letzten Stunden tatenlos an seiner Seite verbringen muss. Möge der Herr mit dir und deiner Freundin sein.« Fast fluchtartig verließ er das Sträflingsquartier, als fürchtete er, Abby könnte ihn noch um irgendeinen Dienst bitten.

Als Abby wieder allein war, versuchte sie das Grauen, das seine Worte in ihr geweckt hatten, zu verdrängen. Sie weigerte sich einfach, das Endgültige in Betracht zu ziehen. Nie würde sie die Hoffnung aufgeben!

Sie erinnerte sich plötzlich daran, was sie sich damals im Besucherraum von Newgate geschworen hatte, als Frederick ihr die Nachricht vom Tod ihrer Mutter gebracht hatte. Sie hatte ihr in dieser Stunde hoch und heilig versprochen, niemals aufzugeben und sich von keiner Schwäche des Glaubens oder der Tat in die Knie zwingen zu lassen. Niemals!

Die Erinnerung daran gab ihr vorübergehend neue Kraft und sie versuchte sich mit Gedankenspielen wachzuhalten. Die letzten Tage hatte sie wenig Schlaf bekommen, viel zu wenig Schlaf. Ihr Körper war ausgelaugt und schrie mit jeder Faser förmlich danach, sich auf der Pritsche auszustrecken und die Augen zu schließen.

Doch sie durfte diesem Verlangen nicht nachgeben. Sie hatte Angst, Rachel nicht zu hören, wenn sie von albtraumhaften Fieberfantasien geplagt wurde und im Delirium wimmerte. Und wer benetzte ihre Lippen, wenn sie Durst hatte, und kühlte ihre glühende Stirn?

Der Gedanke, dass ihre Freundin sterben könnte, während sie schlief, quälte sie und half, die Augen noch eine halbe Stunde offen zu halten, und noch eine halbe Stunde. Doch es wurde immer schwerer, der Versuchung zu widerstehen.

»Du darfst nicht! Du darfst nicht!«, sagte sie sich ständig selbstbeschwörend, doch ihre Widerstandskräfte schwanden mit den Stunden, die verstrichen.

Sie zog den Becher unter dem Bett hervor. Der Arzt hatte ihn mitgebracht. Er war noch fast randvoll, denn Rachel hatte nicht viel getrunken. Jetzt versuchte sie noch einmal, ihr davon einzuflößen. Wieder mit wenig Erfolg. Aber dennoch, jeder noch so kleine Schluck, der seinen Weg über ihre Lippen fand, war wichtig.

Abby stellte den Becher ab. Jeder Knochen schmerzte sie. Ständig an ihrem Bett zu hocken oder über ihr zu kauern, die Querstreben des oberen Bettes schmerzhaft im Rücken, kostete mehr Kraft, als sie nach den Strapazen der vergangenen Tage noch aufbringen konnte. Megan hatte ihr zwar geholfen, doch ihren Schlaf zu opfern und mit ihr Nachtwache an Rachels Koje zu halten, das hatte sie nicht angeboten. Und sie war zu stolz gewesen, darum zu bitten. Außerdem konnte sie Megan nur zu gut verstehen. In einer so brutalen, rücksichtslosen Gemeinschaft, wie Sträflinge sie bildeten, musste jeder zuerst einmal seinen eigenen Vorteil im Auge behalten, wenn er sich behaupten und überleben wollte. Alles andere war zweitrangig. Abby dachte da zwar anders, doch das hinderte sie nicht daran, Megans Haltung zumindest zu verstehen ... auch wenn es bitter war.

War der Morgen noch sehr weit?

Sie versuchte die Schläge der Schiffsglocke zu zählen, die hell durch die Nacht klang. Von anderen Schiffen schien Antwort zu kommen. Klare Töne, die die Schwärze der Nacht durchdrangen wie der ferne Lockruf eines Nachtvogels, der weit oben durch die Dunkelheit glitt. Vier Glasen. Erst zwei Stunden nach Mitternacht?

Schwer wie Blei wurden ihre Lider.

»Nur einen Augenblick«, dachte Abby erschöpft, lehnte sich gegen die Bordwand und schloss die Augen. Schon im nächsten Moment überfiel sie der Schlaf wie eine schwarze, weiche Woge, die sie unter sich begrub und davonschwemmte, in eine Welt wohliger Ruhe und Entspannung.

Wie lange sie geschlafen hatte, wusste sie später nicht zu sagen. Sie wachte auf, als irgendetwas über ihr Gesicht strich und einen Juckreiz auslöste. Benommen schlug sie die Augen auf.

Vor ihrem Gesicht wehte etwas Rotbraunes hin und her. Träumte sie noch? Dann hörte sie plötzlich ein leises metallisches Geräusch und sofort darauf ein gieriges Schlürfen.

Die Erkenntnis traf sie wie ein Schlag ins Gesicht und hatte auch dieselbe Wirkung. Es war Cleo! Sie hatte sich von ihrem Bett aus über sie gebeugt und den Becher unter Rachels Bett hervorgezogen. Nun leerte sie ihn mit schnellen, gierigen Schlucken.

Cleo stahl ihr das kostbare Getränk, das für Rachels geschwächten fieberheißen Körper Medizin war und möglicherweise über Leben und Tod entscheiden konnte! Sie beraubte eine Kranke, die sich nicht zu wehren vermochte, und nahm dabei ihren Tod gleichgültig mit in Kauf!

Unbändiger Hass wallte in Abby auf und hätte sie beinahe dazu hingerissen, vorschnell und unbedacht zu handeln. In ihrer ersten Aufwallung von blindem Zorn hätte sie sich beinahe auf sie gestürzt, um auf sie einzuschlagen und ihr das Gesicht zu zerkratzen. Doch zum Glück hielt sie irgendeine Stimme der Vernunft zurück.

Es war nicht nur sinnlos, sich mit einer so kräftigen Frau wie Cleo prügeln zu wollen, sondern ausgesprochen lebensgefährlich. Wenn es stimmte, was Megan erzählt hatte, und es gab keinen Grund, daran zu zweifeln, dann beherrschte Cleo mehr gemeine Tricks, als sie sich je vorstellen konnte. Es gab wohl kaum etwas, das Cleo mehr gelegen kommen mochte als eine unbedachte handgreifliche Auseinandersetzung.

»O nein, den Gefallen werde ich dir nicht tun, du gemeines Weibsstück!«, sagte sich Abby im Stillen wutbebend und rührte sich nicht von der Stelle. Sie schloss die Augen zu schmalen Schlitzen und tat so, als würde sie noch immer schlafen.

Cleo hatte den Becher zurückgestellt, fuhr sich nun mit dem Handrücken über den Mund und legte sich auf ihre Pritsche zurück. Dabei warf sie einen hämischen Blick auf Abby, um sich dann selbstzufrieden auszustrecken.

Abby hörte sie rülpsen. Es fiel ihr schwer, die Ruhe zu bewahren. Doch ihr war klar geworden, dass es nur einen Weg gab, die schwelende Feindschaft zwischen ihnen zu ihren Gunsten zu entscheiden. Sie musste Cleo ein für alle Mal in ihre Schranken weisen und sie dazu bringen, dass sie sich nie wieder mit ihr anlegte. Jetzt war die Gelegenheit am günstigsten. Noch lagen sie im Hafen, und Cleo hatte noch keine Möglichkeit gehabt, sich bei einem Wärter Rückendeckung für irgendeinen hinterhältigen Racheplan zu verschaffen.

Doch sie musste Cleo mehr als nur Worte entgegensetzen. Nur Gewalt konnte jemanden wie sie dazu bringen, sie demnächst in Ruhe zu lassen. Wie sehr sie selbst auch Gewalt verabscheute, in dieser Situation blieb ihr keine andere Wahl.

Abby tastete nach dem langen Eichensplitter, den Frederick ihr verschafft hatte. Sie hatte nicht geglaubt, dass sie ihn jemals brauchen würde, ihn aber all die Monate zusammen mit den Münzen wie ihren Augapfel gehütet. Jetzt war sie ihm für seine Voraussicht unendlich dankbar.

Mit einem vorgetäuschten schläfrigen Seufzer legte sie sich auf die Seite und zog die Beine an, sodass Cleo auf keinen Fall sehen konnte, wie sie den langen, spitz zulaufenden Holzstift unter dem Kleid aus dem Saum ihres Mieders zog, wo sie ihn all die Monate gut versteckt hatte.

Ihre Finger strichen über das ebenmäßige Holz, das sich so glatt und fugenlos anfühlte wie der marmorne Kaminsims eines herrschaftlichen Hauses. Und die Spitze des Eichensplitters konnte es mit jeder guten Dolchklinge aufnehmen, was seine Gefährlichkeit als Stichwaffe betraf. Frederick hatte damals sehr wohl gewusst, was er ihr durch das Gitter geschmuggelt hatte: eine zwar äußerlich primitive, aber nichtsdestotrotz äußerst wirkungsvolle Waffe, wenn sie nur richtig gehandhabt wurde.

Abby hatte nicht vor, einen Fehler zu machen. Cleo durfte keine Chance haben, ihren Überraschungsangriff zu erkennen und ihn abzuwehren. Es musste blitzschnell gehen, wenn sie sich nicht selbst in Lebensgefahr begeben wollte.

Sie musste warten, bis Cleo wieder eingeschlafen war. Angestrengt lauschte sie daher auf ihren Atem, den Eichensplitter so fest in ihrer Hand, als wollte sie ihn zerquetschen. Je länger sie dort auf den Planken lag und wartete, dass Cleos Atemzüge ruhiger wurden, desto unwirklicher kam ihr diese Situation vor. Sie, die noch nie in ihrem Leben einem anderen auch nur ein Haar gekrümmt hatte, sollte gleich mit dieser Stichwaffe auf Cleo losgehen!

Ihr Herz hämmerte wie wahnsinnig. Ihr war, als müsste jeder im Sträflingsquartier vom lauten Pochen, das in ihren Ohren dröhnte, aus dem Schlaf gerissen werden und zu ihr hinüberstarren.

Doch nichts dergleichen geschah. Und dann ertönte von Cleos Pritsche ein leises Schnarchen. Sie war eingeschlafen! Abby hatte einen trockenen Mund vor Anspannung. Sie schluckte mehrfach, leckte sich nervös über die Lippen und rollte sich dann langsam auf die andere Seite, den Eichensplitter in ihrer Hand verborgen.

Cleo lag auf dem Rücken, den Mund halb geöffnet. Ihr linker Arm baumelte an der Seite herab.

»Wenn du es jetzt nicht tust, tust du es nie!«, sagte sich Abby. »Du musst es! … Sie hat dir keine Wahl gelassen! … Zögere nicht mehr länger!«

Und dann handelte sie.

Lautlos richtete sie sich auf, warf sich mit einer katzenhaften Bewegung auf sie und hielt ihr mit der linken Hand den Mund zu, während sie den Eichensplitter gegen ihre Kehle presste.

Erschrocken fuhr Cleo aus dem Schlaf und riss die Augen auf. Die Hand auf ihrem Mund erstickte ihren Schrei.

»Rühr dich nicht von der Stelle oder ich steche zu!«, drohte Abby.

Cleo bewegte sich dennoch unwillkürlich – und zuckte im

nächsten Moment schmerzhaft zusammen, als Abby ihre Drohung wahrmachte. Die Spitze des Eichensplitters ritzte Cleos Haut auf. Es war nicht mehr als ein Nadelstich, doch er hatte die gewünschte Wirkung: Cleo wurde unter ihr so steif wie ein Brett. Ungläubiges Entsetzen stand in ihren weit aufgerissenen Augen.

»Das war meine letzte Warnung!«, stieß Abby mit kalter Wut hervor. Sie musste sich jetzt so hart geben wie Cleo. Und sie musste überzeugend wirken. »Beim nächsten Mal stoße ich dir das Messer in die Kehle, dass du dein eigenes Blut schmeckst!«

Todesangst flackerte in Cleos Augen auf. Sie hielt sogar den Atem an. Wie erstarrt lag sie da. Das Blut war schlagartig aus ihrem Gesicht gewichen.

»Ich nehme jetzt gleich die Hand von deinem Mund. Keinen Ton, verstanden? Los, mach die Augen auf und zu, wenn du verstanden hast!«, forderte Abby sie mit leiser, aber scharfer Stimme auf.

Cleo tat, wie ihr befohlen. Sie schluckte dabei heftig, als würde sie an etwas würgen, sodass ihr Adamsapfel wie verrückt auf und ab tanzte. Doch Todesangst ließ sich nicht herunterschlucken.

Abby zog ihre Hand weg. »Du hast gestohlen!«, fauchte sie sie dann an. »Hast gestern Rachels Suppe aufgegessen und vorhin ihre Milch getrunken, du gemeines Miststück. Du bist eine verkommene Diebin und eigentlich sollte ich kurzen Prozess mit dir machen. Ich sollte dir die Kehle durchschneiden!«

»Nein! … Nicht!«, krächzte Cleo.

»Keiner würde dir auch nur eine Träne nachweinen, wenn man dich morgen mit durchstochener Kehle hier findet!«, fuhr Abby unbarmherzig fort, und in diesem Augenblick meinte sie auch jedes Wort so, wie sie es sagte. Sie hatte keine Schwierigkeit, glaubwürdig zu erscheinen. »Und es wird auch keinen interessieren, wer dich umgebracht hat!«

»Nein, das kannst du ...«, begann Cleo.

»Schweig!«, schnitt Abby ihr das Wort ab. »Du hast wohl geglaubt, dir alles herausnehmen zu können. Aber damit ist es jetzt vorbei. Du stiehlst nie wieder etwas, und du wirst von nun an dein Maul halten, das schwöre ich dir! Wenn ich noch einmal höre, wie du irgendetwas Gehässiges über mich oder Rachel sagst, dann sorge ich dafür, dass du bald nie wieder ein Wort über die Lippen bringst. Es gibt immer eine günstige Gelegenheit, dir ein Messer zwischen die Rippen zu stoßen.«

»Es ... es ... war nicht so gemeint«, stammelte Cleo angsterfüllt. »Ich wusste nicht ...«

»Du weißt eine ganze Menge nicht!«, fuhr Abby ihr ins Wort und wagte eine besonders krasse Lüge. »Du wärst nicht die Erste, die für die Dummheit, sich mit mir anzulegen, bitter bezahlt hat. Und glaube ja nicht, dich mit Hilfe der Wärter an mir rächen zu können. Ich habe meine eigenen bezahlten Ohren, die mich über jede Hinterhältigkeit informieren werden, die du aushecken solltest. Solltest du wirklich so einfältig sein, wird die Reise für dich schon lange vor New South Wales zu Ende und dir ein Grab auf hoher See sicher sein. Darauf gebe ich dir mein Wort!«

»Es war ein Irrtum«, brachte Cleo nur mühsam hervor. »Hab dich für 'nen Weichling gehalten ... und ... und solche Memmen kann ich wie die Pest nicht ausstehen. Hätte ich gewusst, dass du eine von uns bist, hätte ich so was doch nie angefangen, bestimmt nicht. Du musst mir glauben!«

Abby hatte Mühe, ihren Abscheu zu verbergen. Sie und eine von Cleos Schlag! »Weiß nicht, ob es ein Fehler ist, dir zu glauben!«, erwiderte sie mit berechnender Kälte. »Vielleicht wäre es besser, gleich hier kurzen Prozess mit dir zu machen. Würde mir einiges an Geld ersparen ...«

»Ich sag dir, wir können gut miteinander auskommen!«, beteuerte Cleo. »Himmel, 'nen Fehler kann doch jeder mal machen!«

Abby gab sich den Anschein zu zögern.

»Nimm das Messer weg, bitte! Du hast von mir nichts zu befürchten! Und diese Rachel auch nicht. Hab doch nichts gegen sie!«

»Also gut, versuchen wir es noch mal miteinander«, sagte Abby schroff. »Aber ich rate dir, mir demnächst aus dem Weg zu gehen!«

Cleo schien in sich zusammenzufallen, als Abby den Eichensplitter, den sie als Messer ausgegeben hatte, geschickt im Ärmel ihres Kleides verschwinden ließ und von ihr glitt. Mit zittriger Hand tastete sie über die Stelle am Hals, wo Abby ihr die Haut aufgeritzt hatte.

Als Cleo die Hand zurückzog und vor ihre Augen hielt, hatte sie Blut an ihren Fingerspitzen.

Abby zwang sich, im schmalen Gang zwischen den beiden Bettreihen stehen zu bleiben, mit dem Rücken zu Cleo, scheinbar gelassen und furchtlos. Insgeheim durchlitt sie jedoch entsetzliche Sekunden der Angst, rechnete jeden Augenblick damit, dass Cleo ihre Täuschung durchschaut hatte und sich auf sie stürzen würde.

Doch nichts geschah.

Cleo rührte sich nicht von ihrer Bettstelle. Sie lag noch immer mit schreckgeweiteten Augen da, felsenfest davon überzeugt, dem Tod nur um Haaresbreite entkommen zu sein.

Abby schloss kurz die Augen und biss sich auf die Lippen, um nicht, erlöst von dieser ungeheuren Spannung, laut auszuatmen. Mit einer energischen Bewegung bückte sie sich nach dem Becher und ging dann rasch zur Herdstelle, um ihn mit Trinkwasser aufzufüllen. Als Cleo sie nicht länger sehen konnte, lehnte sie sich gegen einen Stützbalken, weil sie sich plötzlich so zittrig auf den Beinen fühlte, dass sie fürchtete, sich im nächsten Moment auf den Boden setzen zu müssen. Ein Anflug von Übelkeit überkam sie, als ihr bewusst wurde, wie riskant ihr Handeln gewesen war ... und wie nahe sie davor gestanden hatte, jemanden zu töten. Denn hätte Cleo sich gewehrt, wäre es ein Kampf auf Leben und Tod geworden.

Es dauerte eine Weile, bis sie sich wieder in der Gewalt hatte und mit dem gefüllten Becher zu Rachel zurückkehren konnte. Ihre Müdigkeit war wie weggeblasen. Es bereitete ihr keine Schwierigkeit, an ihrem Bett zu wachen und sie zu versorgen.

Rachel überstand die kritische Nacht. Gegen Mittag des folgenden Tages fand sie aus ihrem Fieberwahn in die Wirklichkeit zurück. Zum ersten Mal erkannte sie Abby an ihrem Bett. »Mich hat es verdammt schwer erwischt, nicht wahr?«, fragte sie und brachte sogar ein schwaches Lächeln zustande.

»Ja, du warst schon ziemlich weit drüben ... Aber jetzt hast du das Schlimmste überstanden. Du hast es geschafft, Rachel«, sagte Abby mit bewegter Stimme, und in ihren Augen stand ein verräterischer Glanz. »Du wirst bald wieder ganz gesund sein.«

»Ich könnte nur schlafen«, murmelte Rachel müde.

»Tu das nur. Wenn du etwas brauchst, ich bleibe bei dir.«

Ein Lächeln huschte wie ein Sonnenstrahl, der nur kurz aufleuchtete und sofort wieder erlosch, über Rachels graues Gesicht. »Versuch doch schon mal, einen Pardon für uns zu bekommen, während ich noch eine Mütze voll Schlaf nehme.«

Abby drückte ihre Hand. »Werd mal sehen, was ich tun kann«, sagte sie sanft.

Rachel fielen die Augen zu. »Ich hatte einen schönen Traum, Abby ...«

»Ja?«

»Ich hab von Jacob geträumt«, sagte Rachel mit verträumter, schläfriger Stimme. »Er saß hier am Bett, wo du jetzt sitzt, Abby. Und er war nicht tot. Er hatte das Grubenunglück überlebt und ist weggelaufen. Er sagte mir, dass jetzt wieder alles in Ordnung ist und er mich braucht ... Es war ein schöner Traum.« Sie schlief ein und ihr Atem war längst nicht mehr so flach und unruhig. Sie befand sich auf dem Weg der Besserung.

Als die Sträflingsflotte zehn Tage darauf die Anker lichtete und mit stolz geblähten Segeln aus dem Hafen von Portsmouth auslief, war Rachel schon wieder bei Kräften.

Die monatelange Reise in die Strafkolonie am Ende der Welt, im fernen Australien, begann. Eine Reise ins Ungewisse. Nicht nur für die Verbannten.

ZWEITES BUCH

AUSTRALIEN

JANUAR 1805 – MÄRZ 1808

Erstes Kapitel

Es war noch früh, als Melvin Chandler erwachte. Er blieb einige Minuten mit offenen Augen liegen, lauschte auf das vertraute Rauschen der See und das Knarren von Masten und Takelage. Dann schlug er die Decken zurück, schwang sich aus der Koje und zog sich leise im Dunkeln an, um seinen drei Jahre jüngeren Bruder Andrew, mit dem er eine Kabine teilte, nicht aufzuwecken. Behutsam schloss er die Tür hinter sich, ging den schmalen Gang hinunter, vorbei an den Kabinen der anderen Passagiere und den Offiziersunterkünften, und trat auf das Achterdeck hinaus.

Es war nicht mehr Nacht, aber auch nicht Tag. Dämmrig blaues Licht überzog den Horizont und verwässerte die tiefe Schwärze der Nacht. Graue Streifen, die schnell heller wurden, bohrten sich in die Dunkelheit, die noch über der See lag.

Melvin Chandler, ein hoch gewachsener gut aussehender Mann von zwanzig Jahren, lehnte sich auf die Reling und beobachtete den Anbruch des neuen Tages. Er hatte es sich im Laufe der monatelangen Reise zur Gewohnheit gemacht, zum Sonnenaufgang an Deck zu sein, sofern schlechtes Wetter oder gar Stürme es nicht klüger erscheinen ließen, unter Deck zu bleiben. Und es hatte Wochen gegeben, wo er geglaubt hatte, vielleicht nie mehr einen aus der See aufsteigenden Glutball zu Gesicht zu bekommen. Wie ein Wunder war es ihm erschienen, dass ein Segelschiff solch tobende Naturgewalten überstehen konnte.

Doch die schreckliche Zeit eisiger Stürme lag endgültig hinter ihnen, wie Captain Graham Winston seinen Passagieren versichert hatte. New South Wales war nicht mehr weit. Wenn seine Navigation und Berechnungen stimmten, musste der Ausguck hoch oben im Mast bald die Küste der Kolonie sichten.

Melvin hörte eine Tür in seinem Rücken schlagen und drehte sich um. Er schmunzelte. Es war sein Bruder, der sich da reckte, ungeniert gähnte und sich mit der gespreizten Hand durch sein ungekämmtes dunkelbraunes Haar fuhr. Dass sie Brüder waren, sah man ihnen an. Beide hatten sie die blassblauen Augen und das volle Haar ihrer Mutter geerbt, während ihre sehr markanten Gesichtszüge mit der energischen Kinnpartie unbestreitbar das Erbgut ihres Vaters Jonathan Chandler waren.

»Hab ich dich geweckt?«, fragte Melvin, als sein Bruder zu ihm an die Reling trat.

Andrew schüttelte den Kopf und sog die frische belebende Seeluft tief ein. »Mich hielt es nicht länger im Bett.«

»Unruhig?«

Andrew verzog das Gesicht. »Unruhig bin ich schon, seit wir uns auf diesem Kahn eingeschifft haben, Bruderherz.«

»Lass das nicht Captain Winston hören!«, warnte Melvin ihn belustigt. »Die *Kent* ist sein ganzer Stolz und ein prächtiges Schiff, wie er nicht müde wird, immer wieder zu betonen.«

»Ich verstehe nicht viel von Schiffen, Melvin, aber eins weiß ich: Wenn irgendetwas an diesem Kahn prächtig ist, dann ist das seine Langsamkeit. Seit Juni sind wir nun schon unterwegs. Und was für ein Datum schreiben wir heute?«

»Den dritten Januar 1805.«

»Richtig. Das sind sieben Monate, die wir nun schon auf See sind! Eine gottverdammte Ewigkeit, wenn du mich fragst. Die *Sirius* und die *Calcutta* sind uns seit Kapstadt doch davongesegelt, wie ein Hase einer Schildkröte davonrennt! Vater hätte eine Passage auf einem dieser Schiffe buchen sollen, statt sich für Captain Winstons lahmen Pott zu entscheiden«, brummte Andrew. »Ich wette, dass diese beiden Segler jetzt schon im Hafen von Sydney liegen!«

»Kann schon sein«, gab Melvin zu, dem die Überfahrt von Portsmouth nach Sydney, mit langen Aufenthalten in Rio de Janeiro und Kapstadt, genauso schrecklich lang erschien. Doch er war von Natur aus geduldiger als sein Bruder. Und während er sich tagelang in der Kabine mit dem Studium von Büchern und Karten beschäftigen konnte, gab es für Andrew nichts Schlimmeres, als irgendwo auf engen Raum beschränkt zu sein. Er brauchte Bewegungsfreiheit, Arbeit, die er mit seinen kräftig zupackenden Händen erledigen konnte, und offenes, weites Land. Darin glich er ihrem Vater, der geistige Tätigkeiten zwar immer bewunderte, sie für sich jedoch nie in Betracht gezogen hätte.

»Aber es gibt nun mal Dinge, die man hinnehmen muss, weil man sie nicht mehr ändern kann«, fuhr Melvin fort, während sich die Sonne feuerrot über die Kimm schob und das Meer mit einer Flut goldfarbenen Lichtes überschwemmte.

Andrew warf ihm einen grimmigen Blick zu. »Für meinen Geschmack hat es in den letzten Jahren zu viele Dinge gegeben, die wir haben hinnehmen müssen.«

Melvin wusste, worauf sein Bruder anspielte. »Vater tut, was er für richtig hält. New South Wales ist für alle eine neue Chance. Das haben alle gesagt.«

»Vater hätte den Bauernhof nicht verkaufen sollen!«, widersprach Andrew heftig.

»Er musste ihn verkaufen. Der Hof war zu sehr belastet. Das weißt du genauso gut wie ich«, erwiderte Melvin ruhig. »Vater hätte die Schulden nie bezahlen und den Hof weiter bewirtschaften können. Eigentlich solltest du das besser beurteilen können als ich. Du warst auf dem Hof doch seine rechte Hand.«

»Verdammt, wir hätten den Hof jetzt noch in Devon, und du hättest deine Studien am College abschließen können, wenn Vater bloß die Finger vom Glücksspiel gelassen hätte!«, stieß Andrew erregt hervor. »Ich versteh einfach nicht, warum er sich immer wieder an den Spieltisch gesetzt hat! Warum hat er nicht aufgehört, als er es noch konnte, statt immer mehr Schulden zu machen?«

»Du darfst ihm das nicht immer wieder zum Vorwurf machen!«, wies Melvin ihn zurecht. »Es war eine schwere Zeit für Vater, als Mutter damals starb. Vater hatte vorher nie gespielt, das weißt du. Aber ihr Tod hat ihn aus der Bahn geworfen.«

Ihre Mutter hatte sich von der Geburt ihrer Tochter Sarah nicht wieder erholt. Sie war langsam, aber stetig schwächer geworden. Kein Arzt hatte ihr helfen können. Es war ein langsames Dahinsiechen gewesen. Sarah war kein Jahr alt gewesen, als Mutter schließlich gestorben war. Sarah war übrigens in der Kabine ihres Vaters untergebracht.

Andrew starrte einen Moment schweigend auf die weite See hinaus, die nun im Licht der schnell steigenden Sonne glitzerte wie ein Spiegel, der den warmen Schein tausender Kerzen zurückwirft. Der Tod der Mutter hatte sie alle tief getroffen, doch als Entschuldigung für die Spielschulden ihres Vaters ließ er ihn nicht gelten. »Er hat unser Erbe verspielt, unsere Zukunft!«, sagte er deshalb mit bitterem Vorwurf.

»Zum Teil«, schränkte Melvin ein. »Immerhin ist nach dem Verkauf noch genug übrig geblieben, damit wir in New South Wales neu anfangen können.«

»Ja, in einer elenden Sträflingskolonie im hintersten Winkel der Welt, die erst vor ein paar Jahren gegründet worden ist!«

»Du übertreibst mal wieder gewaltig, mein lieber Andrew«, sagte Melvin auf seine geduldige Art. »New South Wales ist schon beinahe zwanzig Jahre eine unserer Kolonien. Die erste Sträflingsflotte ging nämlich schon am 26. Januar 1788 in der Bucht von Sydney an Land. So jung ist sie also nicht.«

»Gut«, sagte Andrew widerwillig. »Aber kannst du dir das Leben in einer Kolonie vorstellen, wo es von Gesindel aller Art nur so wimmelt? Halt! Ich weiß schon, was du sagen willst. Dass von Jahr zu Jahr mehr freie Siedler nach Australien gehen ...«

»Richtig.«

»Aber diese Leute, die England den Rücken kehren, sind doch durch die Bank gescheiterte Existenzen, von ein paar Ausnahmen abgesehen«, fuhr Andrew erregt fort. »Schau dir doch nur die anderen Passagiere an: der fette, selbstgefällige Mister Delton mit seiner Vogelscheuche von Frau, die sich so gottgläubig und fromm wie ein ganzes Dutzend Betschwestern gibt, in Wirklichkeit aber eine zickige Giftnudel ist, die an nichts ein gutes Haar lässt! Wenn Christus ihr über den Weg laufen würde, ich garantiere dir, sie würde auch an ihm kritteln und herumnörgeln!«

»Bitte, mäßige dich ein wenig!«, mahnte sein Bruder und schaute sich besorgt um, ob sie nicht ungebetene Zuhörer hatten. Doch außer dem Steuermann und der Wache, die sich alle außer Hörweite befanden und mit ihren Aufgaben beschäftigt waren, hielt sich niemand an Deck auf.

Andrew ignorierte die Zurechtweisung. Er musste seinem Unmut einfach mal Luft machen. »Irgendetwas stimmt doch nicht mit den beiden. Du brauchst das Gespräch doch nur mal auf seine angebliche Vergangenheit als Buchhalter bei einem Handelskontor zu bringen, und schon zieht er sein Schnupftuch, das so groß wie ein Segel ist, aus der Rocktasche, um sich den Schweiß von der Stirn zu wischen, während sie am liebsten Zuflucht in ihrem Gebetbuch nehmen würde. Ich gehe jede Wette ein, dass die beiden einen guten Grund gehabt haben, warum sie England verlassen haben und sich in Australien niederlassen wollen.«

»Ich denke, du bist so gegen jede Art von Glücksspiel?«, frotzelte Melvin.

»Und was ist mit diesem glatzköpfigen Mister William Thackery, der immer stumm wie ein Fisch bei Tische sitzt und jeden finster anstarrt, als traue er keiner Menschenseele auch nur von seiner Nase bis zur Gabelspitze über den Weg.«

»Andrew! Bitte!«

»Bestimmt argwöhnt er, und das zu Recht, dass wir schon längst nicht mehr an sein Märchen glauben, dass seine blutjunge Begleiterin, diese bildhübsche Deborah, seine Nichte ist und er für sie nichts weiter als so etwas wie großväterliche Gefühle hegt, dieser scheinheilige Lustmolch!«

Melvin lachte unwillkürlich. Sein Bruder verstand es, ihre Mitreisenden sehr treffend zu schildern. »Aber dafür redet Mister Potter für drei.«

»Mister Potter ist ein Aufschneider und Blender!«, urteilte Andrew forsch.

»Zumindest weiß er eine Gesellschaft zu unterhalten.«

»Ja, auf Kosten anderer. Und ich könnte mir vorstellen, dass er sich seinen Lebensunterhalt bisher auch auf diese Art verdient hat«, sagte Andrew und fügte sarkastisch hinzu: »Obwohl das Wort ›verdienen‹ wohl nicht so recht auf Hochstapler wie ihn passen dürfte.«

Melvin schüttelte den Kopf. »Mein Gott, heute bist du ja regelrecht in Fahrt. Ich muss wohl direkt dankbar sein, dass du wenigstens mich bei deiner Generalabrechnung ausgeklammert hast. Oder komme ich auch noch dran?«, versuchte er ihr Gespräch ins Spaßige zu ziehen.

»Ach, mir steht diese grässliche Seereise mittlerweile bis hier oben!«, schimpfte Andrew und fuhr sich mit der flachen Hand an die Kehle. »Und ich kann mir einfach nicht vorstellen, wie wir ausgerechnet in einer Sträflingskolonie unser Glück machen sollen, wie Vater immer beteuert.«

»Das sagt nicht nur Vater, sondern auch Captain Winston, und dessen Urteil wirst du ja wohl nicht in Frage stellen wollen, oder? Immerhin ist das jetzt schon seine sechste Fahrt nach New South Wales, und er hat da einiges gesehen, um sich ein solides Urteil erlauben zu können.«

»Nein, der Captain ist ganz in Ordnung«, räumte Andrew widerstrebend ein. »Aber zwischen ein paar Wochen Aufenthalt zwischen den Reisen und der Entscheidung, sich dort mehr oder minder für immer niederzulassen und den Rest seines Geldes zu riskieren, ist ja doch noch ein kleiner Unterschied.«

»Wenn Captain Winston sagt, dass ein Mann, der zuzupacken bereit ist, in New South Wales zehnmal mehr erreichen kann als in England, dann gibt das doch Anlass, optimistisch in die Zukunft zu blicken, Bruderherz. Wir werden in der Kolonie viel mehr Land besitzen als in Devon. Wir bekommen Lebensmittel für ein Jahr, Saatgut, Gerätschaften und Sträflinge als Arbeitskräfte. Und das Land schenkt uns die Regierung auch.«

»Ja, aber was für Land! Irgendwo in der Wildnis, wo du jede Handbreit Ackerboden erst mal von Baum und Strauch befreien musst. Das wird verdammt hart, Melvin, ein echtes Pionierleben im Busch!«

»Aber das müsste doch ganz besonders für dich eine reizvolle Herausforderung sein. Du liebst doch solche Arbeiten im Freien«, meinte Melvin.

»Möglich, aber was ist mit dir?«, fragte Andrew. »Das Leben auf dem Bauernhof war doch nie dein Fall. Wolltest du nicht Anwalt werden und eines Tages eine eigene Kanzlei besitzen?«

Melvin zuckte mit den Achseln. »Das war mehr Vaters Wunsch, obwohl ich selbst auch nicht abgeneigt war. Aber das ist nun Vergangenheit. Werde mich schon daran gewöhnen, Land zu roden und Ackerfurchen zu ziehen. Also mach dir wegen mir keine Gedanken.«

»Gut, aber wie steht es mit Sarah? Noch ist sie ja klein, und wo sie aufwächst, kann ihr ja noch egal sein. Aber wenn sie mal alt genug ist, um zu heiraten, soll sie sich da einen Mann unter freigelassenen Sträflingen suchen?«

»Bis dahin fließt noch viel Wasser den Berg hinunter«, antwortete sein Bruder gelassen. »Es wird ja auch noch akzeptable Söhne von freien Siedlern geben.«

»Was für eine grandiose Aussicht!«

»Komm, sieh das doch nicht so schwarz. Es wird schon alles gut werden«, sagte Melvin zuversichtlich, um seinen Bruder aufzumuntern. »Wir können jeden Tag Land sichten und dann liegt das Schlimmste hinter uns. Denk doch nur mal an die armen Kreaturen, die da unter Deck eingesperrt sind und bestenfalls einmal am Tag für eine halbe Stunde ans Licht dürfen. Die solltest du bedauern.«

»Wüsste nicht, warum ich sie bedauern sollte«, gab Andrew gereizt zurück. »Du wirst uns doch wohl nicht mit diesem Sträflingspack auf eine Stufe stellen wollen, oder? Das sind Verbrecher, die nichts Besseres verdient haben, der Abschaum aus unseren Gefängnissen.«

Melvin seufzte. »Du bist wirklich in einer reichlich unversöhnlichen und auch ungeselligen Stimmung. Es ist wohl besser, wir lassen das Thema für heute. Komm, sehen wir nach, ob Vater und Sarah schon auf sind.« Er legte einen Arm um die Schulter seines Bruders und lächelte ihn entwaffnend an. »Du magst mich für gefühllos halten, aber Tatsache ist, dass auch deine mürrische Laune es nicht geschafft hat, mir meinen Appetit auf ein deftiges Frühstück zu nehmen!«

So verdrossen Andrew auch war, ein Lachen konnte er nun doch nicht unterdrücken, und er war froh, dass ihm bei ihrem höchst zweifelhaften Neubeginn in der Sträflingskolonie zumindest ein so prächtiger Bruder wie Melvin zur Seite stand.

Zweites Kapitel

Können wir den Unterricht nicht mal für einen Tag ausfallen lassen?«, bat Rachel. »Es lohnt doch gar nicht mehr, was Neues anzufangen, wo wir vielleicht gleich an Deck können.«

Abby schüttelte energisch den Kopf. »Kommt überhaupt nicht in Frage. Wenn die Wächter die Tür aufschließen, ist es immer noch früh genug, die Schiefertafel wegzulegen.«

»Aber mir raucht schon der Kopf vor lauter Zahlen«, klagte Rachel. »Du hast einmal selbst gesagt, dass es nichts bringt, wenn man sich etwas mit Gewalt einzutrichtern versucht.«

Abby lachte. »Das habe ich gesagt, als du noch geglaubt hast, Lesen, Schreiben und Rechnen innerhalb von ein, zwei Tagen lernen zu können«, erwiderte sie völlig unbeeindruckt. Rachel jammerte jeden Morgen, wenn sie ihren Unterricht aufnahmen, schon nach wenigen Minuten, dass sie sich nicht richtig konzentrieren könne. Doch das legte sich schnell, wenn sie erst einmal wieder an der Arbeit war.

»Du bist ein schlimmerer Sklaventreiber als Sam Harrow!«

»Geh nicht so großzügig mit deinem Lob um«, spottete Abby gutmütig. »Nachher weißt du gar nicht mehr, wie du dich steigern sollst.«

Rachel seufzte schwer. »Also gut, machen wir weiter«, lenkte sie ein. Denn sosehr sie auch klagte und so tat, als müsste sie alle Überwindungskraft aufbringen, um sich von ihrer Freundin unterrichten zu lassen, so sehr brannte sie in Wirklichkeit doch darauf, die Kunst des Rechnens, Schreibens und Lesens zu erlernen. Und sie war Abby unendlich dankbar, was sie in all den langen Monaten der Überfahrt für sie getan hatte, ganz davon abgesehen, dass sie ihr Leben gerettet hatte.

Die unendliche Geduld, die Abby vor allem in den ersten beiden Monaten mit ihr gehabt hatte, hätte sie selbst kaum aufgebracht. Sie war stolz darauf, dass sie nun schon recht passabel lesen und schreiben konnte, sofern die Worte nicht allzu schwierig waren. Und sie würde das Abby nie in ihrem Leben vergessen. Doch sie war kein Mensch, der Dankbarkeit durch allzu viele Worte zum Ausdruck brachte. Und zum Glück bedurfte es auch keiner Worte. Ihre Freundschaft war längst so tief verwurzelt, wie sie es nie für möglich gehalten hätte. Wenn es darauf ankäme, würde sie für Abby alles riskieren – sogar ihr Leben. Das wusste sie.

»Aber bitte mit Schreiben oder Lesen«, bat Rachel und nahm

die Schiefertafel auf den Schoß. »Für deine Zahlenspiele fehlt mir heute total der Sinn.«

»Damit sagst du mir nichts Neues«, erwiderte Abby trocken. Während Rachel im Schreiben und Lesen hervorragende Fortschritte erzielt hatte, bereitete ihr der Umgang mit Zahlen immer noch größte Schwierigkeiten. »Aber meinetwegen verlegen wir das Rechnen auf später. Also schreib Folgendes auf …«

Während Rachel nun mit ungelenker, aber doch lesbarer Handschrift auf die Schiefertafel kratzte, was sie ihr diktierte, dachte Abby daran, wie alles begonnen hatte.

Die ersten Wochen der Überfahrt waren fast so schrecklich gewesen wie die Zeit in Newgate. Denn wenn sie auch besser verpflegt wurden und sogar jede eine neues, einfaches Kleid erhielt, so änderte das doch nichts daran, dass sie auf engstem Raum zusammengepfercht waren und mit den endlosen Stunden des Tages nichts anzufangen wussten. Der Captain erlaubte ihnen täglich einmal eine halbe Stunde an Deck. Dann konnten sie, von den Soldaten bewacht, mittschiffs auf und ab gehen und ihren Blick in die Weite schweifen lassen. Keine Bordwand und kein Gewirr aus Pfosten und Brettern engte für diese kurze, kostbare Zeitspanne ihr Blickfeld ein. Und die frische Luft war immer wieder ein Geschenk des Himmels.

Doch es gab Monate, wo sie kaum ein dutzend Mal das Tageslicht zu sehen bekamen, weil ein Sturm das Schiff wie einen Korken auf den aufgepeitschten Wogen tanzen ließ und gewaltige Brecher die Decks überspülten. Dann war auch ihre Unterkunft im Handumdrehen von salziger Nässe erfüllt. Und das Erbrochene der Seekranken, die zu sterben wünschten, verpestete die schon so schlechte Luft.

In Rio de Janeiro lag die *Kent* dann vier Wochen im Hafen vor Anker, weil schwere Sturmschäden ausgiebige Reparaturen nötig gemacht hatten. In diesen Wochen wurde das Sträflingsquartier zu einem Brutofen. Jede Bewegung hatte einen Schweißausbruch zur Folge.

Schlimmer konnte es kaum werden, dachten sie damals. Doch als die *Kent* den Atlantik überquert und in Kapstadt neuen Proviant und Waren für die Kolonie an Bord genommen hatte, führte ihr südlicher Kurs sie in eisige, von unzähligen Stürmen heimgesuchte Zonen. Schneidende Kälte mussten nun alle an Bord ertragen, besonders jedoch die Verbannten, für die es nicht genügend warme Decken gab. Allein auf diesem Abschnitt der Passage starben vier Sträflinge und erhöhten die Zahl der Todesfälle damit auf sechzehn. Das war weniger als bei manch anderem Sträflingstransport, wie Charles Dawson einmal bemerkte.

Nun, da der Ostindien-Segler wärmere Breitengrade erreicht hatte und nicht mehr weit von New South Wales entfernt war, ließ es sich im Sträflingsquartier wieder leidlich ertragen, was die Temperaturen anging. Doch wenn Mortimer Cranston nicht so barmherzig gewesen wäre und ihr nicht Schiefertafel und Schreibzeug besorgt hätte, dann hätten Rachel und sie die langen Monate kaum so gut überstanden, wie das der Fall gewesen war.

Der Unterricht war für sie beide eine wichtige Aufgabe, die ihrer Einkerkerung die zermürbende Untätigkeit nahm. Der Unterricht, auf den Abby eisern bestand, sofern das Wetter nicht gar zu stürmisch war, lenkte sie ab, forderte Geist und Willenskraft heraus und gab ihrem Dasein einen Sinn, der über das reine Überleben hinausging.

»Na, was macht die Schulklasse heute?«, fragte eine Stimme plötzlich neben Abby und ließ sie aufblicken. Cleo stand vor dem Bett, auf dem sie mit Rachel hockte.

»Fortschritte«, antwortete Abby und wunderte sich zum wiederholten Mal, wie sehr sich Cleo ihr und Rachel gegenüber seit jener Nacht verändert hatte. Nicht dass sie zu einem herzlichen Menschenfreund geworden wäre. Was Megan vorausgesagt hatte, war in der Tat eingetroffen. Wie viele andere hatte auch Cleo ihren Körper an Wärter, Seeleute und Soldaten verkauft, die nachts willige Frauen aus der Sträflingsunterkunft schmuggelten. Auf diese Weise war sie zu Vergünstigungen und sogar zu einer Art von Macht gekommen, denn sie hatte es verstanden, Sam Harrow zu Gefallen zu sein.

Doch ihr und Rachel gegenüber hatte sie ihren Einfluss nicht einmal geltend gemacht. Von Feindseligkeit oder gar Rache war nie mehr die Rede gewesen. Cleo schien sie tatsächlich als gleichrangig zu betrachten, eben als eine von ihnen, wie sie schon damals gesagt hatte. Sie hatte nie wieder etwas gesagt oder getan, was Abby hätte reizen können. Das war natürlich auch den anderen schnell aufgefallen, die nun auch sie mit Respekt behandelten, als hätte sie mit Cleo einen geheimen Plan geschlossen.

Megan hatte Cleos unglaubliche Wandlung erst nicht verstanden und wissen wollen, wie sie das erreicht hatte. Doch Abby hatte sich geheimnisvoll gegeben und ihr Wissen nur mit Rachel geteilt. Außer ihr brauchte niemand zu wissen, was sie riskiert und wie sie Cleo getäuscht hatte. Megan hatte das auch akzeptiert, hatte sie doch ihre eigenen Geheimnisse.

»Der Teufel soll mich holen, wenn ich auch nur eine sinnvolle Beschäftigung nennen könnte, für die man lesen oder schreiben können müsste«, meinte Cleo kopfschüttelnd, ohne dass in ihrer Stimme jedoch auch nur eine Spur von Aggressivität oder Geringschätzung lag. »Werd's mein Lebtag nicht kapieren, wie man seine Zeit mit so 'nem gelehrten Quatsch vertrödeln kann. Auf 'ner Schiefertafel rumzukritzeln, Stunde um Stunde, und das jeden Tag. Nein, das geht mir nicht in den Kopf. Wo sich einem doch ganz andere Zerstreuungen bieten.«

»Etwa Würfelspiel, Alkohol, Tratsch und Männer, ja?«, fragte Rachel spöttisch.

Cleo nickte. »Was 'ne Frau wie ich in diesem Leben wissen und können muss, kann ich dir an fünf Fingern abzählen!«

Abby winkte ab. »Lass man gut sein, Cleo. Deine fünf Glaubensbekenntnisse sind uns bekannt. Aber wir versuchen nicht dich zu bekehren, also versuch auch nicht, uns zu deinem Lebenswandel zu bekehren.« Sie redete selten mit Cleo. Doch wenn sie es tat, bemühte sie sich um einen unpersönlichen Tonfall, der sie auf Distanz hielt.

Cleo verzog das Gesicht. »Kannst da ganz beruhigt sein, Abby. Das Missionarische hat mir nie im Blut gelegen. Also kritzelt man munter weiter, wenn es euch Spaß bereitet. Ich für meinen Teil werd jetzt erst mal sehen, wo die Pestbeule von einem Wärter mit der Kanne Branntwein bleibt, die er mir gestern versprochen hat«, sagte sie und entfernte sich.

Die beiden Freundinnen schauten sich viel sagend an. Megan, die oben auf ihrer Pritsche gelegen und vor sich hin geträumt hatte, sprang nun herunter. »Jedes Mal, wenn Cleo den Mund aufmacht, lügt sie wie die Wunderheiler, die einem ihre selbst gepanschten Tinkturen andrehen wollen!«

»Wie meinst du das?«, fragte Rachel.

»Von wegen gelehrter Quatsch, wie sie immer sagt. In Wirklichkeit würde sie ihren rechten Arm hergeben, wenn sie Lesen und Schreiben könnte«, behauptete Megan.

»Woher willst du das wissen?«, fragte Abby.

»Ich kenne Cleo«, antwortete Megan nur, als wäre damit alles erklärt.

»Ausgehstunde, meine Damen!«, schallte die spöttische Stimme von Sam Harrow durch das Sträflingsquartier, und sofort entstand ein Gedränge vor der Gittertür.

»Wir können an Deck!«, rief Megan freudig.

Rachel legte augenblicklich Schiefertafel und Schreibzeug weg, um sich mit Abby und Megan in den Mittelgang zu drängen. Jede Minute, die sie oben an Deck im Freien verbringen konnten, war wichtiger als alles andere, wichtiger auch als der Unterricht.

Die Sträflinge hasteten die Treppe hoch und taumelten an Deck, geblendet vom strahlenden Sonnenlicht, das sie für Sekunden umhüllte wie ein gleißendes, grellweißes Tuch. Die Marinesoldaten hatten mittschiffs hölzerne Absperrungen aufgestellt, sodass der Bereich, in dem sich die Frauen bewegen durften, genau abgegrenzt war. Das Gewehr mit aufgestecktem Bajonett vor der Brust, standen die Rotröcke vom New South Wales Corps hinter den hüfthohen Barrikaden.

Abby schützte ihre Augen mit der flachen Hand vor der schmerzenden Helligkeit. Eine kräftige, jedoch warme Brise wehte, blähte die Segel und trieb das Schiff über die See.

»Ist es nicht seltsam«, sagte Abby versonnen. »Wir haben Januar, und während England jetzt von Schnee und Kälte heimgesucht wird, ist hier Hochsommer. Und wenn in England Sommer ist, zieht hier der Winter ein. Auf den Kopf gestellte Jahreszeiten. Es wird schwer sein, sich daran zu gewöhnen.«

»Ich fürchte, *diese* Umstellung wird die leichteste sein«, brummte Rachel.

»Weit kann es nicht mehr sein«, sagte Abby, während ihr Blick in die Ferne ging, wo das Meer den stahlblauen Himmel berührte. »Charles hat zu jemandem gesagt, dass sie heute stündlich damit rechnen, die Küste der Kolonie zu sichten. Es heißt, er hat es direkt vom Captain.«

»Hoffentlich ist es wirklich bald so weit, dass wir endlich wieder an Land kommen«, sagte Megan, während sie auf und ab gingen, um sich Bewegung zu verschaffen.

»Ich weiß nicht, ob es uns damit so eilig sein sollte«, meinte Rachel zurückhaltend.

»Und warum nicht?«, wollte Abby wissen.

»Hast du vergessen, dass man uns in eine Sträflingskolonie verbannt hat?«, fragte sie zurück. »Solange wir an Bord sind, geht es uns dreckig, zugegeben. Aber wenn wir erst in New South Wales sind, wird es uns nicht nur dreckig gehen, sondern wir werden auch schuften müssen wie die Ochsen. Denn in einer solchen Kolonie sind es nun mal die Sträflinge, die all die schweren und dreckigen Arbeiten verrichten müssen, für die sich Freie zu schade sind.«

»Arbeit habe ich nie gescheut«, meinte Megan achselzuckend. »Und sie werden uns schon gut verpflegen müssen, wenn sie unsere Arbeitskraft erhalten wollen.«

»Wenn ich es sehe, werde ich es glauben«, sagte Rachel.

»Vielleicht findet ihr beide bessere Arbeiten als wir anderen«, meinte Megan.

Abby sah sie verständnislos an. »Wieso sollten wir?«

»Weil ihr schreiben und lesen könnt.«

Rachel lachte. »Mach dich nicht lächerlich! Erstens weiß gar keiner davon, und zweitens wird es keinen kratzen, selbst wenn es bekannt wäre. Wir sind hier, um uns die Seele aus dem Leib zu schuften. Das soll doch unsere Strafe sein! Nein, mit Samthandschuhen wird man keinen von uns anpacken! Und sieben Jahre Sträflingsarbeit sind eine verflucht lange Zeit.«

»Und was wird dann aus uns?«, fragte Abby, fast mehr sich selbst. »Nach sieben Jahren sind wir doch frei.«

Rachel lachte bitter auf. »Ja, in einer Sträflingskolonie! Und wenn wir dann überhaupt noch leben!«

Drittes Kapitel

In der Offiziersmesse der *Kent* saßen die zahlungskräftigen Passagiere, die die stolze Summe von siebzig Pfund für die Unterbringung in einer eigenen Kabine einschließlich Verpflegung hatten aufbringen können, mit dem Captain und seinen Offizieren am Tisch.

Captain Winston saß am Kopfende und beteiligte sich gewöhnlich nicht an den Gesprächen, die die Passagiere bei Tisch führten. Nur ab und an warf er eine knappe Bemerkung ein, um der Höflichkeit Genüge zu tun. Doch wenn er sich zu einem Thema äußerte, dann hatte das stets Hand und Fuß.

An diesem Morgen war der Captain schweigsamer als sonst, was Andrew sehr bedauerte. Er wünschte, er würde sich endlich einmal in das Gespräch einmischen, das der Aufschneider Bruce Potter bestimmte, seit sie sich zum Frühstück an dem großen Tisch niedergelassen hatten.

»Ob man in New South Wales sein Glück macht oder scheitert, hat nichts mit den Gegebenheiten des Landes oder seiner Gesellschaft zu tun, Mister Delton. Es ist einzig und allein eine Sache der Planung und der konsequenten Ausführung!«, verkündete Bruce Potter und zupfte am Ärmel seines Rüschenhemdes, als würde diese affektierte Geste seiner Behauptung das noch fehlende Quäntchen Überzeugungskraft verleihen.

»Eine interessante These, deren Richtigkeit zu beweisen Sie uns wohl schuldig bleiben werden«, erwiderte der schwergewichtige James Delton mürrisch und tupfte sich Bratenfett von den wulstigen Lippen.

Bruce Potter lachte. »Oh, nein! Ich denke nicht daran, Ihnen auch nur irgendetwas schuldig zu bleiben. Der Beweis, wie richtig ich mit meiner Behauptung liege, lässt sich leichter erbringen, als Sie glauben.«

Jonathan Chandler, kräftig und groß wie seine Söhne, räusperte sich. Er wählte seine Worte mit Bedacht, wie das seine Art war. »Ich teile Ihre Zuversicht, Mister Potter, zumindest im Ansatz. Sonst befände ich mich kaum mit meiner Familie auf diesem Schiff. Doch scheint mir ebenso wie Mister Delton, dass Ihre doch sehr hoch angesetzten Erwartungen von New South Wales der Wirklichkeit letztlich nicht standhalten können. Denn wenn ich mich recht entsinne, haben Sie uns erzählt, keine Erfahrung mit der Landwirtschaft zu haben.«

»Sie entsinnen sich richtig, Mister Chandler«, gab Bruce Potter fröhlich zu.

»Aber diese Kolonie ist ein Land für Siedler!«

»Nicht unbedingt«, widersprach Potter, der in seinem fast schon dandyhaften Aufzug schlecht in die Runde der Männer passte, die in dunkle, derbe Wollstoffe gekleidet waren. Aber dass er unverschämt gut aussah, musste sogar Andrew zugeben, der diesen Potter auf den Tod nicht ausstehen konnte. Ein Mann, der sich seiner Wirkung auf Frauen sicher war. Sogar Deborah Mernon, die angebliche Nichte von Mister Thackery, warf ihm ab und zu einen Blick zu. Da sie sonst stets mit tugendhaft gesenktem Blick bei Tisch saß und sich den Anschein eines wohlerzogenen, schüchternen Mädchens gab, waren diese Blicke schon etwas Besonderes.

»Nun machen Sie es nicht so spannend!«, brummte James Delton, während der finster dreinblickende William Thackery ein Schnauben von sich gab, das alles bedeuten konnte, nur nichts Angenehmes.

»Ich sage nur ein Wort, Gentlemen …« Bruce Potter lehnte sich zurück und legte eine dramatische Pause ein. »Rum!«

James Delton machte eine ungeduldige Handbewegung, weil er nicht begriff, worauf sein Gegenüber hinauswollte. »Rum! Rum! Das sagt uns nichts! Sie müssen da schon um einiges präziser werden.«

Seine Frau nickte und ähnelte dabei einem hageren Huhn, das nach Körnern pickt. »Was hat so etwas Gottloses wie Rum damit zu tun?« Sie stieß die Worte wie ein Ankläger hervor, der jemanden vor Gericht eines schweren Verbrechens bezichtigt.

»Wenn Sie es noch nicht wissen, sollte ich Sie eigentlich im Zustand der Unwissenheit lassen«, sagte Bruce Potter überheblich und zwinkerte der reizenden Deborah zu, die in diesem Moment zu ihm geblickt hatte, nun aber sofort wieder auf ihren Teller schaute, als hätte sie etwas Verbotenes getan. »Doch da ich ein großzügiger Mensch bin, will ich gern jetzt schon mit Ihnen teilen, was Sie ja sowieso erfahren werden, sobald wir die Kolonie erreicht haben.«

Andrew beugte sich über seine Schwester Sarah, die gelangweilt mit ihrer Stoffpuppe in ihrem Schoß spielte, zu seinem

Bruder hinüber. »Weißt du keine Möglichkeit, wie man sein Großmaul abstellen kann?«, raunte er ihm zu.

»So weit bin ich in dem Buch noch nicht gekommen, doch ich werde darauf achten«, antwortete Melvin schnell mit einer Belanglosigkeit und für alle hörbar, als er den zurechtweisenden Blick ihres Vaters bemerkte. Doch unter dem Tisch trat er Andrew gegen das Bein, damit er ihn nicht wieder in Verlegenheit brachte. Doch außer ihrem Vater hatte offenbar keiner etwas von dem mitbekommen, was Andrew ihm zugeflüstert hatte.

»Rum ist der Schlüssel zum Erfolg in New South Wales!«, fuhr Bruce Potter fort und fügte mit einem selbstgefälligen Lächeln zu Captain Winston gewandt hinzu: »Sagen Sie es Ihnen, Captain. Offenbar schenken die Gentlemen meinen Worten wenig Glauben.«

»Mir scheint, Sie sind Ihr bester Anwalt und wissen Ihre Ansichten mit der nötigen Kraft des Wortes darzulegen«, sagte Captain Winston mit kaum merklichem Spott in der Stimme. »Ihnen Beistand zu leisten, erscheint mir so unsinnig zu sein, wie einem Delfin das Schwimmen beibringen zu wollen.«

Gelächter, das auch einige schadenfrohe Untertöne hatte, erhob sich an der Tafel.

Bruce Potter nahm es mit einem Lächeln hin. »Dennoch wäre ich Ihnen dankbar, wenn Sie mir bestätigen würden, dass nicht der Gouverneur die Kolonie regiert, sondern der Rum.«

»Eine Übertreibung, die im Kern jedoch nicht ganz unzutreffend ist. Rum hat in New South Wales ohne Zweifel einen hohen Stellenwert«, brummte Captain Winston, dem dieses Thema sichtlich unangenehm war. Und bevor man ihn noch bitten konnte, darauf näher einzugehen, legte er seine Serviette kurz entschlossen weg und erhob sich. »Sie entschuldigen mich bitte, aber mir scheint, der Wind hat umgeschlagen.«

Bruce Potter lächelte, als der Captain die Messe verlassen hatte. »Ein ehrenwerter Gentleman, unser Captain Winston. Lieber zieht er sich unter einem fadenscheinigen Vorwand zurück, als dass er eine Tatsache ausspricht, die ein schlechtes Licht auf den Gouverneur der Kolonie oder die Offiziere vom New South Wales Corps werfen könnte. Dabei sitzt unser fescher Lieutenant Glennwick heute gar nicht mit uns am Tisch, sondern bewacht mit seinen Soldaten diese Jammergestalten von Sträflingen, als fürchteten sie ernsthaft, diese Frauen könnten versuchen, das Schiff in ihre Gewalt zu bekommen!«, sagte er von oben herab.

»Diese menschlichen Ausgeburten des Teufels sind zu allen Verbrechen fähig!«, rief Lydia Delton schrill und mit flammendem Blick.

»Es geht jetzt nicht um Sträflinge, sondern um Rum!«, fuhr ihr Mann ihr barsch in die Rede und deutete mit seiner Gabel auf Potter, als wollte er ihn aufspießen. »Sagen Sie endlich, was Sie zu sagen haben!«

William Thackery schnaubte wieder, blieb jedoch weiterhin stumm.

»Also gut«, sagte Bruce Potter. »Man spricht nicht gern darüber, doch Tatsache ist, dass längst nicht mehr der Gouverneur die Kolonie regiert, sondern die Offiziere vom New South Wales Corps. Und das nicht etwa deshalb, weil sie eine schlagkräftige Truppe befehligten. Weit gefehlt! Sie haben die Macht, weil sie das Rum-Monopol besitzen. Ohne Rum läuft in der Kolonie gar nichts. Die Sträflinge empfangen täglich ihre Ration Rum, die gar nicht mal so knapp bemessen ist. Ohne Rum gehen die meisten gar nicht an die Arbeit. Und ohne Rum kann man auch keine Gerätschaften kaufen.«

»Wollen Sie behaupten, Rum ersetzt in der Kolonie Geld?«, fragte Melvin erstaunt.

Bruce Potter nickte. »Genau so ist es, mein junger Freund! Die Offiziere tun alles, damit so wenig Geld wie möglich in Umlauf ist. Rum ist die Währung der Kolonie! Und die Offiziere kontrollieren die Einfuhr und setzen den Preis fest, der natürlich ein Vielfaches von dem ist, für den sie selbst den Rum eingekauft haben. Wer gesunden Menschenverstand hat und eins und eins zusammenrechnen kann, wird erkennen, wo nun der große Gewinn winkt: in der Landwirtschaft oder im Rum? Für mich steht die Antwort schon fest, seit ich in London das Vergnügen hatte, mit zwei Offizieren vom Rum-Corps, wie unsere tapfere Truppe auch genannt wird, einen langen Abend zu verbringen.«

»Sie wollen sich also an diesem Rum-Geschäft beteiligen?«, fragte Jonathan Chandler mit unverhohlener Missbilligung.

Bruce Potter kümmerte das nicht. »Aber ganz sicher! Ich beabsichtige nicht, in der Erde zu wühlen oder Korn zu dreschen und auf einen guten Ertrag zu hoffen, wenn das Geld nur so auf der Straße liegt. Ich werde schon einen Weg finden, in diesen Rum-Handel einzusteigen.«

»Eine höchst zweifelhafte Art von Geschäft, wenn Sie mir diese kritische Bemerkung erlauben!«, sagte Jonathan Chandler steif.

»Allen gottlosen Sündern ist das ewige Fegefeuer gewiss!«, drohte Lydia Delton.

William Thackery schnaubte wieder.

»Fegefeuer oder nicht«, sagte James Delton brüsk, »aber aus diesen Gründen die Reise nach Australien anzutreten ...« Er brach ab, schüttelte den Kopf und stopfte sich eine weitere Gabel voll Bratkartoffeln in den Mund.

Ein spöttisches Lächeln trat auf Potters Gesicht. Und seine Stimme hatte einen bissigen Klang, als er fragte: »So? Haben Sie vielleicht bessere Gründe, die Sie nach Australien führen, Gentlemen?«

Betretenes Schweigen folgte seinen Worten. Jeder vermied den anderen anzusehen, als fürchtete er, sein bisher gut gehütetes Geheimnis preiszugeben.

Das Schweigen wurde schon peinlich, als Sarah mit weinerlicher Stimme fragte: »Kann ich jetzt nach draußen, Vati? Ich mag nicht mehr.« Sarah war für ihre fünf Jahre zwar ein erstaunlich geduldiges Kind und ähnelte darin sehr ihrem Bruder Melvin. Doch so endlos bei Tisch zu sitzen, nichts sagen zu dürfen und sich das unverständliche Gerede der Erwachsenen anhören zu müssen, stellte ihre Geduld doch auf eine zu harte Probe.

»Natürlich, mein Kind«, sagte Jonathan Chandler sofort und wirkte regelrecht erleichtert, dass er nun einen akzeptablen Grund hatte, sich vom Tisch zu erheben, ohne allzu unhöflich zu erscheinen.

»Ja, ein wenig frische Luft kann uns jetzt wirklich nicht schaden«, konnte sich Andrew nicht verkneifen zu sagen.

»Dass du auch nie deine Zunge in Zaum halten kannst!«, tadelte Melvin ihn leise, als sie an Deck waren. »Das mit der frischen Luft wäre nicht nötig gewesen.«

»Stimmt es denn nicht? Dieses Geschwätz kann doch den zurückhaltendsten Menschenfreund in Rage versetzen.«

»Na, Zurückhaltung ist deine Stärke nun gerade nicht!«

Andrew hielt es für klüger, das Thema zu wechseln. »Meinst du, es stimmt, was Potter über das Rum-Monopol gesagt hat und dass der Gouverneur nicht viel zu melden hat?«, fragte er.

»Irgendetwas wird schon dran sein«, erwiderte Melvin nachdenklich, »denn sonst wäre Captain Winstons Antwort anders ausgefallen. Aber wie Potter schon sagte, bald werden wir es ja selber erfahren.«

»Ich hab doch gleich gewusst, dass es verrückt ist, nach Australien zu gehen!«, sagte Andrew grimmig und blickte vom Achterdeck auf die Sträflinge hinunter, die sich auf dem Mittschiffsdeck drängten. »Schau sie dir doch an, Melvin. Diese verkommenen Subjekte, die nur knapp dem Galgen entronnen sind, machen den Großteil der Bevölkerung der Kolonie aus! Und wenn sie ihre Strafe verbüßt haben, bekommst du sie vielleicht als deine Nachbarn. Stell dir das mal vor!«

»Unsere amerikanischen Kolonien fingen auch mal so an«, gab Melvin zu bedenken.

»Unsere *ehemaligen* amerikanischen Kolonien!«, verbesserte Andrew ihn.

»Schön, unsere ehemaligen.«

»Ja, und was ist aus ihnen geworden? Sie haben sich gegen unsere Regierung erhoben, diese Verräter, und sich die Unabhängigkeit mit der Waffe in der Hand ertrotzt!«

»Sie haben tapfer für ihre Unabhängigkeit gekämpft, das muss man ihnen zugestehen.«

»Unser König hätte von Anfang an härter zugreifen sollen, dann wäre es nicht notwendig geworden, in dieser gottverlassenen Ecke der Welt eine neue Kolonie zu gründen, wohin man all die Verbrecher da abschieben kann«, haderte Andrew mit dem Schicksal.

Melvin wollte etwas erwidern, kam jedoch nicht mehr dazu. Eine Bö fiel plötzlich in die Segel ein und legte das Schiff stark auf die Seite.

Sarah, die mit ihrem Vater an der Brüstung zum Mittschiff gestanden und mit ihrer Puppe gespielt hatte, stolperte, als sich das Deck unter ihr neigte. Unwillkürlich ließ sie ihre Puppe los. Sie fiel über die Brüstung, wurde vom Wind gepackt und landete jenseits der Holzbarrikaden mittschiffs auf den Planken.

»Meine Puppe! Meine Puppe!«, rief Sarah aufgeregt. Und bevor Jonathan Chandler sie noch festhalten konnte, rannte sie schon die Treppe hinunter.

»Sarah! Hier geblieben!«, rief er.

Doch Sarah hörte nicht auf ihren Vater.

Die Stoffpuppe landete direkt vor Abbys Füßen auf den Planken. Sie bückte sich, hob sie auf und sah, dass das winzige Kleid auf der Brust mit dem Namen Alice bestickt war.

Sarah hatte sich indessen zwischen zwei Rotröcken an die Barrikade gedrängt. Abby trat nun an die Absperrung, beugte sich vor und reichte ihr die Puppe hinüber. »Hier hast du deine Alice wieder. Es ist ihr nichts passiert«, sagte sie freundlich.

Kaum hielt Sarah ihre heiß geliebte Puppe wieder in ihren

Armen, als einer der Soldaten sein Gewehr hob und Abby mit dem Kolben einen so derben Stoß vor die Brust versetzte, dass sie schmerzhaft aufschrie und fast gestürzt wäre. Tränen schossen ihr in die Augen.

»Zurück!«, herrschte der Soldat sie an. »Hast du vergessen, dass es verboten ist, so nahe an die Absperrung zu kommen?«

Jonathan Chandler, der hastig die Treppe hinuntergeeilt war, packte den Marinesoldaten grob am Arm. »Mein Gott, was machen Sie da?«, rief er ungehalten. »Haben Sie denn nicht gesehen, dass sie dem Kind nur die Puppe wiedergegeben hat? Sie hatten keinen Grund, sie mit dem Gewehr zurückzustoßen!«

»Ich hab meine Befehle ... Sir!«, gab der Soldat störrisch zurück.

»Sie sollten sich schämen!«, fuhr Jonathan Chandler ihn aufgebracht an und wandte sich dann Abby zu, ohne sich um den Protest des Soldaten zu kümmern. Er musterte sie und verbarg seine Betroffenheit, als er sah, wie jung diese Deportierte war. »Wie heißt du?«

Abby hielt sich die Hand vor die schmerzende Brust. »Abby, Abby Lynn ... Sir.«

»Tut mir Leid, was passiert ist«, entschuldigte er sich für das grobe Verhalten des Soldaten. »Es war nett von dir, meiner Tochter die Puppe zu reichen. Das hast du dafür wirklich nicht verdient.«

»Daran gewöhnt man sich mit der Zeit, Sir«, erwiderte Abby bitter.

»Entschuldigen Sie, Sir!«, meldete sich Lieutenant Glennwick, der kommandierende Offizier der Truppeneinheit, höflich, aber energisch zu Wort. Er war sofort herbeigeeilt. »Es ist jedermann strengstens untersagt, mit Sträflingen zu sprechen, wenn es dienstlich nicht notwendig ist, und das gilt auch für Passagiere.«

»Wollen Sie mir verbieten, dass ich mich für eine freundliche Geste bedanke?«, fragte Jonathan Chandler scharf und baute sich zu seiner vollen beeindruckenden Größe vor dem jungen Offizier auf.

»Es sind Sträflinge!«

»Aber auch Sträflinge bleiben Menschen! Oder zählen Sie sie zu einer anderen Spezies von Lebewesen?«

Lieutenant Glennwick schoss das Blut vor Ärger ins Gesicht. Er setzte zu einer schroffen Erwiderung an. Doch in diesem Augenblick schallte die Stimme des Ausgucks zu ihnen herab: »Land in Sicht! ... Land in Sicht! ... Land Backbord querab!«

Alles, bis auf die Soldaten, stürzte jetzt unter freudigem Stimmengewirr an die Backbordreling, um sich mit eigenen Augen vom Auftauchen der Küste von New South Wales zu überzeugen. Auch Jonathan Chandler und Lieutenant Glennwick vergaßen in diesem Moment, auf den sie sieben Monate gewartet hatten, ihren Disput.

Abby nutzte den günstigen Augenblick, um schnell wieder in der Menge der Sträflinge unterzutauchen, die nun genauso aufgeregt durcheinander redeten.

Nur Rachel zeigte Missmut statt Freude. »Das war eine kleine Kostprobe davon, wie uns die verdammten Rotröcke in der Kolonie behandeln werden, wenn wir erst mal vom Schiff und ihnen uneingeschränkt ausgeliefert sind!«

Viertes Kapitel

Obwohl Captain Winston jeden Fetzen Tuch setzen ließ, den Rahen und Masten noch tragen konnten, schaffte es der Ostindien-Segler nicht mehr, noch vor Einbruch der Dämmerung in Sydney zu sein. Die *Kent* erreichte den Zugang zur Bucht, als die Nacht schon ihren schwarzen Mantel über die Küste gelegt hatte. Da Captain Winston das Risiko nicht eingehen wollte, sein Schiff im Dunkeln an Klippen zerschellen oder auf Untiefen auflaufen zu lassen, ließ er beidrehen und Anker werfen. Auf eine Nacht mehr oder weniger kam es nach einer so langen Reise nun auch nicht mehr an.

Während von den Seeleuten, Soldaten und Passagieren viele ausgelassen und bis tief in die Nacht feierten, herrschte unter den Sträflingen eine eher bedrückte Stimmung. Viele teilten nämlich Rachels Befürchtung, dass es ihnen an Land noch schlechter ergehen könnte als an Bord der *Kent*.

Abby hielt nichts von dieser Schwarzmalerei und beteiligte sich auch nicht an den Gesprächen darüber. Niemand von ihnen wusste Genaues, sodass sie sich letztlich immer wieder im Kreis drehten und düstere Mutmaßungen austauschten.

Als sie mit ihrem Blechnapf zum Trinkwasserfass ging und unwillkürlich zur Gittertür blickte, sah sie Charles Dawson. Er hatte mit Cleo geredet, die sich nun entfernte, ein merkwürdiges Lächeln auf dem Gesicht.

Als der Wärter ihren Blick auffing, bedeutete er ihr mit einer knappen Kopfbewegung, zu ihm an die Tür zu kommen.

Abby zögerte, ging dann aber den Mittelgang zum Gitter hinunter. Was er nur von ihr wollte?

»Ich hab 'ne wichtige Information für dich!«, raunte er geheimnisvoll.

»So? Und was für eine?«, fragte Abby mäßig interessiert.

»Die ist so verdammt wichtig, dass sie kostenlos nicht zu haben ist, Kindchen. Da musst du dem lieben Charles schon eine Münze in die Hand drücken, wenn du sie hören willst.«

»Ist es dieselbe, die du Cleo gegeben hast?«, fragte Abby auf Verdacht.

»Für dich ist sie zehnmal wichtiger als für Cleo!«

Die Antwort des Wärters bestätigte ihren Verdacht. Er wusste irgendetwas, das zweifellos seinen Wert hatte, und versuchte dieses Wissen nun so oft wie möglich unter den Sträflingen zu verkaufen.

»Wenn du mit Cleo gesprochen hast, hast du vorher bestimmt auch mit denjenigen gesprochen, die im Gegensatz zu ihr noch etwas Geld haben«, meinte Abby, die im Laufe der Monate viel über Sträflinge und vielleicht noch mehr über Wärter gelernt hatte. Eine wirklich wichtige Nachricht wurde immer erst denjenigen angeboten, die mit harter Münze bezahlen konnten. Denn Liebesdienste ließen sich mit einem Becher Branntwein oder einer Ration Pökelfleisch erkaufen. »Und da einige von ihnen um nichts auf der Welt ihren Mund halten können, werde ich es ja bald zu hören bekommen, und zwar ohne dafür bezahlen zu müssen.«

Charles Dawson schüttelte den Kopf. »Bei dieser Sache ganz bestimmt nicht.«

»Und warum nicht?«

»Weil sich keiner ins eigene Fleisch schneiden will, und genau das würden sie tun, wenn sie weiterplappern, was ich ihnen gesagt habe.«

»Welchen Sinn soll die Information dann noch haben, wenn Sie sie jedem einzeln verkaufen und somit nachher doch alle davon wissen«, blieb Abby skeptisch.

»Ich verkaufe sie nicht jedem«, erwiderte Charles. »Sträflinge, die noch Geld übrig haben, gibt es gerade noch ein Dutzend. Und von den Frauen, die mir anderes als Geld zu bieten haben, stehen nur ganze fünf auf meiner Liste. Aber nur zwei davon habe ich angesprochen. Immerhin laufen wir ja morgen schon in Sydney ein. Wozu soll ich mir da also Gefälligkeiten erkaufen, die ich nicht mehr eintreiben kann? Bei dir ist das was anderes. Du hast noch Geld?«

»Wie kommen Sie darauf?«, tat Abby erstaunt.

Er musterte sie spöttisch. »Ich weiß es einfach. Und ich rate dir dringend, deine letzten Pennys für das, was ich dir zu sagen habe, auszugeben. Es könnte das beste Geschäft deines Lebens sein. Gib mir ein Sixpence, und du wirst es nicht bereuen, auf den guten Charles Dawson gehört zu haben. Wenn du es nicht tust …« Er brach ab und zuckte nur bedauernd mit den Achseln.

»Ein Sixpence!«, protestierte Abby. »Für wen halten Sie mich? So viel Geld habe ich nicht mehr! Und wenn ich es hätte! Ich kaufe die Katze doch nicht im Sack!«

Der Wärter seufzte. »Hör mal, Kindchen. Ich mein es wirklich nur gut mit dir, der Teufel mag wissen warum, aber so ist es nun mal. Und ich sage dir, dass diese Information höllisch wichtig für dich ist. Gib mir ein paar Pennys und ich sag es dir. Es kann dir viel Kummer ersparen.«

Abby sah ihn an und zögerte sichtlich.

»Was ist? Sind wir all die Monate nicht gut miteinander gefahren?«, fragte der Wärter und klang nun fast verletzt, dass sie ihm nicht traute. »Habe ich dich auch nur einmal übervorteilt oder nicht gehalten, was ich versprochen habe?«

»Nein«, räumte Abby ein.

»Warum traust du mir dann nicht?«

»Zwei Pennys, mehr kann ich nicht geben«, sagte Abby, und ihre feste Stimme ließ keinen Zweifel, dass es mit ihr darüber hinaus kein Handeln gab.

Charles Dawson verzog das Gesicht. »So billig ist von den anderen keine davongekommen, aber ich will 'ne Ausnahme machen, weil du es bist. Hab irgendwie 'ne Schwäche für dich. Aber diesmal will ich das Geld sehen, bevor ich auch nur ein weiteres Wort über die Lippen bringe.«

Abby gab ihm die beiden Münzen. »Also, worum geht es?«

»Du bist jung und hübsch …«

Abby fuhr ihm ungehalten ins Wort. »Hören Sie auf damit! Sie wissen, dass Sie mich nicht dazu überreden können! Ich bin nicht wie Cleo! Ich habe Ihnen zwei Pennys gegeben und dafür wollten Sie mir etwas Wichtiges sagen und mehr will ich nicht hören!«

Charles Dawson lachte spöttisch auf. »Nicht so hitzig, Abby. Das war kein neuer Versuch, dich in meine Koje zu locken, sondern ich war schon dabei, dir den Gegenwert für deine zwei Pennys zu geben. So jung und hübsch zu sein wie du, das ist in New South Wales eine verdammt gefährliche Mischung – besonders wenn man frisch ankommt.«

»Ich verstehe nicht.«

»Kannst du auch nicht. Noch nicht. Aber gleich wirst du begreifen, wie gut du daran getan hast, mir zuzuhören. Also, in der Kolonie ist es so Sitte, dass sich die Herren Offiziere, die Bedarf an weiblicher Gesellschaft haben oder ihrer derzeitigen Geliebten überdrüssig sind, sich unter den neu ankommenden Sträflingen jemanden aussuchen«, sagte der Wärter mit gedämpfter Stimme. »Es ist also gut möglich, dass morgen, wenn wir im Hafen von Sydney vor Anker liegen, Offiziere zu uns an Bord kommen. Sie werden vorgeben, das ordnungsgemäße Ausschiffen der Sträflinge zu kontrollieren. Doch in Wirklichkeit wollen sie die Gelegenheit nutzen, um als Erste ihre Wahl zu treffen.«

»Ihre Wahl?«, echote Abby ungläubig. »Aber sie können doch nicht einfach ... ich meine, man hat uns zu sieben Jahren Verbannung verurteilt, aber doch nicht *dazu*!«

»Hier unten gelten andere Gesetze, Abby. Die Offiziere besitzen die uneingeschränkte Macht über die Deportierten. Sicherlich wird keiner offen sagen, dass er eine Geliebte sucht, sondern vorgeben, ein neues Hausmädchen zu brauchen. Und das kann er sich nehmen. Bist du aber erst mal im Haus eines Offiziers, gibt es kein Entrinnen. Du bist seiner Großzügigkeit oder seiner Grausamkeit hilflos ausgeliefert. Will er mehr von dir als Hausarbeit, dann bekommt er das auch, verlass dich drauf! Bist du nicht willig, nimmt er dich mit Gewalt und bricht dir deinen Willen.«

Abby war blass geworden.

»Nicht alle sind so, aber doch viele«, fuhr der Wärter weiter fort. »Und unter den Farmern gibt es auch genug Männer, die ihre Macht rücksichtslos ausnutzen. Und Macht haben sie, das sage ich dir. Vor allem, wenn sie mit Geld nach New South Wales gekommen sind. Doch die Offiziere sind für euch die Gefährlichsten, weil sie nicht zur Rechenschaft gezogen werden können und alle unter einer Decke stecken. Du weißt doch, dass eine Krähe der anderen kein Auge auskratzt. Aber es gibt eine Möglichkeit, das Ganze zu überstehen, ohne aufzufallen.«

»Und welche?«, fragte Abby begierig.

»Du musst hässlich und abstoßend aussehen. Und ich werde dir dabei helfen. Das ist im Preis mit drin.« Er lachte grimmig auf. »Der Teufel soll mich holen, wenn ein verdammter Offizier sich einfach nehmen kann, was ich in sieben Monaten trotz aller Mühen nicht bekommen habe!«

Fünftes Kapitel

Kaum kündigte sich der neue Tag an, als die *Kent* zu hektischem Leben erwachte. Der Gesang der Seeleute hatte auf der langen Reise nie fröhlicher und munterer geklungen als an diesem Morgen, als sie den schweren Anker einholten und die Segel setzten. Die Sonne, eine glutrote Scheibe, tauchte gerade aus der See auf, als der Bug des Schiffes herumschwang und auf die Zufahrt zuhielt.

Trotz der frühen Stunde waren die Passagiere ohne Ausnahme auf dem Achterdeck versammelt. Niemand wollte sich das Schauspiel, wie der Dreimaster in die Bucht von Sydney einlief, entgehen lassen.

»Sydney soll den schönsten Naturhafen der Welt haben«, sagte Jonathan Chandler.

»Mag sein, aber die Küste sieht nicht gerade sehr einladend aus«, meinte Andrew und wünschte, er hätte ein Fernglas, um Einzelheiten erkennen zu können.

Captain Winston navigierte sein Schiff sicher durch die Passage, der noch mehrere weite Buchten folgten, bis dann endlich die beiden weit rausragenden Landzungen auftauchten, die die Bucht von Sydney zu einem so geschützten Ankerplatz machten.

Wie ein langes V, das sich nach Süden hin schloss und in einen kleinen Fluss überging, schnitt die Bucht ins Land. Auf dem Westufer zeichneten sich mehrere markante Gebäude ab, so ein Fort und ein mehrstöckiges Gebäude aus rotem Ziegelstein. Auf dem Ostufer trat ein Haus besonders hervor, und das war die Residenz des derzeitigen Gouverneurs, Phillip Gidley King, der seit 1800 die Kolonie regierte – soweit das Offiziers-Corps es zuließ. In England hätte sich der Verwalter eines großen Gutes mit so einer Wohnstatt zufrieden gegeben, nicht jedoch eine so hoch gestellte Persönlichkeit wie ein Gouverneur. Doch in New South Wales galten andere Maßstäbe. Die Mehrzahl der öffentlichen Gebäude wie Getreidespeicher, Lagerhallen und Sträflingsunterkünfte und auch die Wohnhäuser, die sich zu beiden Seiten der Bucht drängten, waren von reichlich primitiver Bauweise. Sie bestanden vorwiegend aus einer Grundkonstruktion armdicker Äste, die mit einer dicken Schicht Lehm bedeckt waren. Wer ein Holzhaus besaß oder gar eins aus massivem Stein, konnte sich glücklich schätzen und gehörte schon zu den Bessergestellten. Hügeliges, teilweise bewaldetes Land, das die rotbraune Färbung lehmhaltiger Erde besaß, umschloss die erst siebzehn Jahre junge Siedlung. Mehrere Windmühlen auf Hügelkuppen am Rande von Sydney hoben sich mit ihren tuchbespannten Flügeln vom blauen Himmel ab.

»Habe ich es nicht gesagt!«, rief Andrew, als er die vertrauten Silhouetten der *Sirius* und *Calcutta* entdeckte, die zusammen mit einem Walfänger in der wirklich zauberhaften Bucht vor Anker lagen. »Die sind schon lange vor uns eingelaufen. Mindestens ein, zwei Wochen!«

»Was macht das jetzt noch für einen Unterschied«, meinte

Melvin gelassen. »Hauptsache, wir haben die lange Reise gut überstanden. Die Arbeit läuft uns schon nicht weg.«

Sarah zupfte ihren Vater am Rock. »Vati, ist das die Stadt, von der du erzählt hast?«

»Ja, das ist Sydney!«, sagte Jonathan Chandler irgendwie stolz.

»Von wegen Stadt! Das ist ein schäbiges Nest«, murmelte Andrew, der seine Befürchtungen bestätigt fand.

»Was hast du?«, fragte Melvin kopfschüttelnd. »Wir wollen doch nicht in Sydney oder Parramatta, dieser anderen Siedlung, leben, sondern draußen auf dem Land, wo wir uns eine große Farm aufbauen können. Versuch doch mal zur Abwechslung, den Dingen hier eine angenehme Seite abzugewinnen.«

Andrew atmete tief durch. »Ich werde mich bemühen, Bruderherz«, versprach er, fügte in Gedanken jedoch hinzu: »Aber wie ich das so sehe, wird mir das ganz schön schwer fallen!«

Die Segel wurden geborgen und dann klatschte der Anker ins klare Wasser der Bucht. Die *Kent* hatte ihr Ziel nach siebenmonatiger Überfahrt erreicht.

»Ich habe mit Captain Winston eine Übereinkunft getroffen«, unterrichtete Jonathan Chandler seine Kinder, als sie sich in seiner Kabine versammelten, um den Ablauf der nächsten Tage zu besprechen. »Mit Hotels und Pensionen ist es in Sydney nicht gut bestellt. Die wenigen guten Unterkünfte werden von den Passagieren der *Sirius* und *Calcutta* belegt sein, meint der Captain, und in die anderen in den ›Rocks‹ kann man ein Kind wie Sarah guten Gewissens nicht mitnehmen.«

Andrew warf seinem Bruder einen bedeutungsvollen Blick zu und fragte: »Die Rocks? Was sind die Rocks?«

Jonathan Chandler zögerte mit einem Blick auf die fünfjährige Sarah. »Das ist … äh … das Lasterviertel drüben auf dem Westufer beim Fort. Auf dem felsigen Grund soll eine Rum-Spelunke neben der anderen stehen und was sich sonst noch alles im Dunstbereich des Lasters niederlässt.«

»Wir bleiben also vorerst noch an Bord«, stellte Melvin fest.

Sein Vater nickte. »Ja, das wird die beste Lösung sein. Allein die Formalitäten mit der Landvergabe werden einige Tage in Anspruch nehmen. Doch zuvor müssen wir uns ja auch noch umsehen, wo wir uns niederlassen wollen. Dafür müssen wir auch mehrere Tage veranschlagen.«

»Und wie sieht es mit Arbeitskräften aus?«, wollte Andrew wissen. »Werden uns welche zugeteilt oder sind wir da draußen ganz auf uns allein gestellt?«

»Ich bin sicher, dass wir ein halbes Dutzend Sträflinge erhalten werden. Das meint auch Lieutenant Glennwick«, sagte Jonathan Chandler.

Seine Söhne sahen ihn überrascht an und Melvin fragte: »Seit wann stehst du dich mit ihm gut?«

Ihr Vater lachte belustigt. »Seit gestern. Wir saßen gestern Nacht noch zusammen, der Captain, sein Erster und eben auch der Lieutenant. Das Gespräch kam natürlich zwangsläufig auf Land- und Arbeitszuteilung, und da erwähnte ich das Empfehlungsschreiben an Gouverneur King, das Sir James mir mitgegeben hat.«

»Das war ja auch das Mindeste, was dieser Mistkerl für dich tun konnte!«, hätte Andrew beinahe gesagt, verkniff sich diese respektlose Bemerkung jedoch. Sir James, ein äußerst vermögender und einflussreicher Mann, war einer ihrer Nachbarn in Devon gewesen, mit denen ihr Vater unzählige Nächte am Spieltisch verbracht hatte. Sir James war es dann auch gewesen, der ihr letztlich hoch verschuldetes Gut aufgekauft hatte. Dieses Empfehlungsschreiben war so gesehen nicht mal ein Almosen gewesen, sondern blanker Hohn – fand Andrew.

»Lieutenant Glennwick schien davon sehr beeindruckt«, fuhr Jonathan Chandler schmunzelnd fort. »Auf jeden Fall war er wie verwandelt. Er glaubt jetzt wohl, wir besäßen beachtlichen Einfluss. Nun, schaden kann es ja nicht, und ich glaube schon, dass uns dieser Empfehlungsbrief vor längeren Verzögerungen bewahren wird. Aber eine gute Portion Geduld und Zuversicht werden wir alle dennoch gut gebrauchen können.«

Dieser letzte Satz war ganz besonders an die Adresse von Andrew gerichtet, was der Blick, mit dem Jonathan Chandler seine Worte begleitete, unmissverständlich klar machte.

Andrew blickte verlegen weg.

»Und was wird mit den Tieren?«, fragte Melvin und wechselte damit geschickt das Thema. Im Gegensatz zu vielen anderen freien Siedlern, die kaum mehr als das Geld für die Überfahrt und ein paar hauswirtschaftliche und landwirtschaftliche Gerätschaften aufbringen konnten, waren sie finanziell noch so gut gestellt gewesen, dass sie im holländischen Kapstadt den Grundstock für eine Tierzucht hatten einkaufen können: ein Dutzend Schafe, einen prächtigen Bock, zwei Kühe, einen jungen Stier, zwei Ochsen und sogar noch drei Pferde. Das mit den Pferden war ein Rat von Captain Winston gewesen, denn er wusste, wie wertvoll ein gutes Pferd in der Kolonie war. Wenn diese paar Tiere im Vergleich zu dem, was sie in Devon besessen hatten, auch ärmlich wirkten, in der Kolonie stellten sie für den Anfang einen überaus soliden Tierbestand dar, um den sie so manch einer beneiden würde.

»Die Tiere bleiben vorerst auch an Bord«, antwortete Jonathan Chandler. »Gott sei Dank haben sie die Überfahrt ja gut überstanden.«

»Aber es wird da unten im Laderaum jetzt ganz schön heiß«, wandte Melvin ein. Es war jetzt noch früher Vormittag, doch sie alle spürten, dass es ein heißer Tag werden würde. Die Sommermonate in New South Wales waren für ihre sengende Sonne bekannt, wie sie gehört hatten.

»Besser das, als wenn wir sie an Land der Obhut unbekannter Leute überlassen müssen. Ich habe mir sagen lassen, dass Vieh schnell abhanden kommt, wenn man nicht ein gutes Auge auf seine Vierbeiner hält«, sagte sein Vater. »Im Augenblick haben sie hier an Bord noch die beste Pflege.«

»Ja, mag sein«, sagte Melvin.

»Weißt du überhaupt schon, wo wir siedeln werden?«, fragte Andrew.

»In der Gegend um Parramatta, das ist mit dem Boot ein paar Stunden von Sydney entfernt, soll es gutes Land geben«, sagte Jonathan Chandler nachdenklich. »Aber Captain Winston meint, dass das Land noch weiter im Nordwesten, am Hawkesbury River, noch fruchtbarer ist und ein Siedler bessere Möglichkeiten hat, sich auszubreiten. Nun, wir werden uns alles anschauen und dann unsere Entscheidung treffen.«

»Und wann gehen wir an Land?« Melvin drängte es wie wohl jeden an Bord, endlich einmal wieder festen Boden unter die Füße zu bekommen und sich in Sydney ein wenig umzusehen.

»Schon bald«, beruhigte ihn sein Vater, dem es nicht anders erging. »Ich habe schon alles geregelt. Ein Ruderboot wird uns an Land bringen.«

»Kann ich auch mitkommen?«, fragte Sarah aufgeregt.

Jonathan fuhr seiner Tochter zärtlich über das blonde Haar. »Aber natürlich, mein Kind. Wir lassen dich hier doch nicht allein zurück. Wir gehen alle zusammen auf große Entdeckungsreise.« Unternehmungslustig und so aufgekratzt, wie seine Kinder ihn schon lange nicht mehr erlebt hatten, blickte er in die Runde. »Ich sage euch, an diesen Tag werden wir später noch so manches Mal zurückdenken, wenn wir die ersten Schwierigkeiten erst einmal überwunden und unsere Farm, wo immer sie auch sein mag, aufgebaut haben!«

Andrew nickte. Er hegte keinen Zweifel, dass das der Fall sein würde. Nur fragte er sich, mit welcher Art von Gefühlen sie das tun würden.

Sechstes Kapitel

Wie sehr sich Captain Winston über jeden Passagier freute, der gegen gutes Geld die *Kent* auch weiterhin als sein Logis auserkoren hatte, so eilig hatte er es, die Sträflinge von Bord zu bekommen. Die Admiralität hatte der East India Company für jeden Deportierten eine pauschale Summe gezahlt, die näher bei fünfzehn als bei zwanzig Pfund lag. Jeder Tag, den sie also länger als nötig an Bord waren, schmälerte den sowieso schon kargen Profit. Und so hatte er die Anweisung erhalten, sich der menschlichen Fracht so schnell wie möglich zu entledigen, sobald sie Sydney erreicht hatten.

Deshalb war er froh, dass der Kutter mit dem Beauftragten des Gouverneurs schon längsseits ging, kaum dass die *Kent* eine Stunde vor Anker lag. Mit dem Beauftragten kam auch ein Offizier vom New South Wales Corps an Bord, Captain Trenton, ein stämmiger Mann mit schon lichtem Haar und einem etwas aufgedunsenen Gesicht. Captain Winston war froh, diesen beiden Männern zusammen mit Lieutenant Glennwick die Ausschiffung der Sträflinge überlassen zu können. Er hatte genügend andere Arbeiten zu erledigen.

Abby, Megan, Rachel und ihre Leidensgefährtinnen waren trotz aller Befürchtungen nicht minder begierig, endlich das enge, stickige Quartier verlassen und sich mit eigenen Augen das Land anschauen zu können, das von nun an ihre Zwangsheimat war. Denn keiner glaubte daran, jemals England wiederzusehen.

»Alles an Deck!«, schallte endlich der Befehl, auf den sie alle seit dem Morgengrauen mit einer Mischung aus Bangen und zaghafter Hoffnung gewartet hatten, durch die Unterkunft.

Als Abby die Gittertür passierte und an Charles Dawson vorbeikam, hielt der Wärter sie kurz am Arm fest. Er musterte sie, nickte kaum merklich und raunte ihr zu: »Viel Glück! Und halt den Kopf unten! Es ist einer von ihnen an Bord gekommen, wie ich es geahnt habe.«

Als sie an Deck trat, tat sie, wie Charles ihr aufgetragen hatte. Sie fühlte sich so, wie sie aussah – abscheulich. Ihr Haar war wie ihr Kleid mit Teer verschmiert und hing ihr weit ins Gesicht, in das sie sich Dreck geschmiert hatte. Der Geschmack, den sie von dem Korkenruß im Mund hatte, mit dem sie sich die Zähne teilweise geschwärzt hatte, war so grässlich, dass sie sich am liebsten erbrochen hätte.

»Wir sehen aus wie das verkommenste Gesindel aus der Gin Lane in London«, zischte Rachel, die nicht weniger abstoßend aussah, denn Abby hatte ihr Wissen selbstverständlich mit ihr und Megan geteilt.

»Hauptsache, es wirkt«, antwortete Abby leise.

»Das werden wir ja gleich sehen«, meinte Megan. »Da drüben steht der verdammte Rotrock!«

Abby wagte einen schnellen Blick in die Richtung, in die Megan mit dem Kopf gedeutet hatte. Sie sah den stämmigen Offizier in der leuchtend roten Uniform mit den glitzernden Epauletten. Die Arme auf dem Rücken verschränkt und leicht auf den Fußspitzen wippend, stand er bei der Mittschiffspforte, wo die Sträflinge über eine Strickleiter von Bord der *Kent* in den Kutter kletterten. Aufmerksam musterte er die Frauen, die langsam an ihm vorbeikamen. Dann und wann ließ er eine aus der Schlange treten, taxierte sie wie ein Händler ein Tier auf dem Viehmarkt und sprach mit ihr. Was er sprach, konnte sie jedoch nicht verstehen.

Langsam rückte die lange Schlange vor. Es standen noch vier Frauen vor Abby, als jemand aus dem Kutter hochschrie, dass das Boot voll sei.

»So ein Mist!«, zischte Rachel. »Warum konnten wir nicht bei der ersten Fuhre sein. Jetzt müssen wir hier warten, bis der verdammte Kahn zurückkommt!«

Abby hielt den Kopf gesenkt, während Megan einen keuchenden Atem vortäuschte, als Captain Trenton nun langsam die Reihe abschritt. Sie verkrampfte sich, als er auf ihrer Höhe war. Doch er schenkte ihr nicht mehr als einen flüchtigen Blick und ging weiter.

Wäre der Kutter nicht voll gewesen, wäre Abby schon längst im Boot gewesen, als Captain Trenton wieder zurückkam. Er hatte viel Zeit, die Frauen zu mustern. Und plötzlich blieb sein Blick an Abby haften. Er furchte die Stirn, als wäre ihm etwas aufgefallen. »Du da! Komm mal her zu mir!«, forderte er sie auf und zeigte auf sie.

Abby tat, als wüsste sie nicht, dass sie gemeint war. Sie hielt den Kopf weiterhin zu Boden gesenkt. Ihr Magen zog sich zusammen, und inständig betete sie, dass er vielleicht jemand anders gemeint hatte. Doch ihre Hoffnung zerrann schon im nächsten Moment.

»Corporal! … Bringen Sie mir das Mädchen da! Das fünfte von Ihnen aus!«, befahl er dem Soldaten, der neben der Pforte stand.

Dienstbeflissen beeilte sich der Corporal, den Befehl des Captain auszuführen. Er packte Abby grob am Arm und zog sie aus der Schlange in den Schatten neben dem Treppenaufgang zum Achterdeck. »Der Sträfling, Sir!«, sagte der Soldat nur, stand kurz stramm und entfernte sich auf die Handbewegung von Captain Trenton rasch wieder.

Abby stand wie ein Häuflein Elend vor dem Offizier.

»Wie heißt du?«

»Abby«, flüsterte sie. »Abby Lynn.«

»Abby Lynn, *Sir*!«, korrigierte sie der Captain.

Sie schluckte. »Abby Lynn, Sir.«

»Schon besser. Und nun heb den Kopf. Außer Haaren sehe ich ja nichts von dir.«

Abby zögerte, wusste jedoch, dass es sinnlos war, der Aufforderung nicht nachkommen zu wollen, und hob den Kopf, mit niedergeschlagenen Augen, jedoch mit etwas geöffnetem Mund, damit ihre scheinbar schwarzen, verrotteten Zähne nicht unbemerkt blieben.

Doch diese Sorge hätte sich Abby nicht zu machen brauchen. Captain Trentons Aufmerksamkeit entging nichts. Ganz im Gegenteil. Wie sich herausstellte, war er ein viel zu scharfer Beobachter.

»Du siehst aus, als hätte man dich durch ein Teerfass gezogen, nachdem du drei Wochen in der Bilge verbracht hast«, sagte er spöttisch.

Abby schwieg. Was hätte sie auch sagen können?

»Streich dir mal die Haare aus dem Gesicht!«, forderte er sie auf.

Sie gehorchte.

»Und jetzt mach den Mund auf.«

»Warum – Sir?«

»Weil es zu meinen Aufgaben gehört, mich von der Gesundheit der Sträflinge zu überzeugen. Und nun tu, was ich dir gesagt habe! Ich will deine Zähne sehen!«

Abby kam sich entsetzlich erniedrigt vor, als der Offizier sich nun ihre geschwärzten Zähne ansah und dann kurz mit dem Zeigefinger ein wenig Korkenruß abwischte.

»So, so, Korkenruß. Gar nicht mal so dumm«, sagte er mit einem spöttischen Lächeln, als hätte er soeben eine Vermutung bestätigt gefunden. »Eine merkwürdige Art von Zahnpflege, oder hat der Ruß vielleicht eine andere Bewandtnis?«

»Ich … ich … weiß nicht, was Sie meinen, Sir«, stellte sich Abby dumm, wusste jedoch, dass der Offizier sie längst durchschaut hatte.

»Wie könntest du auch«, erwiderte Captain Trenton, dem die Sache großen Spaß zu bereiten schien. »Ich denke, Wasser, Seife und ein neues Kleid werden bei dir wahre Wunder wirken, Abby.«

»Darf ich jetzt zurücktreten?«, bat Abby inständig.

»Nein!«, sagte Captain Trenton scharf, um seiner Stimme im nächsten Moment einen freundlichen, fast einschmeichelnden Klang zu geben: »Ich suche ein Mädchen für mein Haus, und mir scheint, dass du für diese Stelle bestens geeignet sein könntest.«

»Das ehrt mich sehr, Sir«, zwang sich Abby zu antworten. »Doch ich glaube nicht, dass Sie mit mir zufrieden sein würden, Sir.«

»Da bin ich anderer Meinung.«

»Ich verstehe von den Arbeiten eines Hausmädchens nichts, Sir!«, beteuerte Abby.

»Das wirst du schnell lernen. Es sind wirklich leichte Arbeiten. Und wenn du meinen ... Wünschen ein wenig entgegenkommst, wird es dein Schaden sicherlich nicht sein. Ich brauche dir ja nicht zu sagen, dass ich in meiner Position Möglichkeiten habe, dir das Leben in der Kolonie nicht nur erträglich, sondern geradezu angenehm zu machen«, sagte er mit gedämpfter Stimme.

»Ich danke Ihnen sehr für Ihr großzügiges Angebot, aber ich kann wirklich nicht, Sir!«, blieb Abby fest. »Ich bin für diese ... Aufgabe bestimmt die falsche Person.«

Er kniff die Augen zusammen. »Verdammt noch mal, du kapierst offenbar immer noch nicht, was ich dir da anbiete! Weißt du überhaupt, was es heißt, bei dieser Hitze irgendwo auf Feldern schuften zu müssen, bis dir die Knochen im Leib schmerzen? Die verdammte Sonne wird dir die Haut verbrennen, und die Mücken werden ein Übriges tun, um dir das Leben zu vergällen. Bei mir dagegen wirst du dich nicht plagen müssen. Also überleg es dir gut!«

»Arbeit auf den Feldern scheue ich nicht, Sir.«

»Hör zu«, zischte er. »Ich brauch dich eigentlich überhaupt nicht zu fragen. Wenn ich dich in meinem Haus haben möchte, dann gebe ich einfach den Befehl dazu, hast du mich verstanden? Doch wenn du von dir aus ...«

»Entschuldigen Sie, Captain«, unterbrach ihn in diesem Moment Jonathan Chandler. Als der Kutter von der *Kent* abgelegt hatte, war er mit seinen Kindern gerade an Deck gekommen, um sich an Land rudern zu lassen. Er hatte bemerkt, was sich mittschiffs zwischen dem Captain und dem Sträflingsmädchen abspielte, das er beinahe nicht wieder erkannt hätte. Und er hatte schnell begriffen, um was es dem Offizier ging, auch wenn er den Wortwechsel vom Achterdeck aus nicht hatte verstehen können. Die Angst im Gesicht des Mädchens sagte ihm genug. Und nach einem kurzen Moment des Zögerns war er die Treppe hinuntergeeilt.

Captain Trenton drehte sich abrupt um. »Ja, bitte?«, fragte er ungehalten über die Störung.

»Jonathan Chandler«, stellte sich der Siedler höflich vor. »Mir scheint, Sie bemühen sich um dieses Mädchen hier.«

»Richtig. Ich bin hier, um mir ein neues Hausmädchen auszusuchen. Aber ich wüsste nicht, was Sie das interessieren könnte, Mister Chandler!«

»Im Prinzip nichts, Captain«, räumte Jonathan Chandler zuvorkommend ein. »Und es wäre mir auch nie eingefallen, Sie zu belästigen, wenn Sie nicht zufällig das Mädchen angesprochen hätten, das *ich* schon ins Auge gefasst habe! Ich wäre Ihnen deshalb überaus dankbar, wenn Sie Ihre Aufmerksamkeit einer anderen Frau schenken würden!«

Abby sah den Siedler genauso verdutzt an wie der Captain.

»Ich bin sicher, dass Sie unter den Sträflingen mehrere finden können, die Ihren Anforderungen vollauf entsprechen«, fuhr der Siedler ungerührt fort, »während mir das bedeutend schwerer fallen würde.«

»Wieso?«, fragte Captain Trenton gereizt.

»Weil dieses Mädchen Abby schreiben und lesen kann und sich daher bestens dafür eignet, mir bei der Erziehung und Beaufsichtigung meiner fünfjährigen Tochter zur Hand zu gehen«, erklärte Jonathan Chandler freundlich.

Der Offizier war einen Augenblick sprachlos. »Stimmt das?«, fragte er Abby dann.

»Ja, Sir«, murmelte sie.

Captain Trenton wandte sich wieder dem Siedler zu. Als er über dessen Schulter blickte, sah er Lieutenant Glennwick die Treppe hinunterkommen, gefolgt von zwei jungen Männern, die unschwer als die Söhne des Siedlers zu erkennen waren. Sie traten näher, hielten jedoch einen Abstand, den die Höflichkeit gebot.

Dem Offizier passte die Aufmerksamkeit, die er erregt hatte, gar nicht. Andererseits wollte er auch das Mädchen nicht einfach so aufgeben. »Wie dem auch sei, Mister Chandler, aber das gibt Ihnen wohl kaum das Recht, schon hier an Bord Ihre Wahl zu treffen!«

Jonathan Chandler versteifte sich. »Bei allem Respekt, Captain, möchte ich Sie darauf hinweisen, dass man uns freien Siedlern beim Kolonialamt in London versichert hat, uns jede mögliche Unterstützung hier in der Kolonie zukommen zu lassen. Es liegt mir fern, mich mit Ihnen streiten zu wollen, doch wenn Sie der Ansicht sind, meine Argumente wären nicht stichhaltig genug, bin ich gern bereit, die Entscheidung von höherer Stelle treffen zu lassen. Ich bin sowieso auf dem Weg zum Gouverneur, um ihm meine Aufwartung zu machen und ihm Post aus der Heimat zu überbringen.«

Captain Trenton zögerte sichtlich und blickte zu Lieutenant Glennwick hinüber, der stumm mit dem Kopf schüttelte. Er verzog das Gesicht. »Das wird nicht nötig sein«, sagte er grimmig und hatte Mühe, seinen Ärger zu verbergen. »Ihr Eingreifen hat mich einfach überrascht, nichts weiter. Mir liegt an diesem Mädchen nicht mehr und nicht weniger als an jedem anderen dieser Brut. Einen guten Tag, Mister Chandler!« Abrupt wandte er sich ab und entfernte sich.

Abby sah den Siedler mit dankbarem Blick an, wusste aber nicht, was sie sagen sollte.

»Bist du bereit, diese Aufgabe zu übernehmen?«, fragte Jonathan Chandler mit gedämpfter Stimme.

»Gern, Sir.«

»Aber du wirst nicht nur Kindermädchen für Sarah sein, sondern natürlich auch auf den Feldern und Äckern arbeiten müssen, denn ich beabsichtige, mich als Farmer niederzulassen, und da wird jede Hand gebraucht«, informierte er sie.

»Mir ist jede Arbeit recht«, versicherte sie, »jede anständige.«

Er nickte ihr aufmunternd zu. »Es kann noch etwas dauern, bis ich dich holen lasse, Abby. Aber ich werde gleich veranlassen, dass du niemand anderem zugeteilt wirst.«

»Danke, Mister Chandler«, sagte sie mit einem zaghaften Lächeln, das ihre Unsicherheit widerspiegelte.

»Doch ich halte auf Sauberkeit!«, fügte der Siedler hinzu. »Sieh also zu, dass du deine Kleider sauber bekommst und auch sonst ordentlich aussiehst.«

»Ja, Mister Chandler.« Als sie sich umdrehte, um sich wieder in die Reihe einzuordnen, hörte sie, wie der jüngere der beiden Söhne ungehalten sagte: »Warum hast du dich bloß wegen eines verlotterten Sträflingsmädchens mit diesem Captain angelegt, Vater? Das ist die doch gar nicht wert.«

Die Worte versetzten ihr einen Stich und unwillkürlich drehte sie sich um. Andrew Chandler bemerkte es und schaute zu ihr.

Ihre Blicke trafen sich. Einen langen Augenblick schauten sie sich in die Augen. Abby hielt seinem Blick stand. Es war Andrew, der schließlich wegsah.

Siebtes Kapitel

Die Sträflinge wurden auf dem Ostufer der Bucht in einem provisorischen Camp aus Zelten untergebracht. Abby, Megan und Rachel sowie fünfzig andere blieben dort jedoch nur eine Nacht. Am nächsten Morgen wurden sie unter Bewachung von Marineinfanteristen durch Sydney zur regierungseigenen Anlegestelle geführt.

»Wir werden in eine andere Siedlung verlegt«, sagte Rachel, als sie die staubigen Straßen hinuntergingen.

»Weißt du auch, wohin?«, fragte Megan und schluckte, als sie an einer Bäckerei vorbeikamen, aus der herrliche Düfte zu ihnen auf die Straße drangen.

»Nach Parramatta«, sagte Rachel, die Gelegenheit gehabt hatte, mit einem Soldaten zu sprechen, der freundlich genug gewesen war, ihre Fragen zu beantworten. »Das ist die zweitgrößte Siedlung der Kolonie. Es gibt da ein richtiges Frauengefängnis, das sie *Factory* nennen.«

»Fabrik?«, fragte Abby verwundert.

»Ja, es gibt da wohl eine Tuchweberei und andere Werkstätten, in denen wir arbeiten müssen«, erklärte Rachel.

Megan zuckte mit den Achseln. »Immer noch besser, als bei dieser Hitze unter freier Sonne schuften zu müssen.«

»Sie bringen uns mit dem Boot dorthin«, fuhr Rachel fort. »Es ist eine Fahrt von ein paar Stunden. Parramatta soll kein so übler Ort sein. Nicht so drückend schwül wie hier. Deshalb hat der Gouverneur da auch seine Sommerresidenz.«

»Vielleicht lädt er uns mal zum Tee ein«, spottete Megan.

»Er soll uns nur rechtzeitig Bescheid geben, damit ich mich noch mit meiner Schneiderin absprechen kann«, nahm Rachel den grimmigen Scherz auf.

Abby nahm an dem spöttischen Gespräch nicht teil. Sie war

mit den Gedanken bei Mister Chandler und dem Versprechen, das er ihr gegeben hatte. Sie hoffte inständig, dass er Wort hielt und sich nicht von seinen Söhnen bereden ließ, die sein Eingreifen am gestrigen Tag offensichtlich nicht gebilligt hatten. Das kleine Mädchen zu beaufsichtigen und auf den Feldern zu arbeiten, erschien ihr nach den schrecklichen Erlebnissen des vergangenen Jahres wie ein gnädiges Schicksal.

»Ich werde mich wohl gedulden müssen. Er hat gesagt, dass es dauern kann, bis er mich holen lässt«, beruhigte sie sich selbst.

Mit offenen Augen sah sie sich um, während sie hinunter zum Hafen zogen. Man schenkte ihnen keine sonderlich große Aufmerksamkeit. Sträflinge in kleinen oder auch großen Gruppen gehörten zum Alltagsbild der jungen Stadt, die ihr jetzt aus nächster Betrachtung gar nicht mehr so klein erschien wie gestern vom Schiff aus. Überall wurde gebaut, neue Häuser aus Ziegelstein errichtet, Lagerhallen hochgezogen und in Gärten gearbeitet. Es herrschte ein geschäftiges Treiben. Fuhrwerke rumpelten über die Straßen und zogen Staubwolken hinter sich her, die wie Rauchfahnen hoch in den klaren Himmel stiegen.

Auch am Hafen ging es hoch her. Lautes Hämmern drang aus mehreren Bootsschuppen. Eine Gruppe männlicher Sträflinge schleppte schwere Säcke und Kisten, die vermutlich aus dem Bauch der *Kent* kamen, in Vorratsschuppen, die von bewaffneten Marineinfanteristen bewacht wurden. Andere wieder besserten die Kaimauer aus. Auf der anderen Seite der Bucht lagen mehrere Fischerboote vertäut.

Die Schaluppe, die sie nach Parramatta bringen sollte, wartete schon auf sie. Sie mussten sich an Deck dicht zusammendrängen, damit auch alle mitkamen. Abby hatte das Glück, zusammen mit ihren Freundinnen einen einigermaßen günstigen Platz an der Reling zu ergattern, wo sie sich anlehnen konnten und ein wenig Schatten hatten.

Endlich wurden die Leinen losgeworfen und das Boot nahm

Kurs auf Parramatta. Die Landschaft, die sie während der nächsten Stunden passierten, war auf exotische Art reizvoll. Noch nie hatte sie Palmen gesehen oder diese seltsamen Bäume, die hoch aufragten und deren Stämme wie aufgeplatzt aussahen. Die Borke hing in langen grauen Streifen herab und grau schimmerten auch die langen Blätter. Es gab auch einige, deren Laubkleid feuerrot leuchtete. Ein merkwürdiger, intensiver Geruch ging von ihnen aus, und später erfuhr sie, dass es sich dabei um Eukalyptusbäume handelte, die in vielen verschiedenen Arten den Großteil der Wälder von New South Wales ausmachten. Einmal sahen sie zwei schlanke, graue Tiere zwischen Dornengestrüpp. Es waren Dingos, Wildhunde, die schon im nächsten Moment wieder mit dem Dickicht verschmolzen.

Da der Wind immer wieder mal einschlief, gelangte das Boot nur langsam voran. Die Sonne hatte ihren Zenit schon überschritten, als Parramatta endlich hinter einer Flussbiegung auftauchte.

Diese Siedlung unterschied sich sehr von Sydney, das sah man schon auf den ersten Blick. Dass sie besser geplant und angelegt worden war als ihre größere Schwester weiter flussabwärts, war augenfällig.

Parramatta umschloss in einem sanft geschwungenen Halbkreis einen großen Hügel, auf dessen Kuppe sich die ansehnliche Sommerresidenz des Gouverneurs erhob. Das frische Grün der Weinberge und der in Terrassen angelegten Gärten, die die Hügelhänge überzogen, stach ins Auge und verriet, dass die Siedlung keinen Mangel an gutem Wasser hatte. Dutzende primitiver Lehmhütten, die Unterkünfte der Sträflinge, bildeten wie mit dem Lineal gezogene Wohnreihen. Die Häuser der Soldaten sowie der begnadigten und freien Siedler sahen stabiler und ansprechender aus. Es gab auch schon zahlreiche Gebäude aus Ziegelstein. Dazwischen erhoben sich Kornspeicher und Lagerhallen wie in Sydney. Am Ufer erstreckten sich weitere Schuppen und kleine Bootswerften. Weite fruchtbare Felder und Äcker umschlossen Parramatta, so weit das Auge blicken konnte.

Das Frauengefängnis, die *Factory*, war mit einem Gefängnis in England nicht zu vergleichen. Kein massives, Angst einflößendes Gebäude mit schweren Gittern, sondern ein unansehnlicher Bau, der aus mehreren Trakten bestand. Der neuere Teil der *Factory* war schon aus Ziegelsteinen errichtet worden, doch alle anderen Trakte bestanden aus primitiven Bretterkonstruktionen oder waren aus geflochtenen Ästen und Lehm gebaut worden. Zeltplanen und Palmwedel mussten hier als Dächer herreichen.

»Eine verdammt windschiefe Bruchbude«, urteilte Rachel, als sie in den Innenhof und dann in ihre Quartiere geführt wurden. Gut zwanzig Frauen teilten sich einen Raum, der nur ein kleines Fenster besaß und dessen Boden einfach nur aus festgetretener Erde bestand. Doch immerhin hatte jeder sein eigenes Bett und einen gut gefüllten Strohsack, der mit Eukalyptusblättern gefüllt war und dementsprechend duftete.

Noch am selben Tag wurden sie den verschiedenen Werkstätten und Arbeitskommandos zugeteilt. Es gab eine Korbbinderei, eine Spinnerei mit einer angeschlossenen Weberei für einfache Stoffe sowie eine Töpferwerkstatt. Arbeit gab es auch im Küchenhaus und im gefängniseigenen Gemüsegarten. Abby, Rachel und Megan konnten es so einrichten, dass sie zusammen der Korbbinderei zugeteilt wurden.

In der ersten Nacht konnte Abby nicht einschlafen, obwohl sie todmüde war. Es war noch immer heiß, denn die Erde gab die tagsüber gespeicherte Hitze wieder ab. Dazu kamen die fremden Gerüche und Geräusche. Und immer wieder wanderten ihre Gedanken zu Jonathan Chandler. Würde er sein Wort halten? Und wenn ja, wann würde er sie holen?

Achtes Kapitel

Na, endlich! Ich dachte schon, die wollten uns heute gar keine Atempause mehr gönnen«, seufzte Rachel erlöst, als die Glocke im Hof erklang und die Mittagspause einläutete.

»Ja, so lang wie heute ist mir auch noch kein Tag vorgekommen«, pflichtete Abby ihr bei und nahm den Korb, an dem sie gearbeitet hatte, vom Schoß. Sie war stolz auf ihre Arbeit. Dieser war ihr wirklich gut gelungen. Endlich einmal ein Korb, an dem auch Mary, die Aufseherin der Werkstatt, nichts zu bemäkeln finden würde. Das war ein gutes Gefühl und machte es leichter, die Schmerzen in Rücken und Händen zu ertragen. Denn das stundenlange Flechten und Binden war harte, anstrengende Arbeit. Besonders, wenn die Sonne so unerträglich vom Himmel brannte wie in diesen letzten Januartagen.

»Wenn es doch nur nicht so heiß wäre«, meinte Megan, wischte sich mit dem Handrücken den Schweiß von der Stirn und biss von dem Fladenbrot, das am Morgen ausgeteilt worden war, ein Stück ab. Sie kaute lustlos, großen Hunger hatte keine von den Frauen, dafür aber Durst.

»Ich hole was zu trinken«, sagte Abby, erhob sich von ihrem Hocker, streckte ihren schmerzenden Rücken und nahm die Trinkbecher von Rachel und Megan mit, um sie mit Tee aus der großen Kanne zu füllen, die vorn bei der Tür zum Hof auf dem Tisch der Aufseherin stand. Die Luft flirrte über dem sandigen Boden, als sie kurz auf den Hof hinaussah.

Sie kehrte mit den vollen Bechern zu Rachel und Megan zurück und genoss den Tee, der zwar lauwarm war, den Durst jedoch gut löschte.

Eine Frau aus der benachbarten Spinnerei kam zu ihnen in die Werkstatt und rief schon in der Tür: »Morgen geht es hier rund! Die Männer kommen!«

»Es gibt also endlich wieder einen Heiratsmarkt?«, stieß eine der Korbbinderinnen aufgeregt hervor.

»Ja, gleich morgen in der Früh!«, bestätigte die Frau aus der Spinnerei. »Ich hab es vom alten Stevenson und der musste es ja wohl wissen!«

Im Handumdrehen redete alles wild durcheinander. Die Frauen waren regelrecht aus dem Häuschen. Sogar Rachel und Megan zeigten reges Interesse.

Abby nippte an ihrem Tee, während sie den Gesprächen um sich herum zuhörte, ohne sich jedoch daran zu beteiligen. Sie waren jetzt schon über drei Wochen im Frauengefängnis, und in diesen arbeitsreichen, heißen Wochen hatte sie viel über die Kolonie und ihre Eigenheiten erfahren. Auch über den Heiratsmarkt, den die Frauen in der *Factory* spöttisch *Fleischbeschau* nannten, und das wohl nicht ohne Grund.

In New South Wales herrschte vom Tag der Gründung an ein erheblicher Mangel an Frauen, ganz besonders aber an *heiratswilligen* Frauen. Daran hatte sich in den siebzehn Jahren nichts geändert. Es hieß, dass auf eine Frau mindestens vier Männer kamen. Erschwerend war außerdem, dass viele Siedler, die sich eine Frau wünschten, um eine Familie zu gründen, weit ab von der nächsten größeren Siedlung wohnten. Sie hatten weder Zeit noch Gelegenheit, sich eine Frau zu suchen.

Aus diesen Gründen gab es in unregelmäßigen Abständen einen Heiratsmarkt im Frauengefängnis von Parramatta. Meist nachdem ein Schiff neue Sträflinge in die Kolonie gebracht hatte. Wer eine Frau suchte, fand sich an diesem Tag in der *Factory* ein und sah sich unter denjenigen Frauen um, die zu heiraten gewillt waren. Es war eine recht nüchterne, sachliche Angelegenheit, wie Abby gehört hatte, bei der niemand von Gefühlen sprach. Es ging ausschließlich darum, einen Schicksalsgefährten zu finden, um die Zukunft besser bestehen zu können. Daher versuchte jeder, sich so gut wie möglich an den Mann zu bringen.

Wer einen freien Siedler für sich gewinnen konnte, denn auch die fanden sich an diesen seltenen Tagen im Jahr ein, wenn auch in geringer Anzahl, der konnte sich glücklich schätzen und wurde von den anderen Frauen beneidet. Denn dann war mit einer Begnadigung sehr schnell zu rechnen. Ein Emanzipist mit einer guten Farm oder einem Handwerk, das eine Familie ernähren konnte, war die zweitbeste Wahl. Emanzipist war jeder ehemalige Sträfling, der seine Strafe verbüßt hatte oder vorher schon begnadigt worden war. Die schlechtesten Aussichten hatten die Männer, die nur einen *ticket-of-leave*-Schein vorweisen konnten, also auf Bewährung auf freiem Fuß waren.

»Hoffentlich krieg ich diesmal einen ab«, hörte Abby eine Frau sagen, die wenig ansprechend aussah und zudem noch faulige Zähne hatte. »Das letzte Mal hätte es fast geklappt. Ein kräftiger Kerl mit einer Farm in Windsor. Wir waren uns schon fast einig gewesen, als Beth, dieses dreckige Flittchen, mir die Suppe versalzen und ihm schöne Augen gemacht hat. Da hat er mich sitzen lassen und Beth genommen.«

»Wirst schon einen finden«, tröstete sie jemand.

»Ja, wenn die Beschau mal bei völliger Dunkelheit stattfindet«, höhnte eine Stimme.

»Schau doch selbst mal in den Spiegel, wenn du dich traust, dein eigenes Abbild zu ertragen!«, geiferte die Frau zurück, und fast wäre es zu Handgreiflichkeiten gekommen.

»Was hältst du vom Heiratsmarkt morgen?«, fragte Rachel zu Megan gewandt. »Du bist jung und hübsch und hast bestimmt gute Chancen.«

»Ich weiß nicht«, sagte Megan nachdenklich. »Mit einem fremden Mann von einer Stunde auf die andere unter einem Dach zu leben, das Bett mit ihm zu teilen und ihm Kinder zu gebären …« Sie ließ den Satz offen.

»Immer noch besser, als sieben Jahre in diesem Brutofen zu sitzen und sich krumm zu schuften«, meinte Rachel.

»Wirst du weggehen?«, fragte Abby.

»Kommt darauf an, wer mich fragt«, antwortete Rachel ohne Zögern. »Wenn es ein anständiger Mann ist, warum nicht? Liebe ist selten der beste Ehevermittler.«

»Aber woher willst du wissen, ob jemand anständig ist oder nicht?«, wandte Abby ein. »Du hast doch gehört, was die anderen erzählt haben ... dass die Männer nämlich lügen und ihre Farm in den schönsten Farben beschreiben, während sie in Wirklichkeit nur eine schäbige Hütte und ein karges Stück Land besitzen.«

»Wenn ich für irgendetwas ein Auge habe, dann für Männer«, erwiderte Rachel. »Mir macht so schnell keiner was vor. Wir werden sehen. Sag mir lieber, wie es mit dir steht, Abby.«

»Mit mir?« Abby sah sie verwundert an.

»Mein Gott, sie ist doch erst fünfzehn!«, sagte Megan.

»Fünfzehn in England und fünfzehn in New South Wales sind zwei völlig verschiedene Paar Schuhe«, sagte Rachel ungerührt. »Außerdem sieht sie nicht nur zwei Jahre älter aus, sondern sie *ist* es auch, wenn auch nicht nach normaler Zeitrechnung. Newgate, der Transport, die Überfahrt und das hier, mein Gott, das sind *Jahre* mehr!«

»Aber um einen Mann zu nehmen und eine Familie zu gründen, mit allem, was dazugehört ...« Megan schüttelte den Kopf.

Rachel verzog das Gesicht. »In England gibt es genügend blutjunge Mädchen, die gerade erst sechzehn, siebzehn und so unbeleckt von der Welt wie frisch geborene Lämmer sind, die aber dennoch von ihren Eltern verheiratet werden ... und zwar mit Männern, die zwanzig, dreißig Jahre älter sind als sie! Also was erzählst du da von jung!«

Megan hob besänftigend die Hand. »Schon gut, Rachel. Mir brauchst du davon nichts zu erzählen. Ich weiß das alles. Aber was manchen Mädchen von den eigenen Eltern angetan wird, muss Abby doch nicht freiwillig auf sich nehmen.«

»Sieben Jahre Knochenarbeit und Auspeitschungen mit der neunschwänzigen Peitsche wegen kleinster Vergehen – findest du also besser, ja?«, fragte Rachel gereizt.

»Streitet euch doch nicht wegen mir!«, griff Abby ein. »Es kommt ja doch nicht dazu. Bestimmt kommt Mister Chandler bald und holt mich auf seine Farm.«

»Ja, das sagst du dir jeden Morgen aufs Neue«, erwiderte Rachel. »Und was ist, wenn er es sich inzwischen anders überlegt hat und nicht kommt?«

»Er kommt bestimmt!«

»Und ich sage dir: Zögere morgen nicht lange, wenn ein freier Siedler dich zu seiner Frau machen will!«, beharrte Rachel auf ihrem Standpunkt. »Du könntest es sonst bitter bereuen, die Chance vertan zu haben. Das Glück kommt nicht zweimal zu unsereins … wenn es sich überhaupt blicken lässt!«

Neuntes Kapitel

Es war noch dunkel über Parramatta, als hektische Betriebsamkeit in der *Factory* ausbrach. Die Frauen hielt es nicht länger in den Betten, obwohl an diesem Tag arbeitsfrei war. Jede der heiratswilligen Sträflinge, und das war die überwiegende Mehrzahl, wollte nachher, wenn die Männer in den Innenhof gelassen wurden, so vorteilhaft wie möglich aussehen. Ihre Kleider hatten sie noch am Abend zuvor auf dem Hof im Trog gewaschen und in ihren Unterkünften zum Trocknen aufgehängt. Bei der Hitze waren sie im Nu trocken gewesen. Nun wurde genäht und geflickt und die wenigen Bürsten, die sich im Besitz der Sträflinge befanden, machten die Runde.

Abby hatte sich von dieser allgemeinen Aufregung anstecken lassen und die Gelegenheit wahrgenommen, um auch ihre Kleidung wieder in einen sauberen Zustand zu versetzen. Bei der Hitze und dem Staub war das nicht jeden Tag möglich, und oft waren sie von der Arbeit in den stickigen Werkstätten so ausgelaugt, dass sie nicht mal mehr die Kraft aufbrachten, ihre Kleider durch den Trog zu ziehen.

»Du hättest auch dein Haar waschen sollen«, sagte Rachel vorwurfsvoll zu ihr, als Abby ihr das Haar ausbürstete.

»Das hab ich ganz vergessen.«

Rachel schnaubte ungehalten. »Mach mir doch nichts vor! Das hast du mit Absicht nicht gewaschen!«, hielt sie ihr vor. »Weil du nämlich genau weißt, wie unwiderstehlich du dann aussiehst! Habe ich nicht Recht?«

»Ich glaube nicht, dass ich unwiderstehlich aussehe, ganz gleich, wie ich mich auch herausputzen würde«, antwortete Abby in nüchterner Selbsteinschätzung, ohne den Rhythmus ihrer gleichmäßigen Bürstenstriche zu unterbrechen. »Aber ansonsten hast du Recht. Ich möchte einfach nicht, dass irgendjemand auf mich aufmerksam wird.«

»Das ist aber sehr unklug von dir!«

»Mag sein, aber gegen mein Gefühl kann und will ich auch nicht handeln.«

»Du solltest längst wissen, dass wir uns als Sträflinge Gefühle nicht leisten können, wenn es um unsere Zukunft geht«, redete Rachel ihr noch einmal zu. »Dieser Heiratsmarkt ist nichts weiter als ein Geschäft, bei dem es darauf ankommt, für sich den besten Preis zu erzielen.«

»Ein Straßenmädchen tut auch nichts anderes.«

»O doch! Es verkauft seinen Körper für Geld täglich an andere. Eine Vernunftehe wirst du damit doch wohl nicht auf eine Stufe stellen wollen!«, widersprach Rachel fast ärgerlich. »Dagegen kann ich nichts Verwerfliches darin sehen, wenn man sich aus einer Anzahl Bewerber denjenigen als zukünftigen Ehemann aussucht, der die meisten Vorteile für sich ins Feld führen kann.«

»Ich habe ja nichts gegen den Heiratsmarkt«, versicherte Abby. »Nur kann ich mir einfach nicht vorstellen, schon heute verheiratet zu sein.«

»Du hättest dir an dem Februarmorgen vor gut einem Jahr auch nicht träumen lassen, dass du schon ein paar Stunden später in einer Kerkerzelle von Newgate sitzen würdest«, erinnerte Rachel sie.

»Nein.«

»Na also!«

»Dennoch, das hier ist etwas anderes. Hier kann ich selber frei entscheiden ...«

»Frei? Mach dich nicht lächerlich, Abby! Zeig mir auch nur einen Sträfling, der sich frei entscheiden kann!«, forderte Rachel sie schroff auf. »Bei uns Sträflingen gibt es keine freien Entscheidungen, sondern nur vorteilhafte und unvorteilhafte. Schreib dir das hinter die Ohren! Du hast mir zwar Lesen und Schreiben beigebracht, aber auf anderen Gebieten solltest du von mir lernen. Manchmal habe ich nämlich den fatalen Eindruck, dass du immer noch nicht das Träumen verlernt hast.«

Abby lachte über Rachels Reaktion, die nur ihrer gut gemeinten, freundschaftlichen Besorgnis entsprang. »Das habe ich auch nicht, und ich denke auch nicht daran, es in Zukunft zu verlernen. Träume sind etwas Wunderbares, wenn man sich nicht darin verliert natürlich.« Versonnen fügte sie hinzu: »Ich glaube nicht, dass Emily noch Träume gehabt hatte.«

Rachel drehte sich auf dem Schemel um. »Emily?«

»Ach, das war eine Frau, mit der ich in Newgate eine Pritsche teilte. Nur für eine Nacht. Sie hängte sich nämlich auf«, erklärte Abby. »Sie hatte bestimmt keine Träume mehr, die ihrer Verzweiflung die Waage halten konnten.«

Rachel schüttelte verständnislos den Kopf. »Gewöhnlich machst du ja einen normalen Eindruck. Du weißt dich zu behaupten und hart zu arbeiten, und ich wäre bestimmt die Letzte, die sagen würde, du hättest das Herz nicht auf dem rechten

Fleck. Nur manchmal werd ich einfach nicht schlau aus dir, so wie jetzt, wenn du redest wie ein Buch mit sieben Siegeln.«

Abby lächelte. »Wie wär's, wenn du es meinem noch kindlichen Gemüt zuschreiben würdest«, schlug sie vor.

Rachel schnaubte. »Pah! Du hast dir so viel kindliches Gemüt bewahrt, wie Cleo Anständigkeit buchstabieren kann. Du hast einfach etwas an dir, was ich nicht verstehe.«

»Ich glaube, dir steigt die ganze Aufregung um den Heiratsmarkt zu Kopf und bringt dich völlig durcheinander«, scherzte Abby.

»Ich bin so klar im Kopf wie Quellwasser«, brummte Rachel, doch was Abby gesagt hatte, stimmte. Aufgeregt waren sie alle. Und sosehr sich auch jeder bemühte, sich gelassen und abgeklärt zu geben, so groß waren insgeheim jedoch die Hoffnungen und Erwartungen, die jedes Mal mit einem Heiratsmarkt verknüpft wurden. Die Erfahrung hatte nun mal gezeigt, dass nicht alle unter die Haube kamen, die sich das wünschten.

»Sie kommen! ... Sie lassen die Männer rein!«, schallte es durch die Quartiere. »Es geht los!«

Abby war so aufgeregt, dass ihr das Herz bis in den Hals schlug, als sie nun gemeinsam mit Megan und Rachel in den Hof eilte, um die Ankunft der ersten Bewerber nicht zu versäumen.

Die Sonne stand noch keine Handbreit über den Feldern von Parramatta und war noch ohne brennende Kraft. Angenehm mild war die Luft im Hof, und die heiratswilligen Frauen waren für das weiche Morgenlicht dankbar, das so manch äußeren Makel weniger deutlich hervorhob.

Die erste Gruppe Siedler bestand aus vier Männern, die sich sichtlich verloren vorkamen, als sie sich den vielen Frauen gegenübersahen, die sie abschätzend musterten, ob sie für sie in Frage kämen oder nicht.

»Nur Mut, Leute!«, rief eine besonders forsche Frau von korpulenter Figur und löste sich aus einer Gruppe. »Ihr könnt ruhig näher kommen und euch anschauen, was wir zu bieten haben. Wir beißen nämlich nur Rotröcke und Aufseher!«

Gelächter erfüllte den Hof und vertrieb den Augenblick allgemeiner Verlegenheit.

»Ich bin die Helen, und es reicht, wenn ihr euch meinen Namen merkt, Männer. Neben mir fallen die anderen ja nur ab!«, pries sich die korpulente Frau selber an und erntete diesmal nicht nur Gelächter, sondern auch einige ärgerliche Erwiderungen.

Die ersten vier Männer erhielten schnell Gesellschaft von anderen Bewerbern, die nun in großer Zahl in den Hof strömten. Abby hatte bei achtundfünfzig zu zählen aufgehört, doch es erschienen noch immer Siedler. Vielen sah man schon auf den ersten Blick an, dass sie nichts weiter zu bieten hatten als ein Leben in einer schäbigen Behausung, so abgerissen kamen sie daher. Andere waren einfach, aber sauber gekleidet und ließen die Vermutung zu, dass ein Leben an ihrer Seite sehr hart, doch wohl nicht ohne Hoffnung auf eine bessere Zukunft sein würde. Männer, die wirklich Sicherheit bieten konnten, gab es so wenige, dass man sie an einer Hand abzählen konnte. Die Mehrzahl der Männer suchte Frauen, die fähig und auch gewillt waren, das harte Leben draußen im Busch, wie sie das Hinterland nannten, mit ihnen zu teilen und von Sonnenaufgang bis Sonnenuntergang zu schuften, ohne zu klagen. Denn sosehr sich die Männer auch eine Frau als Gefährtin und Mutter ihrer Kinder wünschten, so vorrangig war doch ihre Arbeitskraft.

Der Heiratsmarkt war bald in vollem Gange. Die zurückhaltenden Frauen standen an den Wänden und warteten darauf, dass sie von den Männern angesprochen wurden, die umhergingen und hier und dort bei jemandem stehen blieben. Die Mutigen unter ihnen nahmen die Sache in die eigene Hand, indem sie zielstrebig auf einen Mann zugingen, ihn ansprachen und Fragen stellten.

Abby hielt sich im Schatten einer Tür und beobachtete das seltsame Schauspiel, das sich vor ihren Augen abspielte. Frauen, die sonst gut miteinander auskamen, wurden zu erbitterten Rivalinnen, wenn es um einen Mann ging, der nicht übel aussah und etwas zu bieten hatte. Dann wurden auch Beschimpfungen und gegenseitige Verleumdungen laut.

Was Abby sehr überraschte, war die Tatsache, dass nicht die Männer es waren, die das Geschehen bestimmten, sondern die Frauen. Sie waren zwar begierig darauf, einen Mann zu bekommen und damit das Sträflingsleben in der *Factory* ein für alle Mal hinter sich zu lassen. Doch sie waren nicht bereit, sich mit dem Erstbesten einzulassen. Sie wollten nicht vom Regen in die Traufe geraten. Deshalb nahmen sie die Männer regelrecht ins Verhör, ließen sich alles genau beschreiben, um so viel wie möglich über ihr zukünftiges Zuhause und die anfallende Arbeit in Erfahrung zu bringen.

»Du hast noch nicht mal eine Lehmhütte?«, hörte Abby eine junge Frau sagen, die recht hübsch und auch gesund aussah und deshalb höhere Anforderungen an ihren zukünftigen Mann stellen konnte als andere, die weder den Vorteil der Jugend noch den körperlicher Reize für sich ausnutzen konnten.

»Ich bin gerade dabei, eine zu bauen!«

»Ein Mann, der noch im Zelt haust, ist nichts für mich.«

»Aber es ist ein schönes Stück Land, das ich da habe!«

»Versuch dein Glück bei einer anderen. Habe nicht vor, in einem Zelt zu hausen. Schon gar nicht da draußen im Busch!«, beschied ihn die Frau.

Es war genauso, wie Rachel gesagt hatte. Es ging darum, sich so teuer wie möglich zu verkaufen, und es war abzusehen, dass viele der Männer die *Factory* wieder so verlassen würden, wie sie gekommen waren – nämlich ohne die erhoffte Frau an ihrer Seite.

Überrascht war Abby auch, dass Rachel wie verwandelt schien. Sie stand ganz in ihrer Nähe, sodass sie sie gut beobachten und auch mithören konnte, was gesprochen wurde. Von ihrer sonst so selbstsicheren, direkten Art war kaum mehr etwas zu merken. Sie schien regelrecht schüchtern zu sein, was Männer betraf. Abby hatte angenommen, dass sie auf diesen oder jenen viel versprechenden Siedler zugehen würde, wie das einige andere selbstbewusste Frauen taten. Doch sie rührte sich nicht von der Stelle und wartete geduldig, dass jemand zu ihr trat.

Die ersten fünf, sechs Bewerber wies sie schon nach kurzem Gespräch ab. Doch dann näherte sich ihr ein Mann, der Anfang dreißig sein mochte. Er war von eher kleiner Statur, hatte aber ein ansprechendes Äußeres und trug ordentliche Kleidung. In seinen Händen hielt er eine Kappe, die er sichtlich nervös hin und her drehte.

»John Simon ist mein Name«, stellte er sich mit steifer Höflichkeit vor.

»Rachel Blake«, sagte Rachel.

»Ich bin kein Mann des Wortes«, begann er verlegen, »und es fällt mir schwer, mich ins rechte Licht zu rücken, ohne falsche Hoffnungen zu erwecken. Mir fehlt die Erfahrung in solchen Sachen. Es ist das erste Mal, dass ich bei so einer … äh … Veranstaltung zugegen bin …«

»Ich auch, Mister Simon.«

»Das macht es mir ein wenig leichter, Ihre Fragen zu beantworten«, sagte der Mann mit einem zaghaften Lächeln.

»Warum erzählen Sie mir nicht ein wenig über sich?«, ermunterte Rachel ihn.

»Nun, viel zu erzählen gibt es da nicht«, sagte John Simon und räusperte sich, um Zeit zu gewinnen, wusste er doch allem Anschein nach nicht, womit er beginnen sollte. »Acht Jahre sind es schon, die ich hier in der Kolonie bin, drei davon als freier Mann. Man hatte mich beim Wildern erwischt. Vier Forellen waren es genau, die ich aus dem Fluss seiner Lordschaft geholt habe. Der Verwalter erwischte mich und so kam ich ins Gefängnis von Dartmoor. Dass meine kleinen Geschwister nichts zu essen und ich keine Arbeit hatte, interessierte die Herren Richter wenig. Es war eine schlimme Zeit, damals 1796, und sie mussten wohl so hart sein, weil sonst jeder die Wälder, Flüsse und Teiche der Gutsbesitzer geplündert hätte, denn die Ernte war verdorben, und wovon sollten die Menschen leben?« Er hielt inne und zuckte mit den Achseln. »So bin ich mit der *Lady Pellham* nach New South Wales gekommen. Anfangs hab ich ja jeden Tag verflucht und Gott einen ungerechten Weltenlenker geschimpft, was ER mir gnädigst verzeihen und meiner verwirrten Seele zuschreiben möge, aber dann hatte ich das Glück, dem alten George Jones zugeteilt zu werden, der eine kleine Fassbinderei besaß. Er war ein guter Mann und ein noch besserer Fassbinder, und er brachte mir im Laufe der Jahre alles bei, was er wusste. Kurz bevor er starb, wurde ich begnadigt, und als der alte George unter der Erde lag, führte ich die Werkstatt allein weiter.«

»Sie sind also Fassbinder?«, stellte Rachel mit einem leichten Kopfnicken fest, das Abby als Zeichen erwachenden Interesses deutete.

»Ja, und ein recht guter, wie man mir allenthalben versichert«, antwortete er und errötete doch tatsächlich bei dem Eigenlob. »Es waren Jahre harter Arbeit gewesen, was mich auch nicht gestört hat. Doch immer allein zu sein ...« Er brach mitten im Satz ab und fuhr dann mit ernsthafter Sachlichkeit fort: »Meine Werkstatt ist klein, aber ordentlich, und dasselbe gilt auch für mein Haus. Es ist trocken, hat einen richtigen Bretterboden und besitzt eine Herdstelle, die einer Frau wohl gefallen sollte. Und hinter dem Haus habe ich einen Gemüsegarten angelegt. Wie beschäftigt ich sonst auch immer war, den Garten habe ich nie vernachlässigt.«

»Ja, ein Stückchen Land ist immer wichtig.«

John Simon lächelte dankbar, als hätte sie etwas Lobendes gesagt: »Ich bin jetzt zweiunddreißig, und es ist wohl an der Zeit, dass ich mir eine Frau nehme und Kinder habe. Ja, und da stehe ich nun vor Ihnen, weiß gerade Ihren Namen und würde gern mehr von Ihnen erfahren – sofern mein Interesse an Ihnen nicht völlig auf Ihre Ablehnung stößt.«

»Das tut es nicht, Mister Simon.«

Der Fassbinder sah sie nun mit einem hoffnungsvollen Blick an, der Abby urplötzlich einen merkwürdigen Stich versetzte, ja, sogar so etwas wie Neid in ihr weckte. Sie schämte sich im nächsten Moment ihrer Gefühle und dass sie Rachels Gespräch verfolgt hatte. Deshalb stieß sie sich von der Tür ab und entfernte sich mit raschen Schritten, um Ausschau nach Megan zu halten, die ihr aus den Augen geraten war.

Mehrere Männer unternahmen den Versuch, mit ihr ein Gespräch anzuknüpfen, doch Abby bedeutete ihnen mit einer knappen Antwort, dass sie nicht zu den Heiratswilligen gehörte. Sie entdeckte Megan schließlich vor dem Küchenhaus, in ein ernstes Gespräch mit einem schlaksigen Mann vertieft, der einen lockigen Haarschopf hatte, kaum viel älter als sie war und ein lustiges, mit Sommersprossen übersätes Gesicht hatte.

Abby sah ein, dass sie überall stören würde, und zog sich deshalb in die Korbbinderei zurück. Zu ihrem Erstaunen saß Mary Hayes, die resolute Aufseherin, an ihrem Tisch und schaute von ihrem günstigen Platz neben der Tür auf den Hof hinaus.

Abby wollte schon wieder gehen, doch da hörte sie: »Bleib nur. Hier bist du wohl am besten aufgehoben. Das da draußen ist nichts für dich – noch nicht.«

»Danke«, murmelte Abby und setzte sich auf ihren Schemel, verwundert von der Güte dieser Frau, die sie bisher nur als harte Aufseherin gekannt hatte. Mary Hayes war schon weit über vierzig und eine Emanzipierte. Sie war mit der ersten Sträflingsflotte gekommen, die 1788 in der Bucht von Sydney vor Anker gegangen war. Sie hatte die schlimmen Zeiten mitgemacht, als die Kolonie jahrelang unter schrecklicher Hungersnot gelitten hatte und immer wieder vom Untergang bedroht gewesen war.

»Für mich ist das auch nichts«, sagte sie ruhig und ohne Bedauern. »Jeder muss wissen, wo sein Platz ist.« Damit versank sie wieder in ein gedankenvolles Schweigen.

Abby saß ruhig da, ließ ihre Finger über das Rutengeflecht ihres Korbes gleiten und hoffte, dass der Tag schnell vergehen möge. Als sie eine gute Stunde später aus der Werkstatt ging, weil sie ein Bedürfnis verspürte, lief sie Megan direkt in die Arme.

Sie strahlte über das Gesicht. »Du wirst es nicht glauben, Abby!«

»Dir glaube ich doch alles«, gab sich Abby gut gelaunt.

»Ich habe einen Mann!«

»Ist das der mit dem lockigen Haar und den vielen Sommersprossen?«

Megan nickte eifrig. »Du hast Tim schon gesehen, nicht wahr? Timothy O'Flathery ist sein Name und er ist wie ich ein richtiger Ire! Und von Landwirtschaft scheint er auch was zu verstehen, obwohl er erst letztes Jahr eine Landzuteilung erhalten hat.«

»Ich freue mich für dich«, sagte Abby.

»Schluss mit der stupiden Korbbinderei!« Megan strahlte förmlich, zwinkerte ihr zu und verschwand im Gedränge.

Rachel tauchte neben Abby auf und legte ihr eine Hand auf die Schulter. »Ich glaube, ich werde die Nacht schon unter dem Dach meines Mannes verbringen«, sagte sie.

»Du hast dich also entschieden«, stellte Abby fest und Traurigkeit ergriff sie. Nicht nur Megan, sondern auch Rachel, die ihr besonders nah gestanden hatte, würden sie verlassen, obwohl es natürlich kein Verlassen war, sondern ein Sich-Trennen der Wege. Sie konnte und durfte keinem einen Vorwurf machen. Ihre gemeinsame Zeit war einfach um, nicht mehr und nicht weniger.

»Ich wusste schon nach seinen ersten Sätzen, dass er ein guter Mann ist und ich ihn zum Ehemann nehmen würde. Doch die Entscheidung lag nicht bei mir. Es war eigentlich er, der sich entscheiden musste, nachdem ich ihm meine Geschichte erzählt hatte. Sogar in einer Sträflingskolonie gehören Mörderinnen nicht eben zu denen, die man sich gern zur Frau nimmt.«

»Wenn du es ihm so wie mir erzählt hast, wird er es verstehen ... und wenn nicht, ist er auch nicht der richtige Mann für dich«, meinte Abby.

Ein Lächeln huschte über Rachels Gesicht. »Ja, das habe ich mir im Stillen auch gesagt. Ich habe mich auch nicht in ihm getäuscht. Wir sind uns einig geworden. Wir werden nachher mit den anderen heiraten.«

Einer spontanen Eingebung folgend, umarmte Abby ihre Freundin. »Wenn ich einem von ganzem Herzen Glück wünsche, dann bist du das, Rachel.«

»Das wünsche ich dir auch.« Rachel hatte feuchte Augen, und das machte sie irgendwie ärgerlich, zeigte sie doch nicht gern, wie es wirklich in ihrem Innersten aussah. Sie löste sich schnell aus der Umarmung und sagte auf ihre nüchterne Art: »Wir werden sehen, was die Zukunft bringt. Und wir bleiben in Kontakt, Abby. Wo du mir das Schreiben und Lesen beigebracht hast, kann ich ja mal zur Feder greifen, falls ich eine ruhige Stunde finde. Außerdem werden wir uns bestimmt noch oft über den Weg laufen. New South Wales ist nicht England und dieses Nest Sydney keine Stadt wie London. Wir hören ganz sicher voneinander.«

Abby nickte nur, weil sie Angst hatte, ihre Stimme könnte verraten, wie nahe ihr die Trennung ging.

Die Sonne stand schon über den Dächern der *Factory*, als der Heiratsmarkt mit der schon zur Tradition gewordenen so genannten »Halstuchwahl« der Bewerber zu Ende ging. Die Frauen stellten sich in einer langen Reihe auf und die Männer ließen vor der Frau ihrer Wahl ihr Halstuch fallen. Hob die Frau das Tuch auf, war der Eheantrag des Mannes angenommen.

Abby sah, wie Megan und Rachel sich nach dem vor ihren Füßen liegenden Halstuch bückten, und zählte, dass sechsundzwanzig weitere Tücher aufgehoben wurden. Sieben blieben liegen.

In einer kurzen, unfeierlichen Zeremonie wurden die Paare sofort danach von einem Geistlichen, der es sehr eilig hatte, die Angelegenheit hinter sich zu bringen, im staubigen Hof getraut.

In dieser Nacht schien die Einsamkeit Abby erdrücken zu wollen und sie weinte lautlos in der Dunkelheit. Irgendwo in der Ferne heulte ein Dingo, als klagte auch er der Nacht seine Einsamkeit.

Zehntes Kapitel

Der Januar verabschiedete sich mit einem schweren Sommergewitter, das jedoch die Hoffnungen der Kolonisten auf Regen nicht erfüllte. Außer einem Donnergetöse, das den Breitseiten einer Kriegsflotte alle Ehre gemacht hätte, und unzähligen grellen Blitzen brachte es der Kolonie nichts, noch nicht einmal Abkühlung. Die schweren dunklen Wolken entluden ihre Regenlast weit draußen über der See. Viel Lärm um nichts, sagten sich die Siedler enttäuscht und litten weiter unter der Hitze, die wie eine unsichtbare Last Mensch und Tier niederdrückte.

Der Februar kam und Abby hatte noch immer nichts von Jonathan Chandler gehört. All die Wochen, seit man sie nach Parramatta gebracht hatte, war sie unerschütterlich in ihrer Überzeugung gewesen, dass der Siedler, der ihr an Bord der *Kent* zweimal zur Seite gesprungen war, sein Versprechen halten würde.

Doch nun bekam ihre Zuversicht Brüche, und sie begann von

Tag zu Tag mehr daran zu zweifeln, dass man sie aus der *Factory* holen würde, damit sie bei der Erziehung dieses kleinen Mädchens Sarah zur Hand ging und ihren Teil Feldarbeit auf der Farm, wo immer sie auch sein mochte, leistete.

Dass ihr fester Glaube ins Wanken geriet, hatte auch nicht unwesentlich mit dem abrupten Weggang von Rachel und Megan zu tun. Erst jetzt kam ihr so richtig zu Bewusstsein, wie viel Kraft sie aus dem Zusammensein mit diesen beiden Frauen geschöpft hatte. Wie schwer die Überfahrt auch gewesen war, so hatte sie doch immer zwei Menschen um sich gehabt, denen sie Zuneigung entgegenbrachte und alles anvertrauen konnte, was sie beschäftigte. Trotz ihrer unterschiedlichen Charaktere hatten sie doch so etwas wie eine verschworene Gemeinschaft gebildet, die ihnen geholfen hatte, alle Schikanen und Strapazen zu überstehen, ohne in Mutlosigkeit und Verzweiflung zu versinken. Noch nicht einmal in London, als sie noch frei gewesen war, hatte sie die Vorzüge solcher Freundschaften genossen.

Und nun war plötzlich keiner mehr da. Es gab auch keine unter den anderen Frauen, die diese Lücke füllen konnte. Nicht dass sie sich jetzt von ihnen abgeschieden und für sich gehalten hätte. Sie war sogar recht beliebt. Mit der einen und anderen verstand sie sich gut genug, um gelegentlich zusammenzusitzen und einen Schwatz über Belanglosigkeiten zu halten. Doch die Vertrautheit, die ihre Beziehung vor allem zu Rachel gekennzeichnet hatte, hatten diese neuen Freundschaften nicht.

Abby tat ihre Arbeit, weil dies das Einzige war, was ihr zu tun blieb, und sie tat ihre Arbeit so gut, dass sogar Mary Hayes sie lobte, was einiges hieß. Die Aufseherin ging mit Lob nämlich so sparsam um wie ein Kerkermeister mit Barmherzigkeit.

Es blieb heiß und trocken im Februar, und während sie in der Korbbinderei saß und die Hände geschickt ihre Arbeit verrichteten, ließ sie ihren Gedanken freien Lauf. Sie fragte sich, wie es Megan und Rachel jetzt wohl ergehen mochte. Hatten sie es mit ihren Männern gut angetroffen? War alles wirklich so, wie die

Männer ihnen ihr Haus und ihr Auskommen beschrieben hatten? Und wie war es, von heute auf morgen sein Leben nach einem Mann auszurichten, der ihnen völlig fremd war und von dem sie doch eigentlich nicht viel mehr als seinen Namen wussten?

Häufig grübelte sie auch darüber nach, ob es klug gewesen war, Rachels Rat, trotz ihrer Jugend ebenfalls eine Heirat mit einem anständigen Mann ins Auge zu fassen, in den Wind zu schlagen. Eine Vorstellung, die ihr noch Schwierigkeiten bereitete, sie jedoch immer wieder aufs Neue beschäftigte.

Das erste Februardrittel war verstrichen, als Mary Hayes eines Nachmittags zu ihr kam. »Hier ist ein Brief für dich, Abby Lynn«, sagte sie.

Abby blickte ungläubig auf. »Ein Brief? ... Für mich?«

»Es steht dein Name drauf. Dann wird er wohl auch für dich sein«, sagte die Aufseherin und zog den Brief aus der Tasche ihrer Schürze. »Er kommt aus Sydney.«

Rachel hatte geschrieben! Abbys Hand zitterte vor Freude und Aufregung, als sie den Brief entgegennahm. Es war das erste Mal in ihrem Leben, dass ihr jemand geschrieben hatte.

»Du brauchst nicht bis nach Feierabend zu warten«, sagte Mary Hayes in einem ihrer seltenen Anflüge von Großzügigkeit. »Du kannst ihn ruhig jetzt schon lesen.«

»Danke.« Abby wartete, bis die Aufseherin sich entfernt hatte, und war sich unschlüssig. Sie war begierig, Rachels Brief zu lesen, und es konnte ihr gar nicht schnell genug gehen, zu erfahren, wie es ihrer Freundin in der Zwischenzeit ergangen war. Aber andererseits hätte sie sich die Lektüre auch gern für einen späteren Zeitpunkt aufgehoben und das Wissen genossen, noch eine kostbare Überraschung zu besitzen, nämlich das Geschenk ihres ersten Briefes.

Es siegten Ungeduld und Neugierde.

Einen richtigen Brief konnte man Rachels Schreiben eigentlich kaum nennen. Es war nur ein großes Blatt Papier, das zur

Hälfte längere Zeit im Sonnenlicht gelegen haben musste, weil es stellenweise schon sehr vergilbt war. Es wies auch Flecken und Risse an den Rändern auf. Natürlich verschloss auch kein Siegellack den Brief, um ihn vor der Neugier ungebetener Leser zu bewahren. Rachel hatte das Blatt nur viermal gefaltet und ein daumenkleines, eingeschnittenes Stück Holz als Klammer benutzt. Auf der Vorderseite stand in ihrer ungelenken Handschrift: *Abzugeben an Abby Lynn, zur Zeit in der Korbbinderei der Factory zu Parramatta.*

Abby lächelte, zog die hölzerne Klammer ab, entfaltete den Brief und las, was Rachel ihr geschrieben hatte:

Liebe Abby,
eine ruhige Stunde, und ich schreibe dir! Das waren meine Worte, nicht wahr? Ich halte mein Wort. Doch es hat etwas gedauert. Bisher habe ich nämlich noch keine richtig ruhige Stunde gehabt, weil ich doch John zur Hand gehe, und der große Garten und der Stall sind ja auch noch da.

Wie geht es dir, Abby? Stolziert die alte Mary Hayes noch immer mit finsterem Blick durch die Werkstatt? Warum die nur keinen Mann abgekriegt hat. Vielleicht wollte sie keinen, was meinst du?

John ist ein guter Mann, wie ich es dir gesagt habe. Ich habe alles so angetroffen, wie er es mir beschrieben hat. Der Schuppen mit seiner Fassbinderei ist gleich neben dem Haus, das ganz wunderbar ist. Ein Haus ganz für uns allein. Stell dir vor: Wir haben sogar einen Raum, wo wir nur schlafen. Davon hab ich früher immer geträumt. Und John denkt sogar daran, bald ein Haus aus Ziegelsteinen zu kaufen. Das glaube ich aber erst, wenn ich es sehe. John arbeitet hart, doch zu mir ist er nett. Wir kommen wirklich gut miteinander aus und ich mag ihn jetzt sogar richtig gern. Er will mehrere Söhne und Töchter, und ich will sie ihm gern schenken, denn das hat er verdient, und das ist das Wenigste, was ich für ihn tun kann.

Gerade zwei Wochen bin ich nun die Frau von John Simon, aber es kommt mir viel länger vor. Ich möchte dir noch so viel schreiben, aber mir tut die Hand weh, wo ich doch noch nie so viel auf einmal geschrieben habe. Hast du was von Megan gehört? Weißt du, dass ich dich ganz schön vermisse? Der Teufel mag wissen, warum.

Es grüßt dich deine Rachel Simon!

Die schiefen Zeilen verschwammen Abby vor den Augen und verstohlen wischte sie sich die Tränen weg. Dass Rachel ihr so einen langen, ausführlichen Bericht schreiben würde, hätte sie sich nie träumen lassen. Was musste es sie für Mühe gekostet haben!

Abby faltete den Brief schnell wieder zusammen und steckte ihn weg, obwohl sie ihn am liebsten noch drei-, viermal in aller Ruhe gelesen hätte. Doch das musste bis Sonnenuntergang warten, wenn ihre Arbeit in der Korbbinderei beendet war.

Als die Sonne endlich sank, setzte sie sich in eine stille Ecke und las den Brief wieder und wieder. Sie gönnte Rachel ihr Glück und wünschte ihr und ihrem Mann viele gesunde Kinder. Doch die Tatsache, dass ihre Freundin es mit der Wahl ihres Mannes so gut angetroffen hatte, verstärkte ihr Gefühl der Verlassenheit noch, wusste sie doch, dass sich ihre Wege jetzt noch mehr trennen würden und die Erinnerung an vergangene gemeinsame Zeiten bald das Einzige sein würde, was sie noch miteinander verband.

Die nächsten Tage waren besonders schwer für Abby. Die Hitze drückte auf die Gemüter, und Mary Hayes war gereizt, wie schon lange nicht mehr. Noch nicht einmal Abby konnte es ihr recht machen. Ständig hatte sie etwas auszusetzen, und sie bemängelte angebliche Schlamperei, obwohl Abby so sorgfältig wie immer gearbeitet hatte. Einmal brachte Mary Hayes sie derart in Rage, dass sie sie fast angeschrien und ihr den Korb an den Kopf geworfen hätte.

Doch sie beherrschte sich, weil ihr gerade noch in den Sinn gekommen war, wie es der Frau aus dem Küchenhaus ergangen war, die sich zu einer derart unbeherrschten Reaktion hatte hinreißen lassen: Man hatte sie öffentlich ausgepeitscht. Zwei Dutzend Schläge mit der Neunschwänzigen. Die Haut war schon nach den ersten Hieben aufgeplatzt wie die Schale einer überreifen Frucht und das Blut war der Armen in Strömen über den Rücken gelaufen.

Zwei Dutzend Schläge, das war ja noch gnädig gewesen. Sie hatte gehört, dass männliche Sträflinge, die sich etwas hatten zuschulden kommen lassen, hunderte von Schlägen mit der neunschwänzigen Peitsche erhielten. Für manche, die über keine robuste Konstitution verfügten, war das der Tod. Es war, als wollten der Gouverneur und vor allem die Offiziere der Marinesoldaten ihnen immer wieder in Erinnerung rufen, dass New South Wales eine Sträflingskolonie war.

»Sieben lange Jahre noch?«, fragte Abby sich mit wachsender Verzweiflung. »Tag für Tag Körbe flechten? Das halte ich nie aus!«

Es wurde Mitte Februar, und Abby hatte längst die Hoffnung aufgegeben, dass Mister Chandler kommen und sie auf seine Farm holen würde. Er hatte sie wohl vergessen und wohl jemand anders gefunden, der sich um seine kleine Tochter kümmerte. Doch sie irrte sich.

In einer Mittagspause kam der dicke Ron Fender, der im Büro des Gefängnisverwalters als Schreiber arbeitete, und sprach mit der Werkstattaufseherin.

»Abby Lynn!«, rief Mary Hayes sie zu sich.

Abby ließ ihre Arbeit liegen und ging zu ihr. »Ja?«

»Ich schätze, du hast hier bei mir die längste Zeit Körbe geflochten, Mädchen. Du bist einem Siedler als Arbeiterin zugeteilt worden«, eröffnete sie ihr. »Er wartet im Büro des Verwalters auf dich. Hol deine Habseligkeiten aus der Unterkunft, denn er nimmt dich sofort mit. Du hast es verdient.«

»Wissen Sie auch, wem ich zugeteilt bin?«, fragte Abby gespannt.

»Ja, einem Mister Chandler.«

Als sie kurz darauf das Büro des Verwalters betrat, erhielt ihre Freude einen Dämpfer. Denn dort wartete nicht Jonathan Chandler auf sie, sondern sein jüngster Sohn Andrew. Und der blickte sie alles andere als freundlich an.

Elftes Kapitel

Das Fuhrwerk, das von zwei prächtigen Ochsen gezogen wurde, rumpelte über den sandigen Weg, vorbei an den letzten Hütten und Häusern von Parramatta.

Abby saß vorn bei Andrew auf dem harten Sitzbrett. Das Fuhrwerk, das mit Säcken und Fässern schwer beladen war, kam nur langsam voran. Als die Ochsen den Wagen eine Anhöhe hochgezogen hatten, blickte sie sich noch einmal um. Augenblicke später war Parramatta ihren Blicken entzogen, und vor ihnen lag weites, hügeliges Land, durchzogen von Eukalyptuswäldern und dornigen Buschgruppen. Dazwischen wuchs graubraunes Gras, das merkwürdig struppig und verbrannt aussah. Die Straße war nicht länger breit, sondern bestand nur noch aus zwei Spurrillen, die von Wagenrädern in die Erde gegraben worden waren, und verlor sich in der Ferne zwischen Gras und Sträuchern.

Seit sie die *Factory* verlassen und neben ihm auf dem Bock Platz genommen hatte, hatten sie kein Wort mehr gewechselt. Ihr war es recht gewesen, doch nun störte sie sein beharrliches Schweigen, das irgendwie etwas Vorwurfsvolles an sich hatte.

»Wie weit ist es bis zur Farm, Mister Chandler?«, brach sie schließlich das Schweigen.

»Weiter als man bei dieser Bullenhitze eigentlich fahren sollte«, antwortete er unfreundlich.

»Darunter kann ich mir natürlich viel vorstellen, Mister Chandler.«

»Nenn mich nicht Mister Chandler! So kannst du meinen Vater ansprechen. Ich heiße Andrew!«

»Wenn Sie das so wollen …«

»Ja, ich will das so!«, sagte er knurrig, fügte dann aber hinzu: »Unsere Farm liegt am Hawkesbury-River, gute vierzig Meilen von Parramatta. Vor morgen Mittag werden wir nicht da sein.«

»Also übernachten wir im Busch?«

Er warf ihr einen Blick zu, als hätte sie etwas reichlich Dummes gesagt. »Selbstverständlich nicht! Habe nicht vor, mich von entlaufenen Sträflingen ausrauben oder von Eingeborenen überfallen zu lassen. Wir werden die Nacht bei einem Siedler verbringen, der bei Windsor lebt, auf halber Wegstrecke.«

»Sie mögen mich nicht, nicht wahr, Andrew?«, kam es Abby spontan über die Lippen.

»Ich kenne dich überhaupt nicht.«

»Eben darum.«

»Ich weiß nicht, was du da redest.«

»Sie haben schon das Eingreifen Ihres Vaters auf der *Kent* nicht gebilligt«, sagte sie ihm auf den Kopf zu.

»Ich habe keinen Sinn darin gesehen, sich mit einem Captain anzulegen, der an Bord gekommen war, um sich ein Hausmädchen auszusuchen, was wohl sein gutes Recht ist!«, erwiderte Andrew bissig.

Ärger wallte in ihr auf. »Von wegen Hausmädchen! Sie wissen genau, dass das nicht stimmt!«

»So? Was wollte er dann?«, fragte Andrew provozierend.

»Eine … eine Geliebte!«

Andrew lachte höhnisch auf. »Das hast du dir so zurechtgelegt.«

»Nein!«

»Und wenn schon. Bei den Sträflingen war er dann ja an der richtigen Adresse.«

Abby ballte die Hände und das Blut schoss ihr ins Gesicht. Er hatte kein Recht, so verletzend zu ihr zu sein, auch wenn sie ein Sträfling war. »Ich weiß nicht, warum Sie so etwas Gemeines sagen, Andrew. Aber wenn ich nicht Sträfling wäre, würde ich Ihnen darauf die einzig passende Antwort geben!«, presste sie zornig hervor.

»Und die wäre?«, fragte er spöttisch.

»Eine Ohrfeige!«

Er ließ die Zügel sinken und sah zu ihr hinüber. »Auf den Mund gefallen bist du wahrlich nicht. Aber ob mir das gefällt, weiß ich noch nicht.«

»Und mir gefällt es nicht, dass Sie mich wie … wie ein Straßenmädchen behandeln!«, sagte Abby erregt. »Ich komme aus einer guten Familie!«

Andrew verzog das Gesicht. »Schau an, du kommst also aus einer guten Familie. Das ist ja wirklich äußerst interessant. Neu ist mir nur, wie Mädchen aus guten Familien als Sträflinge nach New South Wales geraten. Aber ich bin sicher, auch darauf weißt du eine einleuchtende Antwort.«

Abby war im ersten Augenblick des Zorns versucht, sich vor ihm zu rechtfertigen. Doch dann besann sie sich eines anderen. »Denken Sie von mir, was Sie wollen. Sie haben sich ja sowieso schon längst ein Urteil über mich gebildet. Zu meiner Familie bin ich Ihnen überhaupt keine Erklärung schuldig. Das Einzige, was Sie von mir verlangen können, ist, dass ich meine Arbeit mache. Und da wird sich keiner zu beklagen brauchen.«

»Das wird sich erst noch zeigen«, erwiderte Andrew. »Ich habe gehört, dass du in der Factory Körbe geflochten hast.«

»Ja, gute Körbe!«

»Schweren Ackerboden umgraben, Wurzelstöcke aus der Erde holen und Bewässerungsgräben anlegen ist aber was anderes als Körbe flechten.«

»Ich werde meine Arbeit tun, und was ich jetzt noch nicht kann, werde ich lernen!«, erklärte Abby trotzig.

»Ja, was anderes wird dir auch nicht übrig bleiben«, brummte Andrew. »Der Herbst steht vor der Tür und auf der Farm wird jede Hand gebraucht. Es gibt mehr Arbeit, als du dir vorstellen kannst. Glaub also ja nicht, die Zeit geruhsam mit meiner Schwester verbringen zu können!«

»Es war Ihr Vater, der davon gesprochen hat, nicht ich!«

»Ja, manchmal weiß er nicht abzuschätzen, was er tut und sagt«, murmelte Andrew mehr für sich selbst.

Sie versanken wieder in Schweigen, und Abby war es recht so, bereute sie doch schon längst, Andrew angesprochen zu haben. Es war offensichtlich, dass er sie nicht mochte, was ja nicht weiter schlimm war, wenn er sie nur halbwegs anständig behandeln würde. Und dabei konnte er kaum zwei, drei Jahre älter sein als sie. Was wusste er schon davon, wie leicht man zwischen die Mühlsteine der Justiz geraten konnte und was es hieß, Newgate und die Überfahrt im engen Quartier unter Deck überstanden zu haben! Fast wünschte sie, sein Vater hätte sie wirklich vergessen.

Eine gute Weile später schien Andrew etwas sagen zu wollen. Sie merkte deutlich, dass er zum Sprechen ansetzte, doch dann schien er es sich noch im letzten Moment anders überlegt zu haben, denn er sagte nichts, sondern verharrte in seinem missmutigen Schweigen.

Abby schwor sich, von sich aus nicht noch einmal ein Gespräch mit dem jungen Chandler anzufangen, und versuchte seine Gegenwart zu vergessen, so gut es eben ging. Sie lauschte dem eintönigen Knirschen der Räder und dem Schnauben der Ochsen, die unter der Hitze genauso litten wie sie. Insekten umschwärmten sie, ließen sich auf ihrem schweißglänzenden Fell nieder und setzten ihnen mit Stichen zu. Mit dem Schwanz nach ihnen zu schlagen, nutzte nicht viel. Sie kamen sofort wieder.

Der Schweiß lief Abby über Gesicht und Arme. Wie ein nasser Sack klebte ihr Kleid am Körper. Sie sehnte sich nach Wasser und Schatten, sagte jedoch kein Wort. Sie wollte Andrew keine Gelegenheit bieten, erneut über sie herzuziehen und ihr womöglich Schwächlichkeit vorwerfen zu können.

»Da drüben ist eine Wasserstelle«, sagte Andrew plötzlich, nachdem sie gut und gern drei Stunden unter glühender Sonne gefahren waren. »Die Tiere brauchen eine Rast und müssen saufen.« Er deutete auf eine Gruppe dicht zusammenstehender Bäume und Büsche, die nicht so ausgedörrt aussahen wie der Rest der vor ihnen liegenden Landschaft. Spurrillen, die vom Hauptweg dorthin abzweigten, verrieten, dass diese Wasserstelle von vielen benutzt wurde, die hier des Weges kamen.

Abby hatte auf eine Quelle gehofft und war enttäuscht, als sie die Mulde sah, die mit trübem Wasser gefüllt war. Andrew schien ihre Enttäuschung bemerkt zu haben, denn er sagte: »Das ist nur für Tiere trinkbar. Ich habe Wasser hinten auf dem Wagen im Beutel.«

Doch zuerst wurden die Ochsen versorgt. Dann holte Andrew den Wasserbeutel und setzte sich in den Schatten eines Eukalyptusbaumes. Das Wasser war warm, doch es tat gut, den Staub und den pelzigen Geschmack aus dem ausgedörrten Mund zu spülen.

Abby lehnte sich gegen den Stamm, schloss die Augen und war fast auf der Stelle eingeschlafen. Als Andrew sie wachrüttelte, war ihr, als hätte sie die Augen kaum fünf Minuten geschlossen gehabt. Doch der Stand der Sonne sagte ihr, dass mehr Zeit verstrichen war.

»Wir müssen weiter, sonst schaffen wir es vor Einbruch der Dunkelheit nicht mehr bis zum Haus von Peter Thompson«, sagte Andrew.

Die Sonne verlor nicht viel an Kraft, als sie sich nun immer mehr gen Westen neigte und das Land mit einem warmen Schein übergoss. Als der Glutball dann hinter den Horizont sank und den Himmel in ein flammendes Feuermeer verwandelte, zeichneten sich vor ihnen die Umrisse mehrerer Gebäude ab.

Andrew seufzte erleichtert. »Peter Thompsons Gehöft«, sagte er.

Es war eine armselige Ansammlung von Hütten, in denen die Sträflinge hausten. Und das Lehmhaus, das Peter Thompson bewohnte, war kaum besser. Er war ein hagerer, wortkarger Mann, der mit ihnen teilte, was er besaß, und das war nicht viel. Der Eintopf, den er ihnen vorsetzte, war wohl nahrhaft, doch ohne jeden Geschmack, was er selbst eingestand. »Es fehlt eben die Frau«, sagte er achselzuckend.

Abby war froh, dass bei Tisch nicht geredet wurde, denn sie war dafür viel zu müde. Es machte ihr auch nichts aus, dass sie auf der Ladefläche des Fuhrwerkes schlafen musste, da das Haus des Siedlers nur aus einem einzigen Raum bestand. Die beiden Männer fanden dort gerade genug Platz zwischen Herdstelle, Vorratsecke, Tisch und Bank.

Andrew räumte einige Säcke und Kisten vom Fuhrwerk, und Peter Thompson brachte ihr ein wenig Stroh, damit sie weicher lag.

Abby hatte keine Sorge, dass sie nicht gut schlafen könnte. Nur kurz lag sie wach und blickte in den endlosen Nachthimmel, der sich wie ein riesiges schwarzes Samttuch hoch über ihr spannte, und auf dem die wenigen Sterne, das Kreuz des Südens, so einsam und verloren funkelten, wie sie sich fühlte. Dann nahm der Schlaf sie in seine Arme.

Zwölftes Kapitel

Am nächsten Morgen brachen sie schon in aller Herrgottsfrühe auf, nachdem sie im Stehen ein Stück Fladenbrot gegessen und eine Tasse Tee getrunken hatten, der einen eigenartig süßen Geschmack aufwies. Er kam von den Blättern der Sarsaparilla-Pflanze, mit denen die Siedler in New South Wales ihren Tee versetzten, einer kleinen Ranke, deren Blüten in einem intensiven Rot leuchteten.

Andrew war an diesem Morgen entschieden freundlicher aufgelegt als am Tag zuvor. Er hatte sich sogar erkundigt, ob sie auch gut geschlafen hatte und nicht zu sehr von Insekten gepiesackt worden war, was sie angenehm überrascht hatte.

Sie genoss die frühen Morgenstunden und schaute bewundernd den bunt schillernden Vögeln nach, die sie aus den Sträuchern aufscheuchten und die mit lauten Gekrächze in den jungen Tag aufstiegen. Einige klangen so, als würden sie sich über sie lustig machen. Es war ein Gelächter, das dem eines Menschen täuschend ähnlich war.

»Das sind Kookaburras«, erklärte Andrew. »Wir nennen sie auch Lachvögel. Morgens machen sie ein Geschrei, dass man kein Auge mehr zukriegt, wenn sie in der Nähe sind.«

»Es sind schöne Vögel.«

Andrew lachte. »Ja, schön laut.«

Sie kamen gut voran, denn die Ochsen waren ausgeruht und die Sonne machte ihnen noch nicht so sehr zu schaffen. Doch das blieb nicht lange so. Die letzten Stunden der Fahrt waren so anstrengend und schweißtreibend wie am Tag zuvor und sie redeten kaum. Jeder hing seinen Gedanken nach.

Kurz vor Mittag hatten sie ihr Ziel dann endlich erreicht. Andrew trieb das Ochsengespann durch den Einschnitt zweier Hügelketten und hielt auf der anderen Seite der Anhöhe.

»Da ist es!«, rief er und holte tief Atem, als könnte er es noch nicht glauben, es geschafft zu haben.

Abby war von dem Anblick, der sich ihren Augen bot, überwältigt. Ein, zwei Meilen vor ihnen zog sich ein breiter, majestätisch dahinfließender Strom durch das Land. Das musste der Hawkesbury-River sein, von dem Andrew gesprochen hatte. Das Land zu beiden Seiten des sich windenden Flusses sah bedeutend fruchtbarer aus als alles, was sie bisher von der Kolonie gesehen hatte.

Und dann sah sie die Farm, die zu ihrer linken Hand lag. Sie waren noch zu weit weg, um Einzelheiten erkennen zu können, doch das große Wohnhaus und die sechs Hütten, die in einiger Entfernung davon in einem Halbkreis um zwei Schuppen errichtet waren, konnte sie gut erkennen. Und was sie schon aus der Ferne sehen konnte, sagte ihr, dass zwischen der Chandler-Farm und dem Gehöft von Peter Thompson ein Unterschied bestand wie zwischen Tag und Nacht.

»Ein wunderbares Stück Land«, sagte sie mit spontaner Begeisterung.

»So? Findest du?«, fragte Andrew spöttisch.

»Ja, und es ist bestimmt sehr fruchtbares Land.«

»Woher willst du das wissen? Verstehst du was von der Landwirtschaft?«

»Nein.«

»Richtig, ich vergaß. Du kommst ja aus einer guten Familie«, sagte er, und wieder war dieser Stachel in seiner Stimme.

Doch diesmal ging Abby nicht darauf ein. »Ich kann mich nur noch schlecht an meinen Vater, und was er gesagt hat, erinnern, doch etwas habe ich behalten: ›Man braucht keinen Acker umgraben und keine Saat ausgebracht zu haben, um ein wirklich gutes Stück Land zu erkennen, wenn man es vor Augen hat.‹ Ja, das sind seine Worte gewesen.«

»So etwas Ähnliches habe ich auch schon mal gehört, und zwar von meinem Vater«, sagte Andrew zögernd, als koste es ihn einiges an Überwindung, das zuzugeben. »Na ja, schlecht ist das Land wirklich nicht. Wenn es nur nicht so verdammt einsam liegen würde! Zwei Tage mit dem Ochsengespann bis nach Sydney, und zu Pferd ist es immer noch ein Tagesritt, wenn man ein scharfes Tempo vorlegt.«

»Was will man in Sydney oder gar Parramatta, wenn man so eine herrlich gelegene Farm hat?«, fragte Abby.

Verwundert blickte er sie an. »Du gibst einem manchmal merkwürdige Antworten.«

»Ich weiß nicht, was daran merkwürdig ist«, erwiderte sie, während er wieder zu den Zügeln griff und die Ochsen antrieb. »Sie sind doch aus freien Stücken nach Australien gekommen, um hier zu siedeln …«

»Es war die Idee meines Vaters. Ich wäre lieber in England geblieben, wenn es möglich gewesen wäre, aber …« Er brach ab, als hätte er schon zu viel gesagt.

»…und für einen Siedler kann es doch nichts Schöneres geben, als sich an diesem Fluss eine große Farm aufzubauen«, fuhr Abby fort, als hätte sie seine Bemerkung gar nicht gehört. Im Stillen fragte sie sich jedoch, weshalb die Chandler-Familie ihre Heimat verlassen hatte. »Hier gibt es Land in Hülle und Fülle.«

Er lachte grimmig auf. »Ja, wildes ungerodetes Land, das noch weit davon entfernt ist, einen guten Ertrag abzuwerfen. Wir werden noch Monate brauchen, um das Land von Bäumen, Dornendickicht und Steinen zu befreien, wo eines Tages mal Felder, Weiden und Äcker sein sollen.«

»Eine Arbeit, die sich auszahlen wird«, sagte Abby voller Überzeugung.

»Hoffentlich«, brummte Andrew. »Aber wenn hier jeder Sommer so knochentrocken ist, sehe ich schwarz für die Zukunft von *Yulara.*«

»*Yulara?* Ist das der Name der Farm?«

Andrew nickte. »Wieder so ein Geistesblitz meines Vaters. Das Wort kommt aus der Sprache der Aborigines, der Wilden, die halb nackt im Busch hausen und schon mal eine Farm niederbrennen und die Herden dezimieren«, erklärte er sarkastisch. »Nicht gerade freundliche Gesellen, wie man so hört. Und er übernimmt auch noch den Namen für die Farm aus ihrem Sprachschatz! Sie haben diesen Ort so benannt. Dabei hätte Chandler Farm oder New Devon es auch getan.«

»*Yulara* klingt aber schöner.«

»Hätte mich auch gewundert, wenn du mir einmal nicht widersprochen hättest!«

Abby fand ihn in seinem Ingrimm plötzlich ganz sympathisch. »Und was bedeutet *Yulara?*«

»*Wo der Dingo heult.*« Andrew zuckte mit den Achseln. »Von diesen heulenden Wildhunden gibt's hier jede Menge. Daher wohl der Name. Na ja, ich werde mich wohl daran gewöhnen müssen – wie an so vieles andere.«

»Da haben wir ja doch was gemein«, sagte Abby.

»Du hast mir noch immer nicht gesagt, weshalb man dich verbannt hat«, wechselte er abrupt das Thema, und seine Stimme hatte wieder diesen harten, überheblichen Tonfall, den er ihr gegenüber schon gestern an den Tag gelegt hatte. »Wenn du nicht willst, brauchst du es mir natürlich nicht zu sagen. Aber erfahren tue ich es so oder so. Es gibt ja Unterlagen über euch Sträflinge, die beim Gouverneur liegen. Es wird meinem Vater ein Leichtes sein, von ihm die gewünschte Auskunft zu erhalten.«

Abby überlegte einen Augenblick. Es war ausgeschlossen, dass sie ihm die Wahrheit erzählte, denn so wie sie ihn einschätzte, würde er sie für eine Lügnerin halten und dann womöglich noch unfreundlicher zu ihr sein. Sie war hier als Sträfling, und das bedeutete für ihn, dass sie sich irgendeines Verbrechens schuldig gemacht haben *musste.* Gut, sollte er seinen Willen haben!

»Ich bekam sieben Jahre Verbannung wegen Diebstahls«, antwortete sie knapp.

»Und *was* hast du gestohlen?«, bohrte er nach.

»Eine Geldbörse!«

Er nickte zufrieden, weil er jetzt zu wissen meinte, woran er mit ihr war. »So viel also zu deiner guten Familie«, sagte er fast heiter.

Abby schwieg.

Der Gebäudekomplex der Farm war jetzt näher gerückt und der Weg dorthin führte an den ersten Rodungen vorbei. Halb verkohlte Baumstümpfe ragten überall aus dem Boden, der von Asche bedeckt war und an manchen Stellen noch schwelte. Aus der Nähe stellte sie auch fest, dass die beiden großen Schuppen zwar schon ein Dach trugen, jedoch noch keine Wände und Abtrennungen im Innern hatten.

Andrew brachte das Ochsengespann vor dem Farmhaus zum Stehen. Es hatte nichts mit den primitiven Häusern gemein, deren Wände aus geflochtenen und mit Lehm beworfenen Wänden bestanden. Jonathan Chandler hatte auf einer beständigen Konstruktion aus schweren Stämmen und Balken bestanden und auf dicken Lehmwänden, die im Sommer die Hitze abhielten und im Winter die Wärme nicht aus dem Haus ließen. Und statt der Palmwedel bedeckten richtige Holzschindeln das Dach. Es gab sogar einen richtigen Kamin aus schweren Feldsteinen.

Melvin, Sarah und Jonathan Chandler ließen ihre Arbeit liegen, als das Fuhrwerk auf den Hof zwischen Farmhaus und Scheunen rumpelte.

Abby kletterte schnell vom Kutschbock. Sie sah, wie das kleine Mädchen sie mit einer Mischung aus freudiger Erwartung und Skepsis musterte, während sie sich hinter ihrem Vater hielt.

»Willkommen auf *Yulara* «, begrüßte Jonathan Chandler sie mit einem freundlichen Lächeln, das ihr wieder Mut machte.

»Danke, dass Sie mich haben kommen lassen, Sir«, sagte Abby.

»Ich hab ihr schon gesagt, dass sie nicht hier ist, um mit Sarah Händchen zu halten«, brummte Andrew, der sich am Zaumzeug der Ochsen zu schaffen machte.

»So ganz falsch ist das nicht«, sagte Jonathan Chandler. »Es gibt hier mehr Arbeit, als wir im Augenblick bewältigen können, auch wenn wir Tag und Nacht schuften würden. Deshalb wirst du dich nicht so intensiv um Sarah kümmern können, wie ich mir das erst vorgestellt hatte.«

»Das macht nichts, Sir. Ich kann meinen Teil Arbeit leisten wie jeder andere auch«, versicherte sie.

»Das höre ich gern. Wer seine Arbeit tut, wird bei mir keinen Grund zur Klage finden, Abby«, sagte er ernst und mit Nachdruck. »Ich bemühe mich, zu allen meinen Leuten streng, aber gerecht zu sein.«

»Ich schätze, das schließt auch uns mit ein, Vater«, sagte Melvin mit gutmütigem Spott.

Sein Vater nickte energisch. »Was ich nicht selber tue, kann ich auch von keinem anderen verlangen, mein Sohn!« Er wandte sich wieder Abby zu. »Eines sollst du von Anfang an wissen: Ich frage hier nicht danach, was jemand getan hat, bevor er nach New South Wales kam. Ich beurteile einen Menschen nur nach dem, was er leistet.«

»Das ist sehr großzügig von Ihnen, Mister Chandler. Wenn nur andere auch so denken würden wie Sie«, konnte sich Abby nicht verkneifen.

Andrew wusste genau, dass ihre Bemerkung auf ihn gemünzt war. »Wenn sie so gut mit ihrer Hände Arbeit ist wie mit ihrem Mund, haben wir mit ihr ja einen einzigartigen Fang gemacht«, brummte er und führte das Gespann zum Stall hinüber.

Jonathan Chandler sah seinem Sohn einen Moment irritiert nach, äußerte sich jedoch nicht dazu, sondern fuhr in seiner Einweisung fort. »Für alles, was mit der Landwirtschaft zu tun hat, sind mein Sohn Andrew, den du ja schon kennen gelernt hast, und ich zuständig. Wenn du also in dieser Hinsicht irgendwelche Fragen hast, wendest du dich an meinen jüngsten Sohn oder an mich. Was die Versorgung der Arbeiter, die Unterkünfte und alle anderen organisatorischen Belange auf *Yulara* angeht, so hat mein Sohn Melvin hier die Oberaufsicht. Er teilt auch die Wochenrationen aus.«

»Scheu dich nicht, zu mir zu kommen, wenn du etwas auf dem Herzen hast«, ermunterte Melvin sie.

»Danke, Mister Chandler.«

»So, und jetzt zeig ihr ihre Unterkunft, damit sie weiß, wo sie nach getaner Arbeit ihren müden Kopf niederlegen kann«, forderte Jonathan Chandler seinen Sohn auf und warf einen kurzen Blick auf den Sonnenstand. »Ich will heute noch den Zaun drüben auf der Südweide fertig bekommen, damit wir die Schafe sich selbst überlassen können.« Ein deutlicher Wink für Abby, dass es kein langes Ausruhen für sie geben würde, sondern Arbeit.

»Du teilst dir mit Rosanna Daly eine Hütte«, sagte Melvin, als er sie zu dem kleinen Lehmhaus führte, das dem Farmhaus am nächsten lag und gleich hinter der noch nicht ganz fertigen Scheune stand. »Rosanna ist unsere Köchin und ein sehr verträglicher Mensch. Du wirst bestimmt gut mit ihr auskommen.«

»Ich werde mir alle Mühe geben«, sagte Abby.

Sie traten in die Hütte, die ein kleines Fenster besaß, das abends oder bei Kälte mit Sackleinen verhängt wurde. Es gab nur einen Raum, der etwa vier Schritte im Quadrat maß. Rechts standen zwei einfache Betten an den Wänden, links zwei Schemel vor einem Tisch. Dazwischen befand sich die Feuerstelle mit dem Rauchabzug im Dach. Es sah sehr einfach, aber sauber aus.

Eine Glocke vor dem Farmhaus erklang.

»Mittagspause. Komm mit. Jetzt kannst du Rosanna gleich kennen lernen – und ihr vorzügliches Essen«, sagte Melvin und sie gingen zum Farmhaus zurück.

Rosanna Daly war eine kräftige Frau in den Vierzigern mit breiten Hüften und einem runden, jetzt vom Herdfeuer erhitzten Gesicht, in dem kleine Augen blitzten. Ihr dunkles, schon mit Grau durchsetztes Haar hatte sie streng nach hinten gekämmt und zu einem Knoten hochgesteckt. Sie trug einen schweren Kessel aus der Küche ins Freie und stellte ihn auf einen langen Tisch aus dicken, groben Brettern. Sie nickte Abby freundlich zu, als sie von Melvin erfuhr, dass sie nun mit ihr das Haus teilte, war aber zu beschäftigt, um mit ihr zu reden.

Abby nahm sich eine Schüssel Eintopf, setzte sich still hin und aß mit Heißhunger. Melvin hatte nicht zu viel versprochen. Der Eintopf, in dem sogar Fleischstücke waren, schmeckte wunderbar. Und das kalte, klare Wasser, das aus dem Brunnen neben dem Haus stammte, war die schönste Erfrischung, die sie sich vorstellen konnte.

Abby zählte sieben Männer, die der Farm als Arbeitskräfte zugewiesen waren. Mit der Köchin und ihr waren sie also neun Sträflinge auf *Yulara*. Die Männer schenkten ihr nicht mehr als einen knappen Blick und unterhielten sich lautstark darüber, wie schwer es doch war, das Land zu roden und die Wurzelstöcke der Bäume aus dem Boden zu graben. Abby war froh, dass ihr niemand Fragen stellte.

Als die kurze Mittagspause vorbei war und sie ihre Schüssel am Brunnen ausspülte, stand Sarah plötzlich an ihrer Seite.

»Ich bin froh, dass du jetzt hier bist, auch wenn du ein Sträfling bist«, sagte sie mit der Direktheit eines Kindes. »Bist du auch froh?«

Abby lächelte. »Ja, ich glaube schon.«

»Ich mag die Männer nicht. Sie sind immer so laut und grob, und manchmal prügeln sie sich, wenn sie zu viel Rum getrunken haben. Und reden kann ich mit ihnen auch nicht. Vati hat gesagt, dass ich mit dir reden kann, wenn alles erst einmal fertig ist, und dass du mir dann auch Geschichten erzählst und etwas vorliest. Wirst du das tun?«, fragte sie begierig.

»Gerne, Sarah. Aber das wird wohl noch was dauern, wie dein Vater schon gesagt hat.«

Sarah zog eine Schnute. »Keiner hat Zeit, auch Andrew und Melvin nicht. Auf dem Schiff war es viel schöner. Da haben sie viele Spiele mit mir gemacht. Aber jetzt sind sie den ganzen Tag draußen und fällen Bäume und ich muss bei Rosanna bleiben und die ist alt und grau und denkt immer nur ans Kochen. Für Geschichten hat sie keine Zeit.«

Abby verkniff sich ein Lachen. »Na, dann wird es ja allerhöchste Zeit, dass das anders wird. Vielleicht kann ich dir heute Abend eine Geschichte erzählen, bevor du zu Bett gehst, wenn dein Vati das erlaubt.«

»O ja! Das wird er ganz bestimmt!«, versicherte Sarah mit leuchtenden Augen.

»Abby! Mittag ist vorbei! Und der Zaun errichtet sich nicht von selbst!«, rief Andrew scharf.

»Dann bis heute Abend, Sarah«, sagte Abby, zwinkerte ihr zu und beeilte sich, dass sie zu den anderen kam, die für die Arbeit am Weidezaun eingeteilt waren.

Dreizehntes Kapitel

Elender Sklaventreiber!«, fluchte Sean Oxley und schlug die Axt wütend in die armdicke Wurzel, die aus dem Boden ragte. »Manchmal würde ich ihm die Axt am liebsten in seinen verdammten Schädel schlagen!«

»Pass auf, was du sagst!«, zischte Aron Shawn und deutete mit dem Kopf zu Abby hinüber.

»Solange ich meine Arbeit mache, kann ich sagen, was mir passt«, schnaubte der drahtige Sean, »und dass wir uns die Seele aus dem Leib schuften, kann ja wohl keiner bezweifeln, oder?«

»Genau, wir rackern uns ab für drei«, pflichtete ihm Nat O'Connor bei, »und das alles für Unterkunft, was zu beißen und diese lächerliche Wochenration Rum!«

»Aber was die Arbeit betrifft, steht der junge Chandler uns in nichts nach, bei allem, was recht ist«, gab Aron Shawn zu bedenken.

»Redest du dem verdammten Engländer das Wort?«, rief Sean.

»Der Bursche ist mir so sympathisch wie 'n Mühlstein im Magen oder 'ne Henkersschlinge um meinen hübschen Hals«, erwiderte Aron Shawn verdrossen, »aber dass er seine Hände zu gebrauchen weiß und sich von keinem was vormachen lässt, muss man ihm lassen.«

»Wenn ich ihm was lasse, dann das Grab!«, stieß Sean hasserfüllt, aber mit gedämpfter Stimme hervor.

Die Rede war von Andrew Chandler, der nicht weit von ihnen einen Baumstamm zersägte, den zwei ausgewachsene Männer nicht mit ihren Armen umfassen konnten. Ganz allein führte er das schwere Sägeblatt, und Sägemehl rieselte auf seine Stiefel, die ihm bis zu den Knien reichten. Er arbeitete mit nacktem Oberkörper, und der Schweiß ließ seinen muskulösen Körper glänzen, als hätte er ihn mit Öl eingerieben.

In gewisser Weise musste Abby den drei irischen Sträflingen Recht geben. Andrew war alles andere als ein bequemer Herr. Er konnte arbeiten wie ein Ochse und war nicht leicht zufrieden zu stellen. Und er erwartete mehr noch als sein Vater, dass die Sträflinge sein Arbeitstempo mithielten, was gelegentlich sogar bei seinem Bruder und auch bei seinem Vater auf milde Kritik stieß.

Einmal hatte sie durch Zufall mitbekommen, wie sein älterer Bruder ihm geraten hatte, doch nicht so unerbittlich zu sein – auch nicht zu sich selbst. Andrews Erwiderung darauf hatte sie noch gut im Ohr: »Sind wir nicht hier, um uns eine neue Existenz aufzubauen, Bruder? Wenn wir das schaffen wollen, müssen wir alles geben, was wir haben. Es war nicht meine Entscheidung, nach Australien auszuwandern. Doch da es nun mal geschehen ist, will ich, dass es sich auch auszahlt und wir vorankommen! Und was ich schaffe, können die Sträflinge, zum Teufel noch mal, auch leisten! Wenn sie so anpacken würden, wie sie den verdammten Rum hinunterkippen, dann wäre ich mehr als zufrieden.«

Abby seufzte und arbeitete weiter, schlug mit einem Handbeil die kleinen Zweige von den großen Ästen und zerrte sie dann über die verbrannte Erde zu dem großen Haufen aufgetürmter Äste, die entweder als Feuerholz oder aber, wenn sie mindestens armdick waren, als Zaunpfosten Verwendung fanden. Über drei Wochen war sie nun schon auf *Yulara,* und wenn sie auch sichtbare Fortschritte bei der Kultivierung des Landes feststellen konnte, so schien ein Ende der Aufbauarbeiten doch nicht abzusehen. Es war schon März, und während sich in England der Frühling ankündigte, ging es hier auf den Herbst und Winter zu, obwohl die Temperaturen noch immer hochsommerlich waren. Aber der Wetterumschwung würde nicht mehr lange auf sich warten lassen. Dann war mit schweren Regengüssen zu rechnen. Bis dahin wollte Andrew noch mehr erledigt wissen, als manch anderer für drei Monate gutes Wetter geplant hätte.

»Geizig geht er mit dem Rum um. Wer für zwei arbeitet, sollte zumindest auch doppelte Ration erhalten. Das steht uns zu«, hörte sie Sean sich beschweren.

»Ja, wie die Neunschwänzige, wenn du dein Maul nicht bald hältst!«, warnte Aron.

Sean dachte nicht daran, sich zu beruhigen. »Ist doch so! Dabei hat er den Schuppen voll stehen. Hab's doch mit meinen eigenen Augen gesehen, wie sie die Fässer abgeladen haben.«

»Vielleicht nippen sie dann und wann mal auch ein gutes Gläschen«, höhnte Nat.

»Ich sag euch, der will auf unserem Rücken zu Reichtum

kommen, und das eher heute als morgen. Die Pest über ihn!«, fluchte Sean.

»Warum sagst du ihm das nicht mal selbst, statt uns damit in den Ohren zu liegen?«, reizte Nat ihn. »Vielleicht rückt er ja noch ein Extrafässchen heraus, wenn du ihm besonders freundlich sagst, was für ein elender Schinder er ist.«

Sean spuckte verächtlich aus. »Wart's nur ab, eines Tages tu ich es wirklich!«

»Spar dir deinen Atem und lass uns lieber diesen verfluchten Wurzelstock aus der Erde holen«, brummte Aron, dem das Gerede nicht passte – weil Abby in Hörweite war. »Gib mal das Seil her, Nat. Und pack mit an!«

Abby richtete sich auf, um ihren schmerzenden Rücken für einen Augenblick zu strecken. Dabei blickte sie zu Andrew hinüber. Sie wurde einfach nicht schlau aus ihm. Manchmal war er freundlich und sagte ihr ein nettes Wort. Doch das war die Ausnahme. Meist behandelte er sie, als wüsste er nicht, was er mit ihr anfangen sollte, war bissig in seinen Bemerkungen und gelegentlich sogar verletzend.

Und die Arbeit war ihm heilig. Andrew schien versessen darauf zu sein, diese über hundertfünfzig Morgen wildes Land innerhalb von wenigen Monaten in eine blühende Farm zu verwandeln, was ein Unding war, wie er wohl selbst wusste. Aber das hinderte ihn nicht daran, mit eiserner Verbissenheit ein Projekt nach dem anderen voranzutreiben. Doch mit dem, was er zu seinem Bruder über den Rum gesagt hatte, hatte er Recht. Ohne Rum waren die Sträflinge nicht bereit zu arbeiten. Sie hatten sogar ein Anrecht auf ihre wöchentliche Ration, die Abby schon großzügig genug fand, den Männern aber immer noch nicht reichte. An Sonntagen ließen sie sich damit voll laufen und grölten dann betrunken in ihren Hütten. Rum war das, was sie am meisten beschäftigte: Eine Woche Rumentzug war nach der Auspeitschung für sie die härteste Strafe und nur mit einer Extraportion Rum leisteten sie zusätzliche Arbeit.

Die drei Iren Sean, Aron und Nat bildeten da keine Ausnahme. Im Gegensatz zu vielen anderen Iren in der Kolonie verdankten sie ihre Verbannung nicht politischen Gründen, weil sie sich etwa gegen die britische Vorherrschaft in ihrem Lande aufgelehnt und zu den Rebellen gehört hätten. Sie waren Schurken und Straßenräuber gewesen, wie man sie in jedem Land finden konnte.

Abby hielt sich fern von ihnen, wenn es möglich war. Ihre Flüche und Redensarten widerten sie an. Doch nicht immer konnte sie sich aussuchen, welchem Arbeitskommando sie zugeteilt wurde.

Andrew hatte den Stamm mittlerweile durchgesägt, legte die Säge nun aus der Hand und drehte sich zu ihnen um. Abby war froh, dass sie gerade einen schweren Ast gepackt hatte und damit auf dem Weg zur Sammelstelle war.

»He, Abby! Lauf rüber und sag meinem Bruder, er soll mit dem Ochsengespann herkommen!«, brüllte er ihr zu.

»Ja, mach ich!«, rief Abby zurück und lief zum Farmhaus. Sie fand Melvin im Stall bei den Pferden und richtete ihm aus, was Andrew ihr aufgetragen hatte.

»Er kann mal wieder kein Ende finden, nicht wahr?«, seufzte er und musterte sie mitfühlend.

Abby zuckte mit den Schultern. »Es gibt eben so viel zu tun«, sagte sie ausweichend.

»Ja, es ist, als ob einem die Zeit davonläuft. Aber mit Gewalt erzwingen kann man es auch nicht«, sagte Melvin. »So, ich werde dann mal die Ochsen anspannen, während du dich um Sarah kümmerst, Abby.«

»Aber das geht nicht!«

»Warum denn nicht?«

»Ihr Bruder wird es nicht gern sehen, wenn ich schon vor Feierabend mit Sarah zusammen bin. Er hat mir eine Arbeit zugeteilt und ...«

»Und ich befreie dich davon!«, unterbrach Melvin sie energisch. »Sarah ist schon ganz unglücklich, dass keiner richtig Zeit für sie hat. Die eine Stunde abends, die du bisher mit ihr verbracht hast, ist entschieden zu wenig, da bin ich mir mit meinem Vater einig.«

»Ja, aber Andrew ...«

»Mach dir wegen ihm keine Sorgen, Abby. Ich werde mit ihm reden. Noch ist er ja nicht Herr hier auf *Yulara*«, sagte er und fügte mit einem Schmunzeln hinzu: »Obwohl er es eines Tages sicherlich sein wird.«

»Aber Sie sind doch der Erstgeborene!«, wandte Abby verwundert ein.

Melvin lächelte gequält. »Die Landwirtschaft ist meine Leidenschaft nicht, was auch kein Geheimnis ist. Ich werde meine Pflicht tun, wie es von mir erwartet werden kann. Doch sobald die Farm aufgebaut ist und auf eigenen Füßen steht, werde ich mich nach einer Tätigkeit umsehen, die meinen Veranlagungen und Interessen mehr entgegenkommt. Und in einer so jungen Kolonie wie New South Wales gibt es für einen unternehmungsfreudigen Geist sicherlich viele Möglichkeiten, die nicht gerade mit Ackerbau und Viehaufzucht zu tun haben.«

»Dann werden Sie *Yulara* verlassen?«, fragte Abby und zeigte ungewollt ihre Enttäuschung.

»Würde es dir Leid tun?«, fragte er mit einem warmherzigen Lächeln.

»Ja, sehr«, gestand sie und senkte den Blick, weil es einem Sträfling wie ihr eigentlich nicht zustand, solch persönliche Bemerkungen von sich zu geben.

Er lachte. »Na, noch ist es ja nicht so weit. Und nun geh zu Sarah. Mit meinem Bruder komme ich schon klar. Na, lauf schon! Bestimmt ist sie in der Küche und bringt Rosanna zur Weißglut, weil sie ihr ständig im Weg ist.«

Abby fühlte sich niedergeschlagen, als sie den Hof überquerte. Dass Melvin die Farm verlassen wollte, ging ihr irgendwie nahe. Er war von Anfang an freundlich zu ihr gewesen und unterhielt sich dann und wann einmal ernsthaft mit ihr – so wie eben. Und nie hatte sie das Gefühl, dass er sie als Sträfling sah oder als junges Mädchen, das zu dumm für eine vernünftige Unterhaltung war. Gerade ihn zu verlieren, würde sie wirklich sehr schmerzen.

Rosanna knetete einen schweren Ballen Teig, als Abby zur Küche hineinschaute. »Sarah? Nein, dieser kleine Teufelsbraten ist nicht bei mir«, schnaufte sie. »Wir sind uns was in die Haare geraten, und dann sie sie eben auf und davon, das kleine Fräulein.«

»Aber das darf sie doch nicht! Allein soll sie das Haus doch nicht verlassen!«

Die Köchin schenkte ihr einen gequälten, schuldbewussten Blick. »Ich weiß, ich weiß. Hab Mister Chandler schon tausendmal gesagt, dass ich ihm alles koche, was er sich nur wünscht, aber dass ich nicht zum Kindermädchen geschaffen bin. Ich weiß, ich hätte hinter ihr herlaufen und sie zurückholen sollen, aber der Teig wartet doch nicht ... und ein bisschen ärgerlich auf dieses kleine Luder war ich schon.« Sie sah Abby bittend an.

»Schon gut, ich find sie schon, Rosanna, und Mister Chandler wird nichts davon erfahren, dass du sie hast entwischen lassen«, versicherte Abby, denn sie verstand sich gut mit der Köchin, die ein gutes Herz hatte, aber kein Gespür für Kinder besaß.

Rosanna war sichtlich erleichtert. »Du bist ein Goldstück!«

Abby fand Sarah weder in ihrem kleinen Zimmer, das zum Fluss hinausging, noch auf der hinteren Veranda, wo sie sonst gern spielte. Sie hielt sich auch nicht in der Scheune auf.

»Suchst du jemanden?«, fragte Vernon Spencer, der stiernackige Schmied, der gerade eines der Pferde beschlug.

»Ja, Sarah.«

»Die ist gerade da runtergelaufen«, sagte Vernon Spencer und deutete mit dem Hammer in Richtung Fluss. »Aber wenn dich jemand fragt, woher du das weißt, dann lass meinen Namen aus dem Spiel, Abby. Ich kümmere mich um meine Arbeit und sonst gar nichts.«

»Ja, danke, Vernon«, sagte Abby und lief los. Allein zum Ufer des Hawkesbury zu gehen, war Sarah strengstens verboten, doch es lockte sie immer wieder hinunter an den breiten Strom – vielleicht gerade weil es verboten war.

Abby rannte so schnell sie konnte über den schmalen Pfad, der sich durch die Hügel schlängelte und dann einem langen, sanft abfallenden Hang hinab zum Ufer folgte. Dort hatten die Männer erst vor kurzem einen Anlegesteg aus schweren Baumstämmen errichtet. Es gab Flussschiffer auf dem Hawkesbury, die die Siedler entlang des Stromes mit allen nötigen Waren versorgten, sofern sie erhältlich waren, und zur Erntezeit die Säcke mit Mais, Weizen und Gemüse nach Sydney brachten. Einer dieser Flussschiffer hatte den Chandlers ein kleines Boot aus Sydney im Schlepptau mitgebracht, sodass sie auch mal auf dem Fluss fischen oder ihn überqueren konnten. Eine richtige Floßfähre, mit der man auch Tiere von einem Ufer ans andere bringen konnte, war auch in Planung. Ach, es war so viel in Planung, dass es besser war, nicht an die viele Arbeit zu denken, die noch darauf wartete, erledigt zu werden.

»Abby! ... Ich bin hier!«, schallte die klare Kinderstimme von Sarah zu Abby vom Bootssteg herauf.

Abby war erleichtert, zwang sich aber zu einer ernsten Miene, als sie Sarah erreicht hatte. »Was treibst du hier? Du weißt doch ganz genau, dass es dir verboten ist, allein zum Fluss zu gehen! Wenn dein Vater davon erfährt, wird Rosanna schrecklichen Ärger bekommen. Willst du das?«

Sarahs fröhliches Lächeln erlosch und kleinlaut antwortete sie: »Nein, das nicht ... aber es war so schrecklich langweilig bei ihr. Sie redet immer nur von irgendwelchen Rezepten oder von der Königin.«

Abby schmunzelte. »Das interessiert sie nun mal und auf ihre

Art meint sie es auch nur gut. So, und nun nimm deine Alice und lass uns zum Haus hochgehen.«

Sarah bückte sich nach ihrer Puppe, die sie ins hohe Ufergras gelegt hatte. Im selben Augenblick bemerkte Abby die gleitende Bewegung zwischen den Beinen der Stoffpuppe und sah den schwarz-gelb gefleckten Körper einer Schlange.

Geistesgegenwärtig stieß sie Sarah zurück, und zwar so heftig, dass sie zwei, drei Schritte zurücktaumelte und dann mit einem Aufschrei zu Boden stürzte.

»Abby!«, schrie Sarah fassungslos über diesen brutalen Stoß und wollte losweinen.

»Ganz still!«, rief Abby eindringlich. »Eine Schlange. Komm nur nicht näher!«

Sarah erstarrte, wurde bleich wie Porzellan. Vergessen waren Schmerz und Empörung. »Meine Puppe!«, flüsterte sie angsterfüllt.

»Ssscht!«, zischte Abby. Dies war nicht die erste Schlange, die ihr begegnete. Rodung von wildem, bisher unberührtem Land brachte es mit sich, dass Schlangen aufgescheucht wurden. Und sie hatte lernen müssen, sich vor ihnen nicht nur in Acht zu nehmen, sondern sie auch schnellstens zu töten. Denn nicht immer war eine Flinte zur Hand, die außerdem nur die Chandlers mit sich führten.

Ganz langsam zog Abby sich zurück, hielt Ausschau nach einem dicken Knüppel und entdeckte einen, den der Fluss angeschwemmt hatte. Sie hob ihn auf, umklammerte ihn und näherte sich wieder der Stelle, wo die Schlange lag. Sie war sicher, dass sie es mit einer giftigen zu tun hatte, und ihr Herz schlug wie wild. Eine unbedachte Bewegung, und die Schlange würde sie angreifen.

Noch einen Schritt, und sie war nahe genug, um sie mit dem Knüppel zu töten, wenn sie nur schnell genug war und ihr Ziel nicht verfehlte.

Das Reptil war gewarnt. Die Erschütterung des Bodens hatte

die Schlange aufgeschreckt. Sie hatte den flachen Kopf vorgestreckt und den Rachen aufgerissen, bereit zum Angriff.

Abby schluckte, überwand ihre Angst und ließ den Knüppel niedersausen. Mit aller Kraft schlug sie zu, und sie merkte gar nicht, dass sie laut schrie, als der erste Schlag das Reptil verfehlte. Die Schlange schoss vor – krümmte sich dann unter dem zweiten Hieb, der sie hinter dem Kopf traf. Sie schlug ihre Zähne in den Knüppel, versprühte ihr Gift gegen das Holz und wickelte sich blitzschnell um den Ast. Doch bevor die Schlange ihre Hand erreichen konnte, hatte Abby den Knüppel schon weit von sich geschleudert. Er klatschte ins Wasser und wurde von der Strömung schnell flussabwärts getragen.

Einen Augenblick stand Abby, am ganzen Körper zitternd, da. Dann hörte sie Sarah weinen und der Schreck wich von ihr. Schnell hob sie die Puppe auf, ging zu Sarah und nahm sie in die Arme. »Ist ja schon gut, hier hast du deine Alice. Jetzt weißt du, warum du dich nicht vom Haus entfernen sollst. Lass es dir eine Lehre sein«, sagte sie und wischte ihr die Tränen vom Gesicht.

»Sie war giftig und hätte mich gebissen, nicht wahr?«, schluchzte Sarah.

»Ja, das hätte sie wohl.«

»Dann hast du mir das Leben gerettet.«

Abby fuhr ihr liebevoll über den Kopf. »Ich habe nur getan, was jeder andere an meiner Stelle auch getan hätte, Sarah.«

»Meinst du?« Sarah blickte sie schniefend und unsicher an. Dann leuchteten ihre Augen auf. »Ich werde es Andrew und Melvin und auch Vati erzählen. Sie werden stolz sein und dich bestimmt nicht mehr so schwer arbeiten lassen und dann können wir den ganzen Tag zusammen sein!«

Abby lachte. »Das lässt du besser bleiben, wenn du nicht willst, dass dein Vater dir den Hosenboden versohlt. Denn wenn du ihm davon erzählst, erfährt er ja auch, dass du ungehorsam und hier am Fluss gewesen bist.«

Sarah blickte ganz traurig, sah jedoch ein, wie Recht Abby damit hatte.

»Wir behalten das Ganze für uns, Sarah. Das mit der Schlange ist unser Geheimnis. Es ist doch schön, wenn man ein Geheimnis hat, das man mit jemandem teilen kann, oder?«

Das munterte Sarah wieder auf. »O ja, ich hab noch nie ein richtiges Geheimnis gehabt.«

»Na, also! Und jetzt lass uns zurückgehen, bevor noch jemand merkt, wo du gewesen bist«, sagte Abby, nahm sie an die Hand und begann ihr eine Geschichte zu erzählen.

Vierzehntes Kapitel

Die Wochen verstrichen. Es war eine endlose Kette arbeitsreicher Tage. Doch Abby beklagte sich nicht. Sie war gesund und gerne im Freien. Harte körperliche Arbeit erschien ihr nicht halb so schlimm wie die Monotonie und Untätigkeit in einer Kerkerzelle oder im Zwischendeck eines Sträflingsschiffes. Und wenn sie auch nicht über die Kraft der Männer verfügte, so gab es doch auf *Yulara* keinen, der sie an Beständigkeit und Willenskraft ausgestochen hätte. Noch nicht einmal Andrew.

Einmal forderte er sie regelrecht heraus, aufzugeben, wenn auch nicht mit Worten. Es war inzwischen Winter geworden und starke Regenfälle hatten auf den Feldern viel Schaden angerichtet.

»Wir brauchen unbedingt ein System von Gräben«, hatte Jonathan Chandler schon nach den ersten Regenfluten erkannt, »die wir im Sommer zum Bewässern der Felder benutzen können und wo das Wasser bei zu heftigem Regen abfließen kann, ohne viel vom guten Mutterboden abzutragen.«

Und so hatten sie damit begonnen, ein derartiges Grabensystem anzulegen.

Beim Ausheben einer solchen Erdrinne versuchte Andrew nun, sie in die Knie und zum Eingeständnis zu zwingen, dass sie doch nicht wie ein Mann mithalten konnte. Er hatte dafür gesorgt, dass nur sie beide an diesem neuen Graben arbeiteten.

Es war ein feuchtkalter Tag, und vom Fluss wehte ein Wind herüber, der ihre Hände ganz steif und klamm werden ließ. Graue Wolken, die aus Nordwesten heranzogen, wo sich die Blue Montains als bisher unüberwindliche Barriere erhoben, kündigten neuen Regen an.

Seit dem frühen Morgen arbeiteten sie, mit nur einer kurzen Unterbrechung am Mittag. Sie hatte kaum das Essen herunterschlingen können. Andrew wollte den Entwässerungskanal fertig haben, bevor *Yulara* erneut unter schweren Regenfällen versank.

Mittlerweile war es später Nachmittag geworden und sie arbeiteten noch immer im schwindenden Licht der Dämmerung. Es stiegen schon Nebelschwaden vom Fluss auf. Doch Andrew rammte seinen Spaten immer wieder ins Erdreich, das feucht und schwer am Blatt klebte.

Abby war kurz nach dem Mittag versucht gewesen, den Spaten von sich zu schleudern und sich schluchzend in den Dreck zu werfen, mochte Andrew doch von ihr halten, was er wollte! Sie glaubte, den Spaten einfach nicht mehr halten zu können. Ihr Rücken schmerzte vom unablässigen Bücken, als hätte man ihn mit der Peitsche in ein Stück rohes Fleisch verwandelt. Und ihre Arme wurden immer kraftloser und schienen ihr den Dienst versagen zu wollen.

Vielleicht hätte sie auch aufgegeben, wenn sie Andrews Blick nicht aufgefangen hätte. Er schien zu spüren, wie es in ihr aussah, und aus seinen Augen sprachen Spott und der Triumph eines Mannes, der zu wissen meint, sein Ziel im nächsten Moment erreicht zu haben.

»O nein, den Gefallen werde ich dir nicht tun, Andrew! Ich werde den Spaten nicht aus der Hand legen, bevor du es nicht tust! Und wenn es das Letzte ist, was ich in diesem verfluchten Sträflingsleben tue!«, sagte sie sich, und der Zorn trieb ihr nicht nur die Tränen in die Augen, sondern gab ihr auch die nötige Kraft, um diesen toten Punkt zu überwinden.

Es war für sie auf einmal wichtiger als alles andere auf dieser Welt, dass sie durchhielt und Andrew bewies, dass sie sich auch von ihm nicht unterkriegen ließ. Unwillkürlich dachte sie an Rachel und an deren kleinen Bruder Jacob, der schon mit neun Jahren zwölf, fünfzehn Stunden härtester Arbeit im Bergwerk hatte leisten müssen.

So biss sie die Zähne zusammen und schaufelte weiter, zu Andrews sichtlicher Überraschung. Irgendwann nahm sie die Schmerzen im Rücken nicht mehr so intensiv wahr. Sie waren ebenso Teil ihres Körpers wie die brennenden Handflächen.

Andrew wurde immer verdrossener, je mehr sie abschaltete und fast wie eine Maschine arbeitete. Sie lauschte dem Rhythmus seines Atems, der sich nun hörbar veränderte. Waren seine Atemzüge gegen Mittag noch ruhig und gleichmäßig gewesen, wurden sie nun immer mehr zu einem angestrengten Keuchen. Seine Bewegungen waren auch längst nicht mehr so flüssig und geschmeidig. Aus den Augenwinkeln beobachtete sie ihn und ertappte ihn dabei, wie er sich zwischen zwei Spatenstichen immer mal wieder kurz auf den Stiel stützte und nach Atem rang. Er war genauso erschöpft wie sie.

Abby wusste später nicht zu sagen, woher sie noch die Kräfte genommen hatte, um ihm in dieser stummen, aber nichtsdestoweniger heftigen Auseinandersetzung die Stirn zu bieten.

»Um Himmels willen, so hör doch endlich auf! Was willst du dir oder mir denn noch beweisen!?«, schrie es in ihr, als die Schatten immer länger und dunkler wurden. »Reicht es denn nicht? Hör auf! ... Bitte, hör auf!« Doch ihr Mund blieb stumm und zusammengepresst.

Andrews Atem wurde zu einem Rasseln. Er sog die Luft ein wie jemand, der unter Erdreich begraben liegt und mit dem Ersticken kämpft.

»Schluss!«, stieß er plötzlich hervor. Seine Brust hob und senkte sich heftig. Ausgelaugt stützte er sich auf den Spaten. »Das genügt für heute!«

Abby tat, als hätte sie ihn nicht gehört. Dabei kamen ihr fast die Tränen der Erlösung, dass die Quälerei nun endlich ein Ende hatte. Unbändiger Zorn veranlasste sie, sich taub zu stellen und den Spaten wieder und wieder in das schwere Erdreich zu stoßen.

»Hör auf damit!«, schrie er sie an und seine Stimme überschlug sich. Er wusste, dass er diesen Zweikampf verloren hatte, und das ließ ihn seine Beherrschung verlieren. »Hast du nicht gehört, was ich gesagt habe? Du kannst aufhören, verdammt noch mal. Ich weiß, dass du arbeiten kannst! Also, was soll's!«

Sie hörte nun auf, drehte sich um und sah ihn wortlos an. Ihr Blick war Antwort genug.

Abrupt wandte Andrew sich ab und stapfte davon.

Abby folgte ihm. Jeder Schritt kostete sie Überwindung. Jetzt, da alles vorbei war, machte sich ihr gepeinigter Körper mit stechenden Schmerzen bemerkbar. Und sie schleppte sich mehr zu ihrer Hütte, als sie ging.

»Mein Gott, wie siehst du denn aus!«, rief Rosanna erschrocken, als Abby in die Hütte taumelte. Alle anderen Sträflinge waren schon längst von der Arbeit gekommen, so auch Rosanna, die ein Feuer entzündet und eine Kanne Tee aufgesetzt hatte.

Ohne einen Ton von sich zu geben, sank Abby auf ihre Bettstelle. Tränen der Erschöpfung rannen ihr über das Gesicht, ohne dass es ihr bewusst wurde.

»Komm, trink eine Tasse. Das wärmt dich und weckt die Lebensgeister«, sagte Rosanna voller Mitgefühl, goss schnell einen Becher voll und drückte ihn ihr in die Hand.

Abby wollte zufassen, doch es war ihr unmöglich, die Hand zu schließen. Sie hatte einfach keine Kraft mehr und der Becher entglitt ihren Fingern.

»Das war nicht richtig, was der junge Mister Chandler da getan hat!«, schimpfte Rosanna, nachdem Abby stockend berichtet hatte, was da draußen auf dem Feld geschehen war.

»Warum hat er das nur getan? Dabei kann er doch sonst so nett sein. Mein Kind, du darfst dich nie wieder auf so eine Sache einlassen. Es gibt nichts als böses Blut, wenn ein Sträfling einem freien Mann die Stirn bietet, wie du es getan hast, lass dir das von mir gesagt sein. Wir haben es gut bei den Chandlers, wenn auch alle ihre Fehler haben, deshalb solltest du sie nicht reizen – schon gar nicht den jungen Andrew!«

Abby war viel zu müde, um ihr eine Antwort zu geben. Sie wollte nur schlafen. Und kaum hatte sie sich auf dem Bett ausgestreckt, als ihr auch schon die Augen zufielen und sie in einen tiefen, traumlosen Schlaf der Erschöpfung sank. Sie merkte gar nicht mehr, dass Rosanna sie zudeckte.

Als sie aufwachte, fiel helles Licht durch das Fenster in den kleinen Raum. Erschrocken fuhr sie auf, weil sie meinte, verschlafen zu haben und zu spät zur Arbeit zu kommen. Doch dann fiel ihr ein, dass ja Sonntag war. Mit einem Seufzer sank sie auf ihr Kissen zurück, das sie sich aus einem Jutesack genäht und mit getrockneten Blättern gefüllt hatte. Sie schlief noch einmal ein. Als sie das zweite Mal aufwachte und die Augen öffnete, blickte sie in Rosannas Gesicht.

»Ja?«, fragte sie schläfrig.

»Komm hoch! Der junge Mister Chandler ist da!«, raunte die Köchin und deutete mit dem Kopf zur Tür.

Abby blickte sie verständnislos an, noch ganz genommen vom Schlaf.

»Lass nur, Rosanna. Ich komm später noch mal wieder«, hörte sie dann Andrews Stimme von der Tür.

»Nein, nein, es ist schon gut«, sagte sie hastig, schlug die

Decke zurück und setzte sich auf. Die stechenden Schmerzen waren verschwunden, doch sie merkte bei jeder Bewegung, dass sie einen schrecklichen Muskelkater hatte.

»Na, dann geh ich mal was Feuerholz holen«, brummte Rosanna und tat geschäftig. »Mit den paar Scheiten kommen wir nicht mehr weit.«

Andrew trat ein. Sein Gesicht war merkwürdig verschlossen, als sein Blick auf ihr ruhte. »Na, ausgeschlafen?«

»Es ist Sonntag, und da kann ich tun, was mir beliebt!«, erwiderte Abby schroff.

»Sarah hat schon gefragt, warum du nicht zu ihr gekommen bist wie an jedem Sonntag. Aber dies ist wohl kein gewöhnlicher Sonntag, oder?«

»Nein«, antwortete Abby kurz angebunden.

»Kann ich mir vorstellen.« Es klang nicht spöttisch, sondern eher mürrisch. »Fand heute Morgen auch kaum aus den Federn. Muss wohl am Wetter liegen.«

»Ja, muss wohl.« Abby wunderte sich immer mehr, warum er erschienen war.

Andrew blickte sich in der Hütte um, kratzte sich dann am Kinn und sagte dann scheinbar ohne jeden Zusammenhang: »Mein Bruder hat mir erzählt, dass er dir manchmal Bücher ausleiht, weil du gerne liest«, sagte er und klang wieder verdrossen, als passte ihm das gar nicht.

»Ja, wenn ich dazu komme.« Melvin hatte sie einmal dabei überrascht, wie sie die Bücher im Regal in der kleinen Halle bewundernd betrachtet hatte, und er hatte ihr angeboten, sich eines auszuleihen, wann immer sie das mochte. Ein Angebot, das sie mit Freuden angenommen hatte, auch wenn sie nach der Arbeit nur noch selten die Konzentration zum Lesen aufbrachte. Doch ein Buch unter ihrem Kopfkissen zu haben war etwas Wunderbares und erinnerte sie an jene Zeit, als sie zu Hause selbst noch Bücher besessen hatte. Doch in der schweren Zeit hatte ihre Mutter sie dann nach und nach verkauft.

Andrew druckste einen Moment herum, und sein Gesicht nahm einen noch verkniffeneren Ausdruck an, dass Abby schon das Schlimmste befürchtete. Dann zog er ein kleines, ledergebundenes Buch aus seiner Jackentasche. Jetzt bemerkte Abby erst, dass er seine linke Hand bandagiert hatte, und fast hätte sie schadenfroh gelächelt.

»Na ja, wenn du dir so viel aus Büchern machst ...«, brummte er und hielt ihr das Buch hin.

»Was ist damit?«, fragte Abby verwirrt.

»Du kannst es haben, wenn du möchtest. Ich hab es heute zufällig in meiner Seekiste gefunden, als ich darin gestöbert habe. Ich weiß nicht, ob du so etwas liest. Ist ein Stück von einem Burschen namens Shakespeare, soll ein ziemlich bekannter Schriftsteller gewesen sein, der aber schon ein paar Jahrhunderte tot ist, wie Melvin sagt. Ich verstehe davon nicht viel. Gelesen habe ich von ihm jedenfalls noch nichts, aber das hat ja nichts zu sagen.« Die Worte kamen ihm hastig über die Lippen, und er vermied es, ihrem erstaunten Blick zu begegnen. »Ich dachte nur, du würdest es vielleicht gern haben wollen ...«

Abby wusste nicht, was sie sagen sollte und murmelte dann nur ein leises »Danke«. Sie blickte auf den Lederrücken und las: »William Shakespeare – Ein Sommernachtstraum.«

»Das ... das war alles«, sagte er schroff, wandte sich um und machte, dass er aus der Hütte kam.

Mit dem Buch in der Hand saß Abby auf ihrem Bett und blickte noch ganz verstört auf die Tür, als sie längst hinter ihm zugefallen war. Es erschien ihr wie ein Traum, dass Andrew zu ihr gekommen war und ihr so ein kostbares Geschenk gemacht hatte. Doch genau das war geschehen.

Sie lächelte plötzlich. Andrew hatte sich bei ihr entschuldigen wollen. Nicht mit Worten, wie er sie auch nicht mit Worten herausgefordert hatte, sondern auf die einzig mögliche Art, die es ihm gestattete, dabei sein Gesicht zu wahren, und die so typisch für ihn war: durch eine Tat, die für sich selbst sprach.

Fünfzehntes Kapitel

Das zweite Halbjahr flog nur so dahin, und das Leben auf *Yulara* ging seinen vertrauten Weg, folgte den Notwendigkeiten der wechselnden Jahreszeiten und verlor für alle ein wenig an Härte, weil die erste Aussaat gut angeschlagen war und die Ernte trotz der schweren Regenstürme doch noch einen guten Ertrag brachte. Jonathan Chandler und ganz besonders sein Sohn Andrew bewiesen auch bei der Aufzucht eine gute Hand. Im Frühjahr sah man nicht nur zehn gesunde Lämmer und zwei Kälber bei ihren Müttern auf der Weide grasen, sondern auch ein prächtiges Fohlen, das Andrews Lieblingsstute *Samantha* geworfen hatte, tobte ausgelassen auf seiner Koppel. Es war ein Halbjahr, mit dem die Chandlers zufrieden sein konnten und das keine unangenehmen Überraschungen gebracht hatte – von der unerfreulichen Geschichte mit Sean Oxley einmal abgesehen.

Es war zu Beginn des neuen Sommers, als Jonathan Chandler bei einem nächtlichen Rundgang den Iren auf frischer Tat dabei ertappte, wie er in den Vorratsschuppen einbrach und ein Fass Rum anstechen wollte.

Sträflingen, die in New South Wales erneut straffällig wurden, drohte schwerste Bestrafung. Diebstahl wurde besonders hart geahndet. Mindestens zweihundert Peitschenhiebe und Verlegung in ein Arbeitslager, wo die Rückfälligen ein hartes Leben erwartete, waren die Regel.

»Eigentlich müsste ich ihn melden und nach Parramatta schicken, damit er vor ein Gericht gestellt wird«, sagte Jonathan, als er sich am Morgen mit seinen Söhnen besprach.

»Man wird ihn nach Norfolk Island schicken oder auf die Kohlefelder bei Coal Harbor, wo die Leute wie die Fliegen sterben sollen«, meinte Melvin.

»Das hat er sich selbst zuzuschreiben«, erwiderte Andrew. »Er wusste ganz genau, was ihm blüht, wenn er so etwas tut. Außerdem ist es nicht das erste Mal, dass Sean Oxley Ärger macht. Er ist ein Unruhestifter gewesen, von Anfang an. Soll doch das Gericht entscheiden, welche Strafe er erhält.«

»Ja, unter normalen Umständen würde ich auch gar nicht lange zögern, aber vergesst nicht, dass wir für ihn keinen Ersatz kriegen werden«, gab sein Vater zu bedenken. »Und ihr wisst genau, dass wir jedes Paar Hände auf *Yulara* brauchen!«

»Und was willst du dann tun, Vater?«, wollte Melvin wissen.

»Ich werde ihm die Wahl lassen, ob er sich vor einem Gericht in Parramatta oder Sydney für seine Tat verantworten will – oder ob er die Strafe akzeptiert, die ich hier auf *Yulara* über ihn verhänge, nämlich fünf Dutzend Peitschenhiebe!«, erklärte Jonathan Chandler hart. »Er wird dann zwar einige Zeit für uns ausfallen, bis seine Wunden einigermaßen verheilt sind, doch die Woche können wir verschmerzen.«

»Ich hoffe nur, du machst damit keinen Fehler, Vater«, sagte Andrew skeptisch, der Sean Oxley lieber von der Farm gewusst hätte.

Sean Oxley brauchte nicht lange, um sich zu entscheiden. Er gab der verhältnismäßig milden Strafe von sechzig Peitschenhieben den Vorzug, denn die würde er mit einiger Gewissheit überleben.

Jonathan Chandler führte die Bestrafung eigenhändig aus, sosehr er es auch verabscheute, einem Mann den Rücken mit der Neunschwänzigen blutig zu schlagen. Doch er wusste, dass ihm allzu große Nachsicht als Schwäche ausgelegt würde.

Alle Sträflinge auf *Yulara* mussten sich die Auspeitschung bis zum buchstäblich blutigen Ende mit ansehen, auch Abby und Rosanna.

»Lasst euch das eine Warnung sein!«, rief Jonathan Chandler, als er die sechzig Hiebe verabreicht hatte, und sein Gesicht war grau wie Blei. »Der Nächste, der meint, die Gesetze so missachten zu können, wie Sean Oxley es getan hat, wird nicht so glimpflich davonkommen, sondern sich vor einem Gericht zu verantworten haben. Und was das bedeutet, brauche ich ja wohl keinem zu erklären! ... So, und jetzt schafft ihn mir aus den Augen!«

Nat und Aron schleppten ihren blutüberströmten, bewusstlosen Landsmann in seine Hütte, um seine Wunden auszuwaschen und zu verbinden, während Abby bleich davonwankte und sich im Schutz eines Gebüsches übergab, bis nur noch bittere Galle hochkam.

Sean Oxley erholte sich erstaunlich schnell von der Auspeitschung, und er tat bald wieder seine Arbeit, wie sie von ihm verlangt wurde. Doch jedes Mal, wenn er einen Chandler erblickte, flammte mörderischer Hass in seinen Augen auf.

Sechzehntes Kapitel

Es war Jonathan Chandlers Vorschlag, dass Abby zusammen mit Sarah das Reiten lernen sollte. »Meine Tochter wird jetzt bald sieben und damit alt genug, um den Umgang mit Pferden zu lernen«, sagte er eines Tages. »Ich möchte, dass sie so sicher im Sattel sitzt wie jeder andere Chandler. Ihre Mutter war auch eine hervorragende Reiterin, und es wird ihr gut tun, gelegentlich auszureiten. Nur so kann man die Weite des Landes kennen und schätzen lernen.«

Als Andrew davon hörte, reagierte er ganz anders, als Abby erwartet hatte. Er begrüßte den Vorschlag seines Vaters, wenn er es sich auch nicht nehmen ließ, eine spöttische Bemerkung zu machen. »Jemandem, der sich mit Büchern auskennt und aus einer guten Familie stammt, dürfte das Reiten gut zu Gesicht stehen.« Es lag aber keine Boshaftigkeit oder Schärfe in seinen

Worten. Seit jenem feuchtkalten Tag, als sie den Graben ausgehoben hatten, hatte sich Andrews Verhalten ihr gegenüber entscheidend geändert. Wenn er auch nicht gerade von Herzlichkeit überströmte, so behandelte er sie doch mit einer Art Respekt, die ihr gut tat. Es gab sogar Momente, wo er ausgesprochen freundlich zu ihr war und das Gespräch mit ihr zu suchen schien. Doch er zog sich stets schnell wieder zurück, als hätte er Angst, zu vertraut mit ihr zu werden.

Melvin, der sich bereit erklärt hatte, ihr und Sarah das Reiten beizubringen, hegte diese Angst offensichtlich nicht. Er behandelte sie fast so, als gäbe es zwischen ihnen keine gesellschaftlichen Schranken.

Abby verlor ihre anfängliche Angst schnell, denn Melvin war ein einfühlsamer und geduldiger Lehrer. Schon nach wenigen Stunden bereitete es ihr ausgesprochene Freude, hoch zu Pferd die nähere Umgebung von *Yulara* zu erkunden. Ihre Ausritte legte Melvin meist in die frühen Morgenstunden, manchmal jedoch auch in den Abend, um die größte Hitze zu vermeiden, und es waren für Abby die schönsten Stunden der Woche. Gelegentlich nutzte Melvin ihre Ausritte auch, um für Abwechslung auf ihrem Speiseplan zu sorgen, und schoss eines der vielen Kängurus, die diesen Landstrich bevölkerten.

Wenn Sarah müde wurde und eine Rast brauchte, ließen sie die Pferde grasen und setzten sich in den Schatten hoher Eukalyptusbäume. Dann unterhielten sie sich über alles Mögliche, und Abby vergaß manchmal völlig, dass sie trotz ihrer kleinen Sonderstellung ein Sträfling war.

Bei diesen Gelegenheiten erfuhr sie von Melvin viel über das, was in der Kolonie passierte und was ein einfacher Sträfling kaum zu Ohren bekam, ganz besonders dann nicht, wenn er auf einer der Farmen am Hawkesbury lebte, wo Nachrichten immer erst mit großer Verspätung eintrafen.

»Gouverneur King hat einen sehr schweren Stand«, berichtete er eines Tages. »Die Herren Offiziere vom New South

Wales Corps tun alles, um ihm das Leben zur Hölle zu machen. Was immer King auch unternimmt, um die Rechte der freien Siedler und Emanzipisten zu stärken, das verdammte Rum-Corps weiß es zu vereiteln ... allen voran dieser skrupellose John Macarthur.«

»Wer ist das?«, wollte Abby wissen, die sich brennend für alles interessierte.

Melvin spuckte einen Grashalm aus, auf dem er gekaut hatte. »Er ist der Schlimmste von allen. John Macarthur kam als Lieutenant mit dem New South Wales Corps in die Kolonie und machte sich schnell einen Namen als Querulant und Widersacher eines jeden Gouverneurs. Er wurde zum Sprecher der machthungrigen Offiziere und schaffte es doch tatsächlich, das ganze Corps gegen Gouverneur King aufzuhetzen, als dieser 1800 Hunter im Amt ablöste. Die Offiziere weigerten sich, dem neuen Stellvertreter des Königs ihre Aufwartung zu machen, und dachten gar nicht daran, ihr Rum-Monopol, mit dem sie die ganze Kolonie strangulieren, aufzugeben.«

»Aber das verstehe ich nicht«, sagte Abby verwirrt. »Hat ein Gouverneur denn nicht die Macht, einen Mann wie diesen Macarthur zur Verantwortung zu ziehen?«

Melvin lachte grimmig auf. »Nicht hier in der Kolonie. Als Macarthur dann einmal zu weit ging, ließ King ihn unter Arrest setzen und nach England bringen, wo er sich vor einem Kriegsgericht verantworten sollte. Doch Macarthur gelang es auch diesmal, seinen Kopf aus der Schlinge zu ziehen. Die sehr detaillierte Anklageschrift, die King unter größten Sicherheitsvorkehrungen mit dem Angeklagten nach England geschickt hatte, verschwand auf mysteriöse Weise.«

»Und ohne Anklage keinen Angeklagten«, folgerte Abby.

»Richtig. Macarthur trat als strahlender Sieger aus dieser Affäre hervor. Er beeindruckte die heimische Baumwollindustrie mit den Wollproben seiner Schafherden. Na ja, was für ein hinterhältiger Schweinehund Macarthur auch sein mag, dass er ein ausgezeichneter Schafzüchter ist, muss man ihm lassen«, räumte Melvin widerstrebend ein. »Auf jeden Fall verstand er sich bald so gut mit den hohen Herren vom Kolonialamt, dass von Bestrafung gar keine Rede mehr sein konnte. Zwar zog er den Rock des Königs aus, aber es waren mehr wirtschaftliche Gründe, warum er Abschied von der Offizierslaufbahn nahm. Denn als er letztes Jahr im Juni wieder nach Australien zurückkehrte, hatte er vom Kolonialamt eine Landschenkungsurkunde über mehrere tausend Morgen bestes Weideland in der Tasche! John Macarthur ist vermutlich nicht nur der mächtigste, sondern auch der reichste Mann der Kolonie.«

»Und die Offiziere hören noch immer auf ihn?«, fragte Abby.

»O ja! Macarthur braucht keinen Offiziersrock zu tragen, um die Fäden in der Hand zu halten. Gouverneur King ist gegen diese rücksichtslose Bande machtlos. Es heißt, dass er schon längst um seine Ablösung gebeten habe und nur darauf warte, das Amt einem anderen übergeben zu können.«

»Aber wird das denn etwas ändern?«

»Eine gute Frage«, sagte Melvin bekümmert. »Es wird wohl davon abhängen, wer King als Gouverneur ablöst. Die Kolonie braucht endlich einmal einen Mann, der diesen korrupten Saustall mit dem eisernen Besen auskehrt!«

Wenige Monate später, im August des Jahres 1806, kam dieser Mann auch. William Bligh wurde der Nachfolger von Gouverneur King, und jedes Kind wusste, wer dieser strenge, herrische Mann war: der ehemalige Captain der *Bounty*, deren Mannschaft 1789 in der Südsee gegen das unduldsame Regiment ihres Captains gemeutert und ihn auf offener See mit neunzehn Getreuen in einem kleinen offenen Boot ausgesetzt hatte. Doch Captain William Bligh, der in jungen Jahren schon als Steuermann mit James Cook um die Welt gesegelt war, hatte das kleine Wunder vollbracht, mit dieser Nussschale über 4000 Seemeilen zurückzulegen und schließlich Batavia zu erreichen. Das hatte ihn zum Helden gemacht.

Doch Bligh war ein unbequemer Held. Er war ein Mann, der eiserne Disziplin und Gehorsam verlangte und keinen Widerspruch duldete. Er hatte den Befehl bekommen, das skandalöse Rum-Monopol der Offiziere zu brechen und das New South Wales Corps endlich zu dem zu machen, als was es gedacht gewesen war – nämlich als Schutztruppe der Kolonie, die einzig und allein den Befehlen und Anordnungen des Gouverneurs Geltung zu verschaffen hatte. Und diesen Befehl würde er ausführen, koste es, was es wolle.

Als Melvin davon erfuhr, war er erfreut und skeptisch zugleich. »Ob Bligh der richtige Mann für diese Aufgabe ist, wird sich zeigen. Sicher ist jedoch, dass Macarthur und seine Freunde ihre Macht nicht kampflos abgeben werden, dafür sind die Profite aus ihrem Rum-Monopol zu hoch. Es wird eine erbitterte Auseinandersetzung geben, neben der alle bisherigen Querelen zwischen Gouverneur und Offiziers-Clique wie völlig belanglose Kleinigkeiten aussehen werden«, sagte er ahnungsvoll und wusste nicht, wie Recht er damit haben sollte. Mit William Blighs Ankunft in New South Wales war eine Zündschnur in Brand gesetzt worden, von der niemand wusste, ob sie irgendwo harmlos verglimmen oder aber ein Pulverfass zur Explosion bringen würde. Fest stand nur eines, dass sie brannte und immer grellere Funken sprühte.

Siebzehntes Kapitel

Es war an einem Tag im Hochsommer des nächsten Jahres, als Abbys Leben eine neue Wendung nahm. Die Felder auf *Yulara* boten dank des aufwendigen Bewässerungssystems einen prächtigen Anblick. Weizen und Mais standen hoch und dicht wie nie zuvor. Regte sich ein warmer Wind, dann wogten die

Felder wie ein goldbraunes Meer bei sanfter Dünung. Die Ernte versprach noch besser auszufallen als in den beiden Jahren zuvor. Auch die Rinder- und Schafherden hatten sich kräftig vermehrt. Jonathan Chandler hatte schon früh erkannt, dass sich das Land ganz besonders für die genügsamen Schafe eignete, und in den letzten beiden Jahren so viele Tiere wie möglich dazugekauft. Jetzt weideten fast zweihundert Schafe auf *Yulara,* die auch geschoren werden mussten.

Wie so vieles andere hatte Abby in den zweieinhalb Jahren, die sie nun schon auf der Farm der Chandlers am Hawkesbury River lebte, auch das Scheren gelernt. Denn wenn sie mit Sarah täglich auch viele Stunden verbrachte, so bedeutete das doch nicht, dass sie von anderen Arbeiten freigestellt war. Sie plagte sich wie die anderen Sträflinge auf den Feldern unter glühender Sonne, besserte schadhafte Zäune aus, schleppte Eimer mit Wasser, melkte die Kühe, griff zum Spaten, wenn Regengüsse das System der Gräben beschädigt hatten, und führte all die Arbeiten aus, die im Wechsel der Jahreszeiten eben auf einer Farm anfallen.

So gesehen waren es nur wenige Stunden, die ihr am Tag für Sarah verblieben. Und sie freute sich immer darauf, mit ihr zusammen zu sein, ob sie nun malten, sich Geschichten erzählten oder ausritten. Letzteres war zu Abbys Bedauern leider nur noch selten der Fall. Seit Bligh Gouverneur geworden war, hielt sich Melvin nämlich häufig in Sydney auf und blieb manchmal mehrere Wochen dort. Mit seiner Abwesenheit fielen dann auch die Ausritte bis auf die wenigen Male aus, wo Jonathan Chandler sie begleitete. Denn Andrew hatte weder die Zeit noch das Interesse an solchen unproduktiven Vergnügungen, wie er die Ausritte spöttisch nannte, obwohl er selber ein leidenschaftlicher Reiter war. Doch seit Melvin die Führung der Farm mehr noch als früher ganz seinem Vater und seinem jüngeren Bruder überlassen hatte, kniete sich Andrew energischer denn je in die Arbeit, um *Yulara* trotz der Hochwasserkatastrophen und Buschbrände, die jeden Sommer drohten, zu dem zu machen, was ihre Farm in Devon einmal gewesen war – ein landwirtschaftliches Kleinod.

Abby hatte am Nachmittag beim Scheren geholfen. Andrew hatte neben ihr ein Schaf nach dem anderen gepackt, auf den Rücken geworfen und den dicken Wollpelz von der Haut geschoren. Eine Arbeit, die viel Geschick und Erfahrung erforderte, denn nur zu leicht konnte man die dünne Haut des Schafes verletzen. Bei den vielen Insekten, die die Schafe zu dieser Jahreszeit umschwärmten, konnte das Entzündungen und gar den Tod des Tieres zur Folge haben. Andrew hatte nicht direkt zu ihr hinübergeschaut, doch dass er ihre Arbeit immer wieder aus den Augenwinkeln beobachtet hatte, war ihr nicht entgangen. Sie hatte sich besonders angestrengt, wie das immer der Fall war, wenn er in ihrer Nähe war. Doch gesagt hatte er nichts.

Als nun die schwere Bronzeglocke, die unter dem Vordach des Farmhauses hing, den Sträflingen den lang ersehnten Feierabend verkündete, ging sie zum Fluss hinunter. Sie hatte das Verlangen nach einem richtigen Bad, denn sie war von der Scherarbeit im stickigen Schuppen so verschwitzt, dass ihr alles am Leib klebte. Und überallhin waren die feinen Wollhaare gedrungen und juckten auf der Haut.

An einer geschützten Stelle, ein gutes Stück oberhalb der Anlegestelle, wo das Ufer eine kleine Bucht bildete, ging sie ins hüfttiefe Wasser, angezogen wie sie war. Sie genoss einen Augenblick die herrliche Frische des Wassers, dann zog sie sich völlig aus, hängte die Kleider an einen überhängenden Ast, hielt sich die Nase zu und tauchte mehrmals unter, um Staub und Schafwolle aus ihren Haaren zu spülen. Ihren Körper rieb sie mit weichem Ufersand ein, wie sie es immer tat, wenn sie hier an ihrer versteckten Stelle badete. Rosanna und die anderen Sträflinge hielten es mit der Sauberkeit nicht so genau. Bei ihnen reichte im Sommer schon ein Eimer Wasser, den sie sich einfach über den Kopf gossen. Sie dagegen konnte sich nicht oft genug waschen. Manchmal hatte sie das verrückte Gefühl, noch immer den Dreck von Newgate an sich zu spüren.

Ob sie es mit dem Waschen nun übertrieb oder nicht, feststand, dass es ihr ein gutes Gefühl gab und sie nach einem harten, langen Arbeitstag belebte, so auch an diesem Abend. Die Sonne glitt auf der anderen Seite des breiten Stromes hinter eine buschbestandene Hügelkette, als sie sich den Sand von ihrem schon sehr fraulichen Körper spülte. Anschließend wusch sie ihre dreckigen, durchschwitzten Sachen, während sie so, wie Gott sie erschaffen hatte, in den kühlen Fluten stand.

Sie war so in ihre Tätigkeit vertieft und sich ihres geheimen Badeplatzes so sicher, dass sie das Rascheln zwischen den Büschen am nahen Ufer nicht hörte. Um so erschrockener war sie, als sie plötzlich Andrews Stimme hörte.

»Wie die schöne Venus beim Bade!«

Abby stieß unwillkürlich einen Schrei aus, presste ihr Kleid vor die Brust und fuhr herum. Verstört starrte sie ihn an. Sie war noch nie so überrascht worden. »Was wollen Sie? Warum haben Sie sich angeschlichen?« Sie war ganz blass im Gesicht. »Gehen Sie! Bitte!«

Das versonnene, fast bewundernde Lächeln verschwand von seinem Gesicht, als er ihre Betroffenheit bemerkte. »Tut mir Leid, dass ich dich erschreckt habe, Abby. Ich habe mich auch nicht angeschlichen, sondern mir nur die Richtung gemerkt, in die du verschwunden bist. Und ohne Grund wäre ich auch gar nicht hierher gekommen. Aber dass du hier so ... so ohne alles sein würdest, konnte ich ja wirklich nicht wissen. Ich dachte ...«

»Denken Sie, was Sie wollen! Aber wenn Sie auch nur einen Funken Anstand im Leib haben, drehen Sie sich jetzt um, damit ich mich anziehen kann!«, fiel sie ihm ins Wort.

Er zögerte, als fiele es ihm schwer, seinen Blick von ihrem reizenden Körper zu nehmen, zuckte dann mit den Schultern und drehte sich um. »Ich warte oben am Weg auf dich.« Damit verschwand er zwischen den Büschen.

Hastig zog Abby die nassen Sachen an, und am liebsten wäre sie ihm nicht mehr unter die Augen getreten, so sehr schämte sie sich, dass Andrew sie unbekleidet gesehen hatte. Bei jedem anderen hätte sie sich weniger geschämt, so unverständlich ihr das selber auch war. Ausgerechnet Andrew!

Ihr Gesicht brannte, als sie sich schließlich aus dem Schutz der Sträucher wagte. Andrew saß auf einem Felsen, der aus dem Boden ragte, und malte mit einem Stock Zeichen in den trockenen Sand des Weges.

Abby wollte an ihm vorbei.

»Warte einen Augenblick.« Es war kein Befehl, sondern eine Bitte.

Sie blieb stehen, hochrot im Gesicht und die Lippen fest zusammengepresst.

»Ich habe es nicht gewusst, mein Ehrenwort, Abby!«, beteuerte er noch einmal. »Entschuldige meine dumme Bemerkung. Ich war einfach selbst überrascht. Und es stimmt: Ich habe dich nicht ohne Grund gesucht.«

»Und warum haben Sie mich gesucht, Andrew?«, fragte sie, ohne ihn anzublicken. Zu ihren Füßen bildete sich eine kleine Wasserlache. Doch es war noch sehr warm, sodass ihre Kleider schnell trocknen würden.

»Mein Vater möchte dich sprechen.«

Ihr Kopf ruckte hoch. »Weshalb?«

Er blickte mürrisch drein. »Keine Ahnung«, sagte er, was Abby ihm nicht abnahm. »Melvin ist vorhin aus Sydney zurückgekommen. Auf jeden Fall gibt es was zu besprechen, das wohl auch dich angeht. Deshalb sollst du kommen.«

»Also gut, gehen wir.«

Andrew hatte offenbar keine große Eile, zum Farmhaus zurückzukehren. Er ging langsam, fast widerwillig, den Pfad hoch.

»Du kannst das gut, Abby«, sagte er plötzlich, und Abby begriff erst nicht, was er meinte. »Wenn es darauf ankommt, machst du im Scheren bestimmt auch noch George und Nat was vor.«

Abby freute sich über das Lob, das so gar nicht zu Andrews zurückhaltender Art passte. »Im Scheren würde ich es mit jedem aufnehmen!«, entfuhr es ihr stolz.

Er hob die Augenbrauen. »Mit *jedem?* Auch mit mir?«

Sie zögerte. »Ja, warum nicht? Ich bin genauso schnell und gut wie Sie, Andrew. Das habe ich heute gesehen.«

Er lachte. »Ich sollte dich vielleicht zum Wettscheren herausfordern?«

Die Vorstellung gefiel ihr nicht schlecht. »Warum nicht?«

»Und was soll der Preis sein?«

Sie brauchte nicht lange zu überlegen. »Wenn ich schneller bin als Sie, darf ich ab und zu auf *Samantha* ausreiten.«

»He, *Samantha* darf außer mir keiner reiten!«

»Eben!«

»So, und was bietest du mir an?«

»Überlegen Sie sich etwas.«

Er sah sie merkwürdig an. »Was ich mir wirklich wünschen würde, wäre wohl zu viel verlangt«, murmelte er und seine gute Laune war schlagartig verflogen. »Wettscheren! So was Dummes! Vergiss es! Vater und Melvin werden schon warten!« Und er schritt aus, dass sie fast rennen musste, um mit ihm Schritt zu halten.

Abby rätselte, was wohl für seinen plötzlichen Stimmungsumschwung verantwortlich war. Sie war sich nicht bewusst, etwas gesagt oder getan zu haben, was ihn hätte verärgern können. Was steckte also dahinter?

Jonathan Chandler und sein ältester Sohn warteten auf der hinteren Veranda auf sie. Als Abby der Aufforderung des grauhaarigen Siedlers folgte und in einem der Korbstühle Platz nahm, waren ihre Kleider schon wieder halb trocken. Andrew ignorierte die Bitte seines Vaters, sich doch auch zu ihnen zu setzen, und blieb gegen einen der Vordachstützen gelehnt stehen, die Arme vor der Brust verschränkt. Abby war nun überzeugt, dass er genau wusste, warum sein Vater sie zu sich befohlen hatte.

Jonathan Chandler setzte seine Pfeife in Brand. »Wie alt bist du jetzt, Abby?«, fragte er.

»Siebzehn, Sir«, antwortete Abby höflich und dachte daran, dass sie in zwei Monaten achtzehn wurde.

Er nickte und betrachtete sie wohlwollend. »Dann warst du gerade fünfzehn, als du zu uns kamst. Nun, für ein so junges Mädchen hast du deine Arbeit mehr als gut getan ... und ich meine damit nicht die Arbeit auf den Feldern und so.« Er machte mit der Pfeife eine alles umfassende Geste. »Du warst Sarah auch immer ein vorzügliches Kindermädchen und hast ihr viel beigebracht.«

»Danke, das ist sehr großzügig von Ihnen, Sir«, sagte Abby und spürte plötzlich einen Ring, der sich um ihre Brust legte und sich zuzog. Hatte man sie gerufen, um ihr mitzuteilen, dass nun bald ein richtiges Kindermädchen oder eine Gouvernante kommen und sie ersetzen würde?

Melvin nickte zustimmend. »Wir haben wirklich großes Glück mit dir gehabt, Abby.«

Andrew warf seinem Bruder einen grimmigen Blick zu.

»Ja, das ist wohl wahr. Aber bei allem Talent, das ich dir gern zusprechen möchte, kannst du ihr jedoch nicht die Ausbildung angedeihen lassen, die ich meiner Tochter zukommen lassen möchte«, fuhr Jonathan Chandler ganz so fort, wie Abby es im Stillen befürchtet hatte. »Sarah ist jetzt sieben, und es ist an der Zeit, dass sie in allen Dingen, die eine junge Dame in ihrem späteren Leben beherrschen muss, unterrichtet wird.«

»Ich ... ich kann ihr Lesen, Schreiben und Rechnen beibringen und in Handarbeiten bin ich auch nicht ungeschickt«, sagte Abby, als müsste sie sich verteidigen.

»Und wie sieht es mit dem Pianospiel aus, Abby?«, fragte Andrew spöttisch. »Hast du nicht gewusst, dass eine junge Dame sogar hier in New South Wales ein paar Liedchen klimpern können muss?«

»Andrew!«, ermahnte Jonathan Chandler seinen Sohn ungehalten und wandte sich dann wieder an Abby. »Es gibt sicher vieles, was du Sarah beibringen kannst, aber eben doch nicht alles. Deshalb schicke ich sie ja auch nach Sydney ...«

»Nach Sydney?«, stieß Abby hervor. Schmerz und Enttäuschung zeichneten sich auf ihrem Gesicht ab. Sie hatte Sarah so sehr in ihr Herz geschlossen, dass sie es einfach nicht glauben konnte, schon bald von ihr getrennt zu sein und sie in Zukunft vielleicht nur noch zwei-, dreimal im Jahr zu sehen.

»Warum denn nur so erschrocken?«, fragte Jonathan Chandler.

»Entschuldigen Sie, Sir ... Es ist nur ... ich meine, Sarah wird mir sehr fehlen«, murmelte sie verlegen.

»Das glaube ich nicht«, meinte Melvin trocken.

Abby blickte ihn fast empört an.

Jonathan lächelte. »Was mein Sohn damit sagen wollte, ist, dass du Sarah nicht zu vermissen brauchst, wenn du es nicht selbst so willst.«

»Das verstehe ich nicht«, sagte Abby verwirrt.

»Du kannst mit nach Sydney, das ist es!«, stieß Andrew fast grob hervor.

Ein ungläubiger Ausdruck trat auf Abbys Gesicht. »Ich soll mit Sarah nach Sydney gehen?«

Jonathan Chandler nickte. »Natürlich nicht allein, sondern zusammen mit meinem Sohn Melvin. Dir wird ja sicherlich nicht entgangen sein, dass Melvin im letzten Jahr viel Zeit in Sydney verbracht und seine Aktivitäten anderen Zielen als dem Aufbau einer Farm gewidmet hat.« Er klang ein wenig vorwurfsvoll.

»*Yulara* steht längst auf festen Beinen und bedarf meiner Hilfe nicht mehr«, ergriff Melvin das Wort. »Du und Andrew, ihr kommt ohne mich ganz prächtig aus. Und ich habe dir auch nie etwas vorgemacht, Vater. Die Landwirtschaft war nie meine Leidenschaft. Der Handel in Sydney ist dagegen mehr nach meinem Geschmack.«

»Schon gut«, sagte sein Vater versöhnlich. »Das steht hier auch gar nicht zur Debatte. Es geht allein darum, Abby, dass Melvin in Sydney ein Haus erstanden hat, das groß genug ist, um auch Sarah und dich aufnehmen zu können. Jetzt geht es nur noch darum, ob du auch bereit bist, mit ihnen nach Sydney zu gehen. Du wirst dort Melvin den Haushalt führen und gleichzeitig Sarahs Kindermädchen sein.«

»Von Rosanna weiß ich, dass du dich auch ganz gut auf das Kochen verstehst«, sagte Melvin. »Also, was hältst du von unserem Vorschlag?«

Abby strahlte vor Freude über das Gesicht. »Mein Gott, natürlich komme ich gerne mit nach Sydney!«, rief sie überglücklich.

»*Natürlich!*«, kam es von Andrew, scharf und bissig.

Verstört blickte sie zu ihm.

»Das freut uns, Abby«, sagte Jonathan Chandler erleichtert, der den merkwürdigen Einwurf seines jüngsten Sohnes gar nicht mitbekommen hatte. »Ich fürchtete schon, du könntest dich anders entschließen. Denn dann hätten Sarah keine tausend Pferde nach Sydney gebracht. Ich muss dir ja nicht sagen, wie störrisch sie manchmal sein kann.«

Melvin erhob sich. »Wunderbar, ich freue mich schon, dass ich in Sydney nicht so allein sein werde.«

»Wann werden wir denn *Yulara* verlassen?«, fragte Abby beklommen, der erst jetzt bewusst wurde, dass sie dieses Leben am großen Fluss, das ihr trotz der harten Arbeit viel bedeutete, hinter sich lassen würde.

»In einer Woche etwa«, sagte Melvin gut gelaunt und sah seinen Vater an. »Nachdem das zur Zufriedenheit aller geklärt ist, sollten wir jetzt mit Sarah sprechen und sie mit unseren Plänen für sie vertraut machen.«

Jonathan Chandler folgte ihm lachend. »Sie wird nur wissen wollen, ob Abby auch mit ihr kommt, du wirst sehen.«

Andrew stieß sich vom Stützpfosten ab. Bevor er durch die Tür im Haus verschwand, blickte er Abby an. Sein Gesicht trug einen fast feindseligen Ausdruck. »Meinen Glückwunsch!«, stieß er hervor. »Jetzt hast du es ja endlich geschafft!«

Ein verstörter, verständnisloser Ausdruck trat in ihre Augen. Sie begriff einfach nicht, warum er so etwas sagte. Doch wenn sie den tiefen Sinn seiner Worte noch nicht verstand, so wusste sie doch, dass es etwas Verletzendes sein musste. »Aber was habe ich denn getan? Was meinen Sie mit ›endlich geschafft‹?«

»Mich kannst du doch nicht für dumm verkaufen, Abby!«

»Andrew! Ich weiß wirklich nicht …«

Andrew schenkte ihr keine Beachtung mehr, sondern knallte die Tür hinter sich zu und mied sie von Stund an. Er ging ihr die nächsten Tage konsequent aus dem Weg, sodass Abby vor ihrer Abreise keine Gelegenheit mehr fand, ihn zur Rede zu stellen. Sie versuchte mehrmals, ihn abzupassen. Doch Andrew wusste es jedes Mal zu verhindern. Er zog sich völlig hinter die Rolle des Mannes zurück, der das Sagen auf *Yulara* hatte.

Am Tag, als sie nach Sydney aufbrachen, hatte sich Andrew schon früh am Morgen von seinem Bruder und seiner Schwester verabschiedet und war ausgeritten, um ein Känguru zu schießen. Abby bekam ihn nicht mehr zu Gesicht, was sie mit Unverständnis und Trauer erfüllte. Denn wie Sarah und Melvin war er für sie längst mehr als nur der Sohn des Mannes, dem man sie zur Sträflingsarbeit zugeteilt hatte.

Als das Fuhrwerk schon außer Sichtweite von *Yulara* war, glaubte Abby plötzlich einen einzelnen Reiter auf einer bewaldeten Anhöhe entdeckt zu haben, der zu ihnen blickte.

»Andrew!«, dachte sie freudig und wandte sich Melvin zu,

um ihn auf den Reiter aufmerksam zu machen. Doch als sie sich wieder umdrehte, war der Reiter verschwunden, als hätte es ihn nie gegeben.

Achtzehntes Kapitel

Abby! … Schau doch nur! … Die Bucht! … Man kann von hier aus direkt auf die Bucht sehen!«, rief Sarah begeistert, als sie am Fenster des Wohnzimmers standen. »Sieh mal, da liegen Schiffe vor Anker! … Und man kann über die ganze Stadt blicken! … Ich liebe Sydney!«

»Ja, es ist ein wunderschöner Anblick!«, pflichtete Abby ihr bei, von ihrer Begeisterung und Entdeckungsfreude angesteckt. Das Haus, das Melvin Chandler günstig aus der Konkursmasse eines bankrotten Geschäftsmannes erworben hatte, stand mit mehreren anderen Wohnhäusern auf einem Hügel am Ostufer der Bucht, keine Viertelmeile von der Residenz des Gouverneurs entfernt.

Doch nicht nur die Wohnlage übertraf alles, was Abby vorzufinden erhofft hatte, sondern auch das Haus selbst war eine angenehme Überraschung. Nicht nur, dass es mit englischen Möbeln eingerichtet war und sogar ein richtiges Waschkabinett hatte, nein, sie hatte in diesem Haus sogar ein eigenes Zimmer, *ein Zimmer ganz für sich allein!* Und wenn es nur eine kleine Kammer mit einer Dachluke war. Seit ihr Vater von jener Schiffsreise nach Indien nicht wieder zurückgekehrt war, hatte sie kein Zimmer mehr ihr Eigen nennen können.

Es gab in Sydney so vieles zu sehen, zu entdecken und zu tun, dass Abby in den ersten Wochen kaum eine ruhige Minute zum Nachdenken fand. Welch eine Freude war es doch, als sie Rachel endlich wieder sah. Nach über zweieinhalb Jahren!

Welch ein himmelweiter Unterschied war es doch, bei einem Becher Kolonie-Tee zu sitzen und stundenlang über alles Mögliche zu reden, statt sich alle sechs, sieben Monate einen Brief zu schreiben, in dem so vieles angesprochen, aber nicht wirklich erzählt werden konnte.

Es wurden von ihr auch keine schweren körperlichen Arbeiten verlangt, wie das auf der Farm der Fall gewesen war. Sie fühlte sich regelrecht in eine paradiesische Welt versetzt, denn Melvin brachte ihr trotz heftigster Proteste immer wieder Stoff mit, damit sie sich neue, hübsche Kleider nähte.

»In einer Stadt wie Sydney kannst du eben nicht mit den Sachen herumlaufen wie draußen bei uns auf dem Feld«, sagte er immer wieder augenzwinkernd, wenn Abby ihm Vorhaltungen machte und ihn bat, ihr nichts mehr zu kaufen. »Außerdem möchte ich, dass Sarah sich deiner Begleitung nicht zu schämen braucht. Und jetzt nimm den Stoff endlich. Zurückbringen werde ich ihn nämlich auf keinen Fall.«

So kam Abby zu mehreren neuen Kleidern und Erfahrungen mit Schneidern und Nähen. Ihre Pflichten hielten sich in mehr als erträglichen Grenzen. Sie war im Haus das Mädchen für alles. Doch da Melvin kaum Besuch nach Hause brachte, wenig Ansprüche an seine Mahlzeiten stellte und ein überwiegend ordentlicher Mensch war, bedeutete es für sie keine Anstrengung, alles zu seiner Zufriedenheit zu richten. Und Zeit mit Sarah zu verbringen, hatte sie nie als Arbeit oder gar als Belastung empfunden.

Sie hätte also rundum glücklich sein und dem Herrgott täglich auf Knien danken müssen, dass sie es mit Melvin und Sarah so gut angetroffen hatte. Doch das war nicht der Fall.

Bald schon sehnte sie sich nach *Yulara* zurück. Erst jetzt kam ihr so richtig zu Bewusstsein, wie sehr sie sich an das Leben unter freiem Himmel und an die Arbeit auf Feld und Acker gewöhnt hatte, an das befriedigende Gefühl am Ende eines langen Tages, ein gutes Stück Arbeit geschafft zu haben.

In Sydney fühlte sie sich überhaupt nicht ausgelastet. Melvin war viel außer Haus. Er unterstützte die Politik von Gouverneur Bligh, der John Macarthur und seinen korrupten Gesinnungsfreunden den Kampf angesagt hatte, jedoch noch keine großen Erfolge vorweisen konnte, weil fast das gesamte New South Wales Corps geschlossen gegen ihn Front machte, bis hoch zum Kommandeur der Truppe. Zahlreiche Händler und Siedler, die das Rum-Monopol endlich abgeschafft wissen wollten, hatten Melvin Chandler, der das Vertrauen des Gouverneurs genoss, zu ihrem Sprecher ernannt. Dementsprechend viel war er unterwegs. Manchmal sah Abby ihn für Tage nicht, sondern hörte ihn nur spät in der Nacht heimkehren.

Sarah machte ihr kaum Arbeit. Melvin hatte den Wünschen seines Vaters entsprochen und dafür gesorgt, dass Sarah Unterricht im Pianospiel, in gutem Benehmen und in Konversation erhielt. Damit war sie den Großteil des Tages beschäftigt. Abby blieb da nicht viel zu tun. Was war das bisschen Waschen, Putzen und Kochen schon im Vergleich zu den Arbeiten auf der Farm. Da war sie immer todmüde, aber zufrieden auf ihr Bett gesunken und hatte sich aber dennoch stets auf den nächsten Morgen gefreut.

Jetzt lag sie nachts oft lange wach und fühlte sich tagsüber wie eingesperrt, obwohl sie mehr Freiheiten genoss als je zuvor. Aber es reizte sie nicht, ziellos durch die Straßen zu spazieren und mit anderen Frauen Klatsch auszutauschen. Gelegentlich schaute sie bei Rachel herein, und dann vergaß sie ihren wachsenden Kummer für eine Weile. Doch da Rachel ihrem Mann tatkräftig zur Hand ging, achtete Abby streng darauf, dass sie ihre Freundin nicht zu häufig von der Arbeit abhielt.

Sie hätte nie gedacht, dass sie sich einmal so sehr nach dem Leben auf der Farm zurücksehnen würde, und die Sehnsucht wurde von Tag zu Tag stärker. Ihr fehlte der vertraute Umgang mit den Tieren, das Blöken der Schafe und das ausgelassene Wiehern der Pferde auf der Koppel. Das erste grüne Sprießen der Aussaat und die Größe der Weizenähren interessierten sie mehr als Mode und Klatsch. Und mochte das Waschkabinett im Haus auch zehnmal praktischer sein als ein Bad im Fluss, so wünschte sie doch, wieder dort in den Fluss zu steigen und sich von den Fluten umspülen zu lassen. Das Leben in der Stadt war einfach nichts mehr für sie.

Und sie vermisste auch Andrew, was sie am meisten verwunderte. Obwohl er ihr gegenüber oft mürrisch und kurz angebunden gewesen war, fehlte er ihr schmerzlich. Häufig dachte sie an ihn, sah ihn vor ihrem geistigen Auge und fragte sich, wie es ihm wohl ging und was er tat. Die Erkenntnis, dass sie Andrew trotz seines oftmals unverständlichen Verhaltens ihr gegenüber sehr gern hatte, war die überraschendste Erfahrung, die sie in Sydney machte.

Wie aufgeregt und außer sich vor Freude war Abby daher, als Melvin Mitte Dezember verkündete, dass sie für ein paar Wochen nach *Yulara* zurückkehren und dort bis Anfang des neuen Jahres bleiben würden. Sie hatte Mühe, ihre Ungeduld vor Sarah und ihrem Bruder zu verbergen. Sie konnte es nicht abwarten, auf die Farm zurückzukehren. Sie fieberte diesem Tag, dieser Stunde entgegen. Als sie nach langen Monaten der Abwesenheit endlich wieder den Hawkesbury-River und die Farm erblickte, musste sie sich fest auf die Lippen beißen, um die Tränen zurückzuhalten.

»Ob Andrew sich auch freut, dass wir wieder zurück sind?«, fragte sie sich im Stillen und schalt sich sofort eine Närrin. Warum sollte er sich freuen, sie wieder zu sehen? Sie war doch nur ein Sträfling.

Als Andrew mit seinem Vater auf der Veranda erschien, schlug ihr Herz schneller. Sie lächelte, ohne dass sie es merkte. Wie schön es doch war, ihn wiederzusehen. Nur, so gut aussehend hatte sie ihn gar nicht in Erinnerung gehabt. Wie groß und stattlich er aussah. Zwanzig musste er jetzt sein. Ein richtiger Mann.

»Oh, die vornehmen Herrschaften aus Sydney geben uns die Ehre!«, begrüßte Andrew sie, als bei ihrer Ankunft alles zusammenlief.

Abby hielt sich abseits und vergewisserte sich bei Rosanna, die ihr freudestrahlend um den Hals fiel, dass sie wieder bei ihr in ihrem Bett schlafen konnte.

Als sie zur Hütte ging, tauchte Andrew auf einmal neben ihr auf. »Richtig hübsch siehst du aus, Abby. Und dieses Kleid steht dir auch ganz prächtig. Sydney scheint dir wirklich gut zu bekommen.«

Sie errötete unter seinem Kompliment.

»Mein Bruder sorgt bestimmt gut für dich, nicht wahr?« Ein merkwürdiger Unterton schwang in seiner Stimme mit.

»Ja, er ist sehr großzügig«, gestand Abby.

»Das glaube ich dir gern. Na, kannst du jetzt auch schon ein Lied auf dem Piano klimpern?«, fragte er spöttisch.

»Nein! Warum sollte ich auch?«

»Ich dachte, das feine Leben im Haus meines doch so großzügigen Bruders fern der primitiven Wildnis hätte auch auf dich abgefärbt. Sarah jedenfalls plappert mehr denn je von hübschen Kleidern und redet schon so gekünstelt wie die hochnäsigen Töchter von Sir James.«

»Und was hat das mit mir zu tun?«, fragte Abby ärgerlich, weil er schon am ersten Tag ihrer Rückkehr wieder auf ihr rumzuhacken begann. Dabei hatte sie sich so gefreut. »Außerdem ist das Leben in Sydney genauso wenig fein, wie es hier primitiv ist!«

»So, so. Lass mal deine Hände sehen!« Er blieb stehen, ergriff einfach ihre rechte Hand und betrachtete sie. »Na, mit diesen Händen hättest du beim Wettscheren aber nicht den Schimmer einer Chance gegen mich.«

Schnell entzog sie ihm ihre Hand, obwohl sie seine Berührung als angenehm empfand. »Ich kann so hart und so gut arbeiten wie jeder andere auf *Yulara* auch!«, erregte sie sich.

Er lächelte. »Selbstbewusst wie eh und je. So gesehen hast du dich gar nicht verändert, Abby.«

»Sie auch nicht!«, erwiderte sie heftig. »Sie sind genauso bissig wie immer!«

Er lachte, doch es war kein fröhliches Lachen. »Na, dann ist ja wieder alles beim Alten. Also dann: Willkommen bei deiner Stippvisite auf *Yulara*!«, rief er ihr nach, als sie schnell weiterging. »Du wirst die Tage, bis du wieder nach Sydney zurück kannst, bestimmt zählen.«

In der Hütte warf sie ihr Kleiderbündel auf ihr Bett und ließ ihren Tränen freien Lauf. Warum genau sie weinte, wusste sie nicht zu sagen. Sie wusste nur, dass sie maßlos enttäuscht war. Ihre erste Begegnung mit Andrew hatte sie sich ganz anders vorgestellt. Warum musste er sie nur so geringschätzig behandeln. Hatte er denn nicht gemerkt, wie sehr sie auf ein freundliches Wort von ihm gehofft hatte?

Abby nahm ihre gewohnte Arbeit gleich am nächsten Tag auf, obwohl Melvin und auch sein Vater meinten, dass das nicht nötig sei. Doch sie bestand darauf. Sie ritt auch nicht mit Melvin und Sarah aus.

»Schau an, willst wohl mal wieder von richtiger Arbeit kosten, wie?«, zog Andrew sie auf, als er sie schon im Morgengrauen bei der Arbeitsverteilung antraf.

Abby schaute ihm fest in die Augen, antwortete ihm jedoch nicht. Was hatte es für einen Sinn, sich immer und immer wieder mit ihm anzulegen.

Er zuckte mit den Achseln. »Also gut, ganz wie du willst«, sagte er und überlegte kurz. »Du kannst mir heute zur Hand gehen. Wir sind dabei, ein neues Stück Land zu roden, drüben bei Fork Hill.«

Andrew sorgte auch an den folgenden Tagen dafür, dass sie zu seinem Arbeitskommando zählte, und wenn es ihr anfangs auch schwer fiel, das Tempo der anderen Sträflinge einzuhalten, so machte es ihr doch Freude. Schon nach zwei Tagen hatte sie das Gefühl, als wäre sie nie von *Yulara* weg gewesen. Und wie sehr genoss sie ihr erstes Bad im Hawkesbury!

Abby fühlte sich ausgeglichener und glücklicher, als sie es je in Sydney gewesen war. Sogar Andrew schien das zu spüren, denn schon bald unterließ er seine sarkastischen Bemerkungen, die auf ihre Monate in Sydney anspielten.

Dann kam Weihnachten. Für die Sträflinge gab es Rum und Lamm und einen freien Tag. Abby wurde von Sarah mit einem schönen Kamm aus Schildpatt beschenkt, über den sie sich sehr freute. Doch das schönste Geschenk machte ihr Andrew.

Es war ein heißer Tag gewesen, und die Hitze hatte die Erde aufgeheizt, dass trockener Sand wie Glut auf der Hand brannte. Abby hatte am späten Nachmittag ihre verschwiegene Stelle am Ufer aufgesucht und sich in den verhältnismäßig kühlen Fluten abgekühlt. Als sie aus den dichten Sträuchern hervortrat und den gewundenen Trampelpfad hochging, traf sie auf halbem Weg auf Andrew. Er saß auf einem Baumstumpf und schlug mit seinem Messer Kerben in das Holz. Als er sie sah, steckte er das Messer weg und stand auf.

»Abgekühlt?«, fragte er beiläufig, als sei es das Selbstverständlichste der Welt, dass er an dieser Stelle auf sie gewartet hatte.

Sie ließ sich ihre Überraschung nicht anmerken. »Ja, jedenfalls war ich der Meinung, ich hätte mich abgekühlt, bis ich mich wieder angezogen hatte. Jetzt könnte ich schon wieder in den Fluss springen.«

Er blickte nach Westen, wo der Glutball dem ausgedörrten Land entgegensank. »Wenn man bedenkt, dass in England jetzt Schnee liegt und man vor einem prasselnden Kaminfeuer sitzt, während wir uns die Seele aus dem Leib schwitzen.« Er schüttelte den Kopf. »Weihnachten unter heißer Sonne, also, ich weiß nicht …«

»Ja, eine weiße Weihnacht ist schon etwas Schönes«, stimmte sie ihm zu und freute sich, dass er gekommen war, um mit ihr zu sprechen. Alles deutete darauf hin, dass er guter Laune war und nicht beabsichtigte, sie zu piesacken. »Aber schön ist es hier auch, wenn auch auf eine andere Art.«

»Bestimmt wärst du jetzt lieber in Sydney, nicht wahr?«

Abby schüttelte den Kopf, dass ihre schulterlangen dunkelblonden Haare, die schon fast wieder trocken waren, nur so flogen. »O nein!«, rief sie ohne zu zögern und mit einem fröhlichen Lachen. »Ich möchte nirgendwo anders sein als hier auf *Yulara*!«

»*Nirgendwo* anders? Auch nicht in England?«, fragte er skeptisch.

»Nein, auch nicht in England«, sagte sie ernst.

Er blickte sie an, zögerte einen Moment und zog dann etwas aus seiner Hosentasche hervor. »Hier, das habe ich gefunden. Ich glaube, du kannst es bestimmt gut gebrauchen«, sagte er ohne Übergang.

Abby starrte überrascht auf die beiden Bänder, die er ihr hinhielt. Sie waren aus wunderbarem lindgrünem Satinstoff und hatten Paspelierungen aus feiner, weißer Spitze. *Gefunden* hatte er diese teuren Haarbänder, die das Herz eines jeden Mädchens vor Freude hätten höher schlagen lassen, bestimmt nicht! Und sie wusste gar nicht, was sie sagen sollte. »Ja, aber …«

»Nun nimm schon!«, sagte er ungeduldig und wich ihrem forschenden Blick aus. »Du brauchst so etwas doch! Dir fallen die Haare bei der Arbeit doch immer in die Stirn. Das konnte ich einfach nicht länger mit ansehen. Jetzt hast du wenigstens was, womit du deine Haare bändigen kannst?«

»Ich … ich danke … Ihnen, Andrew«, stammelte sie, vor Freude ganz durcheinander. »Das ist ein wunderschönes Geschenk. Ich weiß gar nicht, womit …«

Er fiel ihr ins Wort. »Quatsch, Geschenk! Das ist eben etwas Praktisches, woran mein lieber Herr Bruder wohl noch nicht gedacht hat.« Er drückte ihr die Haarbänder in die Hand, murmelte etwas von »Rosanna wird zetern, wenn ich nicht rechtzeitig zum Festessen auftauche«, und ging eiligen Schrittes zum Farmhaus zurück.

Abby hätte vor Freude singen mögen. Liebevoll glitten ihre Fingerkuppen über den herrlichen, glatten Stoff. Sie konnte sich nicht erinnern, jemals ein schöneres Geschenk empfangen zu haben.

Es erschien ihr wie ein Traum, dass Andrew an sie gedacht und ihr diese Bänder geschenkt hatte, die im Farbton so wunderbar zu ihrem Haar passten. Ein Gefühl der Zärtlichkeit erfüllte sie. Und als die Dämmerung hereinbrach und sie vor der Hütte auf der Bank saß, wünschte sie sich nichts sehnlicher, als dass er neben ihr sitzen und noch einmal ihre Hand nehmen würde, doch nicht, um sie nach Hornhaut und Schwielen abzusuchen, sondern einfach nur, um sie zu halten.

Als sie Mitte Januar mit Melvin und Sarah von *Yulara* aufbrach, um wieder nach Sydney zurückzukehren, trug sie Andrews grüne Bänder im Haar. Sie schimmerten im schwachen Licht des Morgens wie zarte Frühlingstriebe.

Diesmal war er beim Abschied zugegen. Und wenn sein Gesicht auch verschlossen wirkte, so mied er sie doch nicht. Ja, er richtete sogar das Wort an sie, bevor sie sich zu Sarah auf die Bank setzte.

Auf seine spöttisch-sarkastische Art wünschte er ihr eine gute Reise und erweckte den Eindruck, als könnte sie es gar nicht erwarten, wieder mit Sarah und Melvin ins Haus nach Sydney zurückzukehren. Doch als sie sich schon von ihm abgewendet hatte, fügte er noch etwas leise hinzu, was nur sie verstehen konnte: »Sie könnten keinem besser stehen als dir, Abby.«

Neunzehntes Kapitel

Wenn es nach Melvin Chandler gegangen wäre, wären sie schon einen Tag nach Neujahr und nicht erst gute zwei Wochen später von *Yulara* aufgebrochen. Er hatte es sehr eilig, nach Sydney zurückzukehren. Doch sein Vater hatte darauf bestanden, dass er und Sarah noch etwas blieben.

Abby hatte einmal gehört, wie sich die drei Chandler-Männer über die politische Lage in der Kolonie unterhalten hatten. Melvin hatte dabei einen sehr pessimistischen Standpunkt vertreten.

»In Sydney braut sich was zusammen, und ich möchte in der Stadt sein, wenn dieses Unwetter losbricht«, hatte Melvin gesagt.

»Jetzt übertreibst du aber ganz gewaltig, Bruderherz. Du suchst doch bloß einen Vorwand, um dem langweilen Landleben entfliehen zu können«, hatte Andrew ihm spöttisch vorgeworfen.

»Ich übertreibe ganz und gar nicht! Unser Kampf gegen das verfluchte Rum-Monopol ist in eine entscheidende Phase getreten. Gouverneur Bligh ist fest entschlossen, diesem skrupellosen und intriganten Macarthur ein für alle Mal den Prozess zu machen.«

»Bounty-Bligh war dazu schon entschlossen, als er das Amt des Gouverneurs übernahm, und das war im August des Jahres 1806 mein Sohn! Anderthalb Jahre, ohne dass er irgendwelche Fortschritte gegen diese Offiziers-Clique für sich hätte verbuchen können«, hatte Jonathan Chandler nüchtern festgestellt.

»Aber das hat sich geändert! Macarthur hat alles getan, um Gouverneur Bligh das Leben hier zur Hölle zu machen! Jeden dreckigen Trick, jede gemeine Verleumdung und jede Art von Bestechung oder Bedrohung hat er benutzt, um Blighs Reformen schon im Ansatz zu zerstören. Aber das hat er mit seinen Komplizen vom New South Wales Corps immer so geschickt angestellt, dass man ihm nie so richtig ans Zeug konnte. Doch jetzt hat er einen großen Fehler begangen, indem er Bligh mit offener Feindschaft entgegengetreten ist – und zwar in Wort und Schrift. Jetzt kann der Gouverneur ihn endlich festnageln und ihm den Prozess machen!«

»Fragt sich nur, warum John Macarthur so direkt geworden ist«, hatte Andrew zu bedenken gegeben. »Vielleicht ist das weniger ein Zeichen von Gedankenlosigkeit, was ich diesem durchtriebenen Burschen auch gar nicht zutrauen würde, als ein Beweis, wie wenig Bligh noch zu sagen hat. Vermutlich ist das Rum-Corps seiner Macht so sicher, dass es noch nicht mal mehr auf Äußerlichkeiten Rücksicht nehmen muss.«

»O nein, da kennt ihr Gouverneur Bligh schlecht!«, hatte Melvin vehement widersprochen. »Macarthur wird Ende Januar der Prozess gemacht – und zwar wird die Anklage auf Aufwiegelung und Volksverhetzung lauten! Diesmal kommt er nicht ungeschoren davon!«

»Na, auf diesen Prozess wird man gespannt sein dürfen«, hatte Jonathan Chandler zurückhaltend geantwortet. »Aber da das Gericht ja erst Ende Januar zusammentritt, wirst du ja nicht gleich morgen schon in Sydney sein müssen. Also bleib noch ein paar Tage.« Widerstrebend hatte Melvin sich dem Wunsch seines Vaters gefügt.

Nach Sydney zurückgekehrt, stellte sogar Abby schnell fest, dass sich in der Stadt etwas zusammenbraute, ganz wie Melvin gesagt hatte. Unzählige Gerüchte, viele davon so haarsträubend, dass sie dadurch fast schon wieder glaubhaft wirkten, machten die Runde. Einer wollte wissen, dass Gouverneur Bligh vor der Macht des Rum-Corps kapituliert und in London um seine Abberufung gebeten habe, während ein anderer Stein und Bein darauf schwor, dass John Macarthur die Henkerschlinge schon so gut wie um den Hals trage. Manche schienen sich geradezu einen Sport daraus zu machen, täglich mindestens drei Gerüchte in die Welt zu setzen, die sich alle widersprachen.

Doch in einem waren sich alle einig: nämlich dass irgendetwas von schwer wiegender Bedeutung für die Kolonie passieren würde.

Das politische Unwetter, das sich in den letzten Monaten über New South Wales zusammengeballt hatte, meldete sich am 25. Januar des Jahres 1808 mit den ersten Donnerschlägen. An diesem Tag trat das Militärgericht zusammen, um John Macarthur den Prozess zu machen. Doch dazu ließ es der ehemalige Offizier und jetzige Großgrundbesitzer erst gar nicht kommen. In einer langen und sehr ausfallenden Rede bezichtigte er Richard Atkins, den Vorsitzenden des Gerichtes, der Voreingenommenheit und bescheinigte ihm mangelnde Fähigkeiten als Richter.

Richard Atkins hörte sich die immer schamloseren Beleidigungen eine Weile an. Dann unterbrach er ihn, verwahrte sich gegen die Diffamierungen des Angeklagten und forderte die sechs Offiziere, die mit ihm das Gericht bildeten, auf, John Macarthur allein dafür schon zu einer Gefängnisstrafe zu verurteilen. Dann erhob er sich von der Richterbank und begab sich in die Residenz des Gouverneurs, um sich mit Bligh zu beraten, was nun zu geschehen habe.

Die sechs Offiziere nahmen die Gelegenheit wahr, um John Macarthur in Abwesenheit des vorsitzenden Richters Recht zu geben und von Bligh die Einsetzung eines neuen Vorsitzenden zu verlangen. Als der Gouverneur ablehnte, vertagten die sechs Offiziere den Prozess auf den nächsten Tag und entließen John Macarthur, ihren früheren Offizierskameraden, gegen eine geringe Kaution auf freien Fuß.

Seine Freiheit genoss Macarthur jedoch nicht lange. Der Kommandeur der Militärpolizei, ein Anhänger von Bligh, ließ den aufrührerischen Großfarmer schon wenige Stunden später auf Befehl des Gouverneurs festnehmen und hinter Schloss und Riegel bringen. Die Offiziere des New South Wales Corps, die sich für die einzig rechtmäßigen Herren der Kolonie hielten, waren von dieser Maßnahme empört und gedachten nicht, die Einkerkerung ihres so geschätzten Anführers tatenlos hinzunehmen.

Und dann kam der 26. Januar 1808. Seit der Gründung der Sträflingskolonie waren auf den Tag genau zwanzig Jahre vergangen. Ein denkwürdiger Tag, der jedoch durch ein anderes Ereignis Eingang in die Annalen der Geschichte finden sollte:

Es war der Tag der Rum-Rebellion.

Zwanzigstes Kapitel

Es war ein heißer klarer Tag wie tausend andere zuvor und doch war dieser 26. Januar kein gewöhnlicher Tag. Das spürte Abby schon vom ersten Augenblick des Aufstehens an. Warum das so war, vermochte sie nicht zu sagen. Möglich, dass es mit Melvins Unruhe zu tun hatte, die ihn schon früh aus dem Haus trieb und sie angesteckt haben konnte.

»Ihr bleibt den Straßen heute besser fern!«, trug Melvin ihr auf, bevor er die Tür hinter sich zuzog. »Die Verhandlung gegen Macarthur soll um zehn weitergehen, und es ist damit zu rechnen, dass seine Komplizen keine Unkosten scheuen werden, um den Pöbel mit kostenlosem Rum für ihre Zwecke einzuspannen. Sydneys Straßen sind heute kaum ein sicherer Ort für harmlose Spaziergänge.«

»Passen Sie bloß auf sich auf, Mister Chandler!«

Er war blass vor Aufregung, doch in seinen Augen leuchtete es, und ein zuversichtliches Lächeln teilte seine Lippen. »Du brauchst dir um mich keine Sorgen zu machen, oder hast du vergessen, wie gut ich mich mit dem Gouverneur stehe? Nein, heute geht es John Macarthur an den Kragen. Endlich ist der Tag gekommen, an dem dieser Schurke seine gerechte Strafe erhält! Und ich werde mir von diesem Spektakel nicht einen Moment entgehen lassen!«

Abby verstand nicht viel von Politik und den komplizierten Machtkämpfen in der Kolonie, doch sie hatte genug zu hören bekommen, um sich ein gesundes Misstrauen zu bewahren, was den Ausgang des Prozesses anging.

Sarah hatte für das Ausgehverbot ihres großen Bruders wenig Verständnis übrig. »Wegen eines blöden Gerichtes sollen wir uns nicht vor die Tür wagen?«, nörgelte sie. »Das ist doch lächerlich, Abby! Melvin hat sich bloß wichtig machen wollen. Komm, spazieren wir zum Hafen hinunter!«

Abby blieb hart, egal was Sarah auch versuchte, und Sarah konnte sehr erfinderisch sein, wenn es darum ging, jemanden zu etwas zu überreden. Schließlich fand sie sich aber damit ab, dass sie an diesem Tag nicht aus dem Haus gehen würden.

Abby beschäftigte Sarah und sich selbst, so gut es ging, und es gab Stunden, da vergaß sie völlig, dass sich in Sydney ein Machtkampf abspielte, dessen Ausgang für alle Bewohner der Kolonie von folgenschwerer Bedeutung sein würde.

Der Vormittag verstrich, dann der Mittag, ohne dass Melvin von sich hören ließ. Und als er sich auch am Nachmittag nicht bei ihnen blicken ließ, begann sie sich ernstlich zu sorgen. Immer wieder trat sie ans Fenster und blickte hinaus, und ihr war, als wären mehr Menschen als gewöhnlich auf den Straßen.

Später dann hörten sie rhythmischen Trommelschlag, scharfe Kommandos und den Klang vieler Stiefel im Gleichschritt, dazu lautes Gejohle.

»Was ist das?«, fragte Sarah und drängte sich neben ihr ans Fenster.

»Soldaten!« Abby flüsterte, ohne es zu merken, und ein Schauer lief ihr über die Arme. Irgendetwas war passiert!

Denn die Soldaten hatten den Weg zur Residenz des Gouverneurs eingeschlagen. »Viele Soldaten. Komm vom Fenster weg.«

Abbys Besorgnis sprang nun auch auf Sarah über. »Warum kommt Melvin nicht nach Hause?«

Abby legte einen Arm um ihre Schultern und zog sie vom Fenster weg. »Er wird bestimmt bald kommen.« Sie versuchte zuversichtlich zu klingen, doch es fiel ihr schwer. Sie ahnte, dass etwas vorgefallen war, womit Melvin und viele andere nicht gerechnet hatten.

Die Dunkelheit senkte sich über Sydney und noch immer kein Lebenszeichen von Melvin. Wo blieb er nur? Was war geschehen? Warum waren die Soldaten zur Residenz des Gouverneurs gezogen?

Das Warten zerrte an Abbys Nerven. Sie musste alle ihre Willenskraft aufwenden, um ihre Sorge vor Sarah zu verheimlichen. Sie brachte sie schließlich zu Bett, las ihr noch mit Mühe eine heitere Geschichte vor und ging dann in die Wohnstube hinunter. Sie löschte das Licht und stellte sich ans Fenster. Unten am Hafen und drüben auf der anderen Seite der Bucht bei den Unterkünften der Soldaten loderten Lagerfeuer. Ausgelassenes Grölen drang durch die Nacht.

Plötzlich pochte es gegen die verriegelte Haustür. Abby fuhr erschrocken zusammen und lief zur Tür. »Wer ist da?«, rief sie leise.

»Ich bin's, Melvin! Mach schnell auf!«, kam es atemlos von jenseits der Tür.

Hastig schob Abby den Riegel zurück und Melvin schlüpfte ins Dunkel des Hauses. »Gut, dass du alle Lichter gelöscht hast!«, stieß er völlig außer Atem hervor.

»Um Himmels willen, was ist passiert?«

Melvin sank erschöpft auf einen Stuhl. »Eine Meuterei! Das New South Wales Corps hat die Residenz besetzt und Gouverneur Bligh gestürzt! Er steht unter Hausarrest!«

»Das Corps hat den Gouverneur des Königs gestürzt?« Abby sah ihn ungläubig an.

Melvin nickte schwer. »Ja, es ist ein schwarzer Tag für die Kolonie, Abby. Ich kann es selbst noch nicht glauben. John Macarthur und die Offiziere vom Corps sind unter Führung von Colonel Johnston mit dreihundert Soldaten aufmarschiert und haben Bligh wie einen Verbrecher verhaftet!«

»Aber wie konnte das geschehen! Macarthur sollte doch der Prozess gemacht werden!«

Melvin lachte bitter auf. »Colonel Johnston, der amtierende Kommandeur der Truppe, wusste das zu verhindern. Er hat einfach Macarthurs Entlassung aus der Haft veranlasst. Und während Bligh noch mit seinen Beratern und den Offizieren, die über Macarthur eigentlich Gericht halten sollten, konferiert hat, hat Macarthur die Truppe aufgewiegelt und zur Rebellion gegen Bligh aufgehetzt. Jetzt haben sie die Macht in der Kolonie gänzlich an sich gerissen, dieses Verbrecherpack!«

»Aber das wird der König doch nicht ungestraft hinnehmen!«, meinte Abby empört und erschrocken zugleich.

»Sicherlich nicht, aber bis die Nachricht von der Rebellion des verfluchten Rum-Corps nach England gelangt und ein Kriegsschiff mit loyalen Truppen hier eintrifft, können unter Umständen bis zu zwei Jahre vergehen. So lange haben diese Meuterer freie Hand, und sie werden die Zeit nutzen, darauf kannst du dich verlassen. Sie werden jeden, der nicht auf ihrer Seite steht, mundtot machen.«

»Aber dann sind Sie ja auch in Gefahr, Mister Melvin!«, stellte Abby betroffen fest.

»Du sagst es, Abby. Fast hätten sie mich schon geschnappt. Ich war nämlich bei Bligh in der Residenz, als die Soldaten sie besetzt haben. Doch ich hatte Glück und konnte ihnen in der allgemeinen Verwirrung entkommen ... und zwar mit einer Menge wichtiger Papiere, die nicht in ihre Hände fallen dürfen.«

»Dann müssen Sie so schnell wie möglich aus der Stadt! Auf *Yulara* können Sie sich bestimmt besser vor ihnen verstecken als hier. Da draußen kann man jemanden, der nicht gefunden werden will, sogar mit einer ganzen Armee nicht aufstöbern.«

Melvin nickte. »Schon richtig, aber jetzt noch aus Sydney rauszukommen, ist so gut wie unmöglich«, sagte er bedrückt. »Überall stehen Posten, die jeden kontrollieren. Die Rebellen haben es geschickt gemacht, das muss man ihnen lassen. Sie schmeißen mit dem Rum nur so um sich und das bringt ihnen bei den Sträflingen viel Sympathie und Unterstützung. Sydney ist so gut wie abgeriegelt. Mit dem Pferd komme ich hier nie raus. Und zu Fuß abseits der Wege durch die Wildnis …« Er brach ab und schüttelte den Kopf. »Unmöglich. Ich sitze hier fest wie die Ratte in der Falle. Außerdem würde ich dich und Sarah nicht einfach allein hier zurücklassen.«

Abby hatte plötzlich eine Idee. »Vielleicht gibt es doch einen Weg aus Sydney raus – und zwar für uns alle.«

Melvin hob den Kopf. »Und wie soll das gelingen?«, fragte er müde und voller Zweifel.

»Ich erzähle es Ihnen unterwegs. Gehen Sie nur schnell zu Sarah, damit sie beruhigt ist und glaubt, alles wäre in Ordnung«, drängte Abby. »Wenn es so schlimm ist, wie Sie sagen, haben wir keine Zeit zu verlieren!«

Einundzwanzigstes Kapitel

Sie mieden die belebten Straßen, auf denen Soldaten patrouillierten und der Pöbel rumtrunken lärmte, und den Schein von Laternen und Lagerfeuern. Wie zwei Schatten schlichen sie durch schmale Gassen und verschwommen mit der Dunkelheit der Nacht. Melvin trug einen schwarzen Gehrock und Abby hatte sich ihren selbst geschneiderten marineblauen Umhang umgeworfen.

Stiefelschritte und Klirren von Metall ließen sie zusammenfahren, als sie gerade im Begriff waren, um eine Ecke zu biegen.

»Soldaten!«, raunte Melvin alarmiert, packte ihren Arm und hastete mit ihr schnell die gewundene Gasse zurück, die gerade breit genug für zwei Personen war. Fast wäre er an dem schmalen Gang zwischen zwei Häusern vorbeigelaufen, wenn Abby nicht mit stummer Geste auf den schwarzen Spalt zwischen den Lehmhütten gedeutet hätte.

Sie zwängten sich durch den nicht mal schulterbreiten Gang, der jedoch nach einem halben Dutzend Schritten vor einer Wand endete.

»Wir müssen zurück!«, flüsterte Abby, die vorangegangen war.

»Lassen wir erst die Soldaten vorbei!«, antwortete Melvin ebenso im Flüsterton.

Die Stiefelschritte waren in der Gasse hinter ihnen lauter geworden. Sie hörten zwei Männerstimmen, die über irgendetwas lachten. Kurz vor dem engen Durchlass blieben sie stehen.

Abby und Melvin hielten vor Schreck den Atem an. Hatte man sie entdeckt? Angespannt lauschten sie in die Nacht – und hörten dann ein glucksendes Geräusch, das von einem gierigen Schlucken begleitet wurde.

»He, lass mir auch noch was übrig, Kumpel!«

»Noch mehr als genug drin«, bekam er zur Antwort, gefolgt von einem lauten Rülpsen.

Augenblicke später wankten die beiden Soldaten an ihrem Versteck vorbei. Ihre Stiefelschritte verhallten in Richtung Gouverneursresidenz.

Melvin atmete auf. »Das war knapp und hätte böse ins Auge gehen können. Eigentlich dürfte ich gar nicht zulassen, dass du dich meinetwegen so in Gefahr begibst.«

»Wenn man die Gefahr kennt, kann man ihr auch ausweichen«, erwiderte Abby. »Und wie wollen Sie sonst aus der Stadt rauskommen?«

»Trotzdem wäre es mir lieber, wenn du nicht darin verwickelt würdest. Zumal das mit deinen Freunden doch eine ganz unsichere Angelegenheit ist.«

»Wenn Ihnen einer helfen kann, unbemerkt aus Sydney zu verschwinden, dann ist das John Simon, der Fassbinder«, versicherte Abby. »Kommen Sie, wir müssen weiter. John Simon hat seine Werkstatt zwei Straßen vor der Holzbrücke.«

Melvin machte keine Einwände mehr, sondern folgte ihr. Den Rest des Weges legten sie unbemerkt und ohne Zwischenfälle zurück.

Dass John Simon ein tüchtiger Fassbinder war und es zu etwas gebracht hatte, sah man seinem Anwesen sofort an. An ein kleines, aber sehr solide gebautes Haus schloss sich ein nicht minder solider Werkstattschuppen an. Ein Stall, wo seine beiden Ochsen untergebracht waren, sowie ein sorgfältig umzäunter und liebevoll gepflegter Gemüsegarten gehörten auch noch zum Anwesen von John Simon.

Im Haus brannte Licht.

Melvin blieb im tiefen Schlagschatten des Schuppens, während Abby an die Tür trat und klopfte. Es dauerte eine ganze Weile, bis ihr geöffnet wurde.

»Abby Lynn! Um Gottes willen, was tust du denn zu dieser Stunde noch auf der Straße? Hast du nicht gehört, was passiert ist?«, stieß John Simon vorwurfsvoll hervor, als der Schein seiner Lampe auf ihr blasses Gesicht fiel.

»Bitte lassen Sie mich schnell ins Haus!«, bat Abby.

»Ist jemand hinter dir her?«, fragte er misstrauisch, gab die Tür jedoch frei.

»Nein, zumindest noch nicht«, sagte Abby und schlüpfte an ihm vorbei ins Haus.

Rachel kam aus der Küche, die mit der Wohnstube einen Raum bildete. Ihr stark gewölbter Leib verriet, dass sie in Umständen war und ihr erstes Kind schon in wenigen Monaten erwartete. Sie strahlte über das ganze Gesicht, als sie ihre Freundin erblickte.

»Abby! Wie schön, dich mal wieder zu sehen!«, rief sie und drückte sie vorsichtig an ihren prallen Körper. Dann aber wurde auch ihr die ungewöhnliche Stunde ihres Besuches bewusst und ihr freudiges Lächeln wich einem besorgten Ausdruck. »Ist irgendetwas passiert, Abby?«

Abby nickte, während sie Rachel und ihrem finster dreinblickenden Mann in die Küche folgte und sich an den Tisch setzte. »Ja. Es tut mir Leid, dass ich euch belästigen muss, aber wir brauchen eure Hilfe.«

»*Wir?*«, fragte John Simon mit hochgezogenen Brauen.

»Ja, eigentlich geht es mehr um Mister Melvin Chandler«, sagte Abby und berichtete ihnen kurz, in welcher Gefahr er schwebte und was es mit ihrer Bitte auf sich hatte. Als Rachel hörte, dass Melvin Chandler draußen bei der Schuppentür wartete, eilte sie sofort in die Werkstatt, um ihn hereinzulassen.

»Das kannst du uns nicht antun«, sagte John Simon beschwörend, kaum dass Rachel die Küche verlassen hatte. »Siehst du denn nicht, dass sie in ein paar Wochen schon niederkommt!?«

»Ich wüsste sonst niemanden, an den ich mich wenden könnte«, sagte Abby und wich seinem vorwurfsvollen Blick aus. »Nur Sie können verhindern, dass Mister Chandler verhaftet und ins Gefängnis geworfen wird.«

»Das kann schon sein, aber hast du auch daran gedacht, was wir für ein Risiko eingehen, wenn wir uns auf deinen verrückten Plan einlassen?«, begehrte John Simon auf. »Ich denke doch nicht daran, mich mit den Offizieren anzulegen. Und noch weniger denke ich daran, das Leben meines ungeborenen Kindes aufs Spiel zu setzen, nur um …«

»Da habe ich ja wohl auch noch ein Wort mitzureden, oder?«, fiel Rachel ihm vom Durchgang zur Werkstatt her ärgerlich in die Rede. Hinter ihr stand Melvin, und sein hoch rotes Gesicht verriet, dass auch er die letzten Sätze des Fassbinders gehört hatte.

»Ich bedaure sehr, Sie in diese missliche Lage gebracht zu haben, Mister Simon«, sagte er mit steifer Würde zum Fassbinder und blickte Abby an. »Wir gehen besser wieder. Du hast es gut gemeint, aber es war keine gute Idee, deine Freunde in etwas hineinzuziehen, was sie nichts angeht. Komm jetzt!«

»Einen Augenblick!«, rief Rachel energisch und hielt Abby zurück. »Diese Sache geht uns sehr wohl etwas an, John! Abby bittet uns um unsere Hilfe! Willst du sie ihr verwehren?«

»So versteh doch, Weib! Hier geht es um viel mehr als nur um Hilfe!«, verteidigte sich John Simon. »Wir sollen sie mit unserem Fuhrwerk aus Sydney rausbringen, an den Posten vorbei! Das ist doch kein Kinderspiel, sondern eine höchst gewagte Angelegenheit. Weißt du denn nicht, was passiert, wenn man uns dabei erwischt?«

»Man wird uns nicht erwischen«, erwiderte Rachel gelassen. »Man kennt dich, John, und weiß, dass du gute Geschäfte mit den Offizieren machst, die bei Parramatta ihre Rum-Destillerien betreiben.«

»Ich verkaufe jedem meine Fässer, der sie haben will!«, brauste der Fassbinder auf. »Ist es meine Schuld, dass die Offiziere den Rum-Handel fest in ihrer Hand haben? Dass ich sie mit den nötigen Fässern beliefere, macht mich doch nicht zwangsläufig zu einem ihrer Freunde, oder?«

»Bitte ...«, begann Melvin Chandler und wollte einen erneuten Versuch unternehmen, sich mit Würde zurückzuziehen. Doch man ließ ihn nicht zu Wort kommen. Und Abby gab ihm mit einem scharfen Blick zu verstehen, dass er abwarten solle.

»Das hat auch niemand behauptet, John«, sagte Rachel mit plötzlich veränderter, sanfter Stimme. »Es geht doch nur darum, dass du bei den Männern vom Corps bekannt bist und man dich bestimmt nicht verdächtigen wird, du könntest jemanden aus der Stadt schmuggeln – schon gar nicht, wenn du deine hochschwangere Frau an deiner Seite hast.«

»Und das gefällt mir an Abbys Plan am wenigsten! In deinem Zustand gehörst du nicht mehr auf den Kutschbock eines Ochsenfuhrwerkes! Oder hast du vergessen, wie lange wir schon auf dieses erste Kind gewartet haben?«

Rachel ergriff seine Hand. »John, ich bin nicht aus Zucker. Die Fahrt nach Parramatta wird mich nicht umbringen – und das Kind gewiss auch nicht«, versicherte sie. »Und in Parramatta kann ich bei Martha bleiben, bis du von *Yulara* zurück bist.«

»Es gefällt mir nicht«, brummte John Simon und blickte Abby inständig an, als hoffte er, sie würde ihre Bitte zurückziehen.

Doch Abby dachte nicht daran. Die Entscheidung lag nicht bei ihm, wie er auch sehr wohl wusste, sondern bei Rachel. Sie war nicht gekommen, um eine alte Schuld einzutreiben, sondern um ihre einzige wahre Freundin in einer Notsituation um Hilfe zu bitten. Und sie war entschlossen gewesen, auf diese Hilfe sofort zu verzichten, wenn sie gemerkt hätte, dass Rachel dazu nicht uneingeschränkt bereit war oder Angst um ihr Kind hatte. Doch da nichts dergleichen der Fall war, würde sie Rachels Hilfe dankbar annehmen.

»Wir bringen euch alle hier raus!«, versicherte Rachel mit Nachdruck, ohne die Hand ihres Mannes loszulassen. »Und mein Mann wird alles tun, was in seiner Macht steht, um euch sicher nach *Yulara* zu bringen. Immerhin säße ich jetzt nicht hier mit seinem Kind unter dem Herzen, wenn Abby damals nicht ihr Leben für mich aufs Spiel gesetzt hätte.«

Der Fassbinder blickte einen Augenblick betreten zur Seite, griff dann zu seiner Tonpfeife und stopfte sie umständlich. Nachdem er den Tabak in Brand gesetzt und ein paar blaue, würzig riechende Wolken in den Raum gepafft hatte, raufte er sich das Haar und seufzte schwer. »Also gut, versuchen können wir es ja«, sagte er schließlich.

Rachel lächelte glücklich, und Melvin versuchte gar nicht erst, seine Erleichterung und Dankbarkeit vor ihnen zu verbergen.

»Aber ihn in einem großen Fass zu verstecken, ist keine gute Idee«, fuhr John Simon fort. Nun, da er sich dazu durchgerungen hatte, würde er die Angelegenheit auch mit ganzem Sachverstand und Einsatz durchführen.

»Wo soll er sich dann verstecken?«, wollte Rachel wissen.

»In einer Kiste gleich hinter dem Kutschbock«, erklärte der Fassbinder. »Die ist mit ein paar Brettern schnell gezimmert und fällt bei der tiefen Ladefläche des Fuhrwerks gar nicht auf, wenn ich sie erst mit allerlei Fässern und Dauben voll gestellt habe.« Er wandte sich jetzt zum ersten Mal direkt an Melvin Chandler. »Sie werden auch tagsüber in der Kiste bleiben müssen, vielleicht die ganze Wegstrecke, und das bedeutet, dass Sie bei dieser Hitze einen Vorgeschmack vom Fegefeuer erhalten werden, Mister Chandler. Ich hoffe, Sie wissen, worauf Sie sich da einlassen?«

Melvin schluckte und lächelte gequält. »Besser zwei Tage schwitzen, als möglicherweise jahrelang im Gefängnis zu sitzen oder auf die Kohlefelder geschickt zu werden.«

John Simon nickte zustimmend. »Also gut, dann werde ich mich an die Arbeit machen.«

Abby sprang auf. »Ich hole indessen Sarah.«

Melvin wollte erst unbedingt mit, doch das redeten sie ihm schnell aus. »Noch zweimal dieselbe Wegstrecke? Wer weiß, wem Sie da in die Arme laufen«, gab Rachel zu bedenken. »Nein, Sie müssen hier bleiben, wenn Sie den ganzen Plan nicht gefährden wollen.«

»Aber ich kann Abby doch nicht allein losschicken! Mit all den Betrunkenen auf den Straßen!«

»Ich nehme wieder die stillen Gassen, Mister Chandler. Haben Sie keine Sorge, ich passe schon gut auf mich und Sarah auf. In einer halben Stunde bin ich wieder zurück!«, versicherte Abby und huschte durch die Hintertür in die Nacht hinaus.

Zweiundzwanzigstes Kapitel

Eine Stunde vor Mitternacht, als Abby längst sicher mit Sarah zurückgekehrt war, legte der Fassbinder in der Werkstatt, wo auch das Fuhrwerk stand, den Hammer aus der Hand. Er hatte hinter dem Kutschbock eine Kiste gezimmert, die die ganze Breite des Wagens einnahm und hoch genug war, dass Melvin sich auch einmal umdrehen konnte. Sie hatte einen richtigen Deckel mit Verschluss.

»Kommen Sie, Mister Chandler, probieren Sie Ihr Quartier aus!«, forderte John Simon ihn auf.

Melvin kletterte auf die Ladefläche und legte sich hinein. Er fand darin gut Platz, wenn er die Beine auch nicht ganz ausstrecken konnte. »Den Umständen entsprechend recht bequem«, sagte er.

»Muss ich da auch hinein?«, fragte Sarah. Als Abby sie aus dem Bett geholt hatte, hatte sie die Nachricht, dass sie heimlich Sydney verlassen mussten, sehr gefasst aufgenommen. Sie war noch nicht alt genug, um die Gefahr zu erfassen, in der ihr großer Bruder schwebte. Für sie war diese nächtliche Fahrt, die vor ihnen lag, mehr ein aufregendes Abenteuer.

»Nein, du bekommst ein bequemes Lager zwischen den Fässern«, sagte Rachel betont fröhlich. »Du darfst nur keinem erzählen, dass sich dein Bruder da drin versteckt hält, verstehst du?«

»Ich werd schweigen wie ein Grab!«, versprach Sarah mit vor Aufregung glänzenden Augen.

John Simon brummte etwas Unverständliches und reichte Melvin einen Wasserschlauch. »Sie werden ihn da drin brauchen«, sagte er. Dann bedeckte er ihn mit alten Säcken, auf die er Werkzeug legte, für den Fall, dass doch jemand die Kiste bemerkte und einen Blick hineinwerfen wollte. Dann half Abby ihm dabei, leere Fässer und mehrere zusammengeschnürte Bündel Dauben auf die Ladefläche zu heben sowie einen Ballen Stroh, der Sarah mit einigen Decken als weiche Lagerstatt dienen würde. Anschließend holten sie die beiden Zugochsen aus dem angrenzenden Stall und spannten sie ein.

»Möge der Herrgott seine schützende Hand über uns halten«, murmelte der Fassbinder, als das Fuhrwerk aus dem Schuppen rumpelte.

Auf der Straße, die zur Brücke führte, begegneten ihnen mehrere Gruppen betrunkener Männer und Frauen, die den Umsturz mit Rum feierten, den die Offiziere kostenlos hatten verteilen lassen. Und sie sangen Spott- und Hohnlieder auf Gouverneur Bligh, der zum zweiten Mal in seinem Leben Opfer einer Meuterei geworden war.

Die Kontrolle an der Brücke passierten sie ohne Schwierigkeiten. Die beiden Soldaten boten dem Fassbinder sogar einen Schluck aus ihrer Rumkanne an. »In so einer Nacht soll man feiern, Mann, und nicht an die Arbeit denken! Passiert nicht alle Tage, dass so einem Tyrannen wie dem Bounty-Bligh das Fell gegerbt wird!«

»Sag das meinen Kunden in Parramatta, Soldat. Irgendwer muss die Fässer ja liefern, aus denen ihr euren Rum bekommt«, antwortete John Simon, nahm einen guten Schluck und beeilte sich dann, dass er mit dem Gespann über die Brücke kam.

»Na, war es so schlimm?«, fragte Rachel leise.

»Man soll die Nacht nicht vor dem Tag loben«, gab ihr Mann knurrig zurück. »Noch sind wir nicht aus Sydney raus. Es wird noch mehr Kontrollen geben.«

So war es auch. Hinter den letzten Häusern an der sandigen

Landstraße, die über Brick Hill nach Parramatta führte, campierte eine Gruppe Soldaten. Fünf Mann, die um ein hell loderndes Feuer saßen, eine Hammelseite am Spieß brieten und ihre Becher aus einem kleinen Fässchen füllten, das sie auf einem flachen Felsbrocken stehen hatten. Als sich das Fuhrwerk näherte, erhoben sich zwei von ihnen und traten auf die Straße.

John Simon brachte das Fuhrwerk vor ihnen zum Stehen. »Ein köstlicher Duft, der einem da in die Nase steigt«, sprach er sie an.

Die beiden Soldaten gingen nicht darauf ein. »Was hast du um diese Zeit mit deinem Fuhrwerk auf der Straße zu suchen?«, fragte der eine.

»Muss mit den Fässern nach Parramatta«, antwortete der Fassbinder.

»Um Mitternacht?«, wurde argwöhnisch gefragt.

Der Fassbinder wies mit dem Kopf auf Rachel. »Meine Frau erwartet bald ihr nächstes Kind.«

»Und was hat das mit deiner Fuhre zu tun?«

»Ihre Freundin ist Hebamme in Parramatta, Soldat«, erklärte John Simon höflich, und Abby bemerkte, wie ihm der Schweiß den Nacken hinunterlief. »Sie verträgt die Hitze nicht gut, deshalb will ich die kühleren Nachtstunden nutzen. So schlage ich zwei Fliegen mit einer Klappe.«

»Lass uns doch mal sehen, was du da geladen hast.«

»Was soll ich schon geladen haben, nichts als Fässer für Lieutenant Graham«, brummte der Fassbinder. Es war ein offenes Geheimnis, dass viele Offiziere nicht nur mit importiertem Rum handelten, sondern auch eigene Rum-Destillerien betrieben, um einen noch größeren Profit zu erzielen. Sie verkauften den Fusel, von dem schon so mancher nach zu viel Konsum blind geworden war, an die Spelunken in den Rocks und an die vielen Sträflinge, die ohne Rum nicht mehr leben, aber nicht viel dafür ausgeben konnten.

Ein dritter Uniformierter erhob sich von seinem Platz am

Feuer und kam auf sie zu. »Was gibt es, Männer?«, fragte er, und seine Stimme verriet, dass er gewohnt war, Befehle zu erteilen.

»Der Bursche behauptet, er müsse mitten in der Nacht Fässer nach Parramatta bringen, Sergeant!«, rief einer der Soldaten ihrem Vorgesetzten zu. »Für Lieutenant Graham, wie er sagt.«

Der Sergeant trat auf John Simons Seite an das Fuhrwerk. »Dich kenne ich, du bist der Fassbinder, nicht wahr?«, fragte er, und es klang nicht unfreundlich.

John Simon nickte. »So ist es, Sergeant. Lieutenant Graham braucht dringend neue Fässer, und da ich meine Frau, die bald mit unserem Kind niederkommen wird, sowieso zur Hebamme nach Parramatta bringen muss, hab ich die Fässer gleich mitgenommen. Und wie ich Ihren Leuten schon gesagt habe, ist die Fahrt am Tag bei Sonnenglut Gift für mein Weib.«

»Da ist sie nicht die Einzige, für die diese verdammte Sonne Gift ist«, erwiderte der Sergeant munter und kratzte sich dann am Kinn die Bartstoppeln. »So, Lieutenant Graham braucht also dringend Fässer.«

John Simon nickte nur bestätigend.

»Tja, eine eigene Rum-Destillerie bräuchte man, um es hier zu etwas zu bringen – oder ein Geschäft, wie du es hast, Fassbinder.«

»Es macht mich nicht zum reichen Mann, doch es ernährt uns gut«, gab John Simon bescheiden zurück.

»Dann muss es dir schon sehr gut gehen, wenn du so viele Mäuler reichlich stopfen kannst«, sagte der Sergeant und deutete auf Abby und Sarah, die er auch für seine Kinder hielt, ganz wie es beabsichtigt war.

Abby hatte sich die langen Haare streng nach hinten gekämmt und zu einem Zopf geflochten, um jünger auszusehen. Doch auch mit dem züchtigen Pferdeschwanz sah sie kaum jünger als sechzehn aus. Niemand hätte Rachel abgenommen, dass sie ihre Mutter war. Einem prüfenden Blick wären diese Ungereimtheiten sofort aufgefallen. Deshalb lehnte sich Abby auch mit gesenktem Kopf gegen Rachels Schulter und gab sich schläfrig. In Wirklichkeit waren ihre Nerven auf das äußerste angespannt – wie auch die ihrer Freundin, die ihr Handgelenk so fest umklammert hielt, dass es schon schmerzte.

Allein Sarah täuschte nichts vor. Sie lag weich gebettet zwischen den Fässern und schlief tief und fest. Nachdem Abby sie mitten in der Nacht aus dem Bett geholt und sie gut eine Stunde auf die Abfahrt gewartet hatte, war das Bedürfnis nach Schlaf in ihr immer stärker geworden. Krampfhaft hatte sie versucht die Augen aufzuhalten. Doch nach der ereignislosen Kontrolle an der Brücke, die so gar nichts von einem aufregenden Abenteuer an sich gehabt hatte, hatte sie ihren Widerstand gegen die Lockungen des Schlafes aufgegeben.

»Ja, wir müssen dem Herrgott dankbar sein, dass wir nicht länger Hunger zu leiden brauchen, Sergeant«, sagte Rachel nun mit leiser, demütiger Stimme, in der ein leicht leidender Tonfall mitschwang. Und sie legte beide Hände auf ihren gewölbten Bauch, als hätte sie Schmerzen, die sie jedoch vor den fremden Männern nicht zeigen wollte.

»Was ist nun, sollen wir nachschauen, was er alles geladen hat?«, fragte einer der Soldaten ungeduldig und schaute neidvoll zu seinen Kameraden hinüber, die sich mit dem Bajonett dicke Fleischstreifen von der Hammelseite schnitten.

Der Sergeant, der seinen Blick bemerkt hatte, zögerte einen Moment. Er schaute auf Sarah, die mit angezogenen Beinen und leicht geöffnetem Mund auf dem Strohballen lag und friedlich schlief.

»Ach was, wozu sollen wir wegen ein paar Fässer das Kind aus dem Schlaf holen«, sagte er schließlich großzügig und trat zurück. »Fahr weiter, Fassbinder! ... Und dir eine gute Niederkunft, Frau!«

»Gott segne Sie für Ihre Güte!«, rief Rachel ihm zu und meinte es auch so.

John Simon griff zu den Zügeln und brachte die Ochsen in Bewegung. »Heiliges Astloch, da hätten sie uns um ein Haar gehabt!«, stieß er hervor, als sie außer Hörweite der Soldaten waren, und fuhr sich mit zittriger Hand über die schweißnasse Stirn.

»Um ein Haar reicht aber nicht, mein Lieber«, erwiderte Rachel und tätschelte liebevoll sein Bein, während sie voller Bewunderung sagte: »Du hast sie prächtig an der Nase herumgeführt, als hättest du dein Lebtag nichts anderes getan, als solch ausgekochte Gesellen aufs Kreuz zu legen.«

Das Lob gefiel dem Fassbinder, und der Schrecken wich sichtlichem Stolz, denn er straffte sich und warf sich förmlich in die Brust. »So? Findest du?«

»Und ob! Du hättest den besten Schauspieler ausgestochen, John!«, beteuerte Rachel überschwänglich. »Du kannst einem ja die Sterne vom Himmel lügen, habe ich das Gefühl. Ich glaube, ich muss mich vor dir in Acht nehmen.«

Er lachte. »Nun übertreibst du aber.«

»Überhaupt nicht. Findest du nicht auch, dass er das wunderbar gemacht hat, Abby?«

»Keiner hätte das besser machen können als Sie«, versicherte nun auch Abby, der noch ganz flau im Magen war.

»Na ja, wäre doch auch noch schöner gewesen, wenn uns diese Trunkenbolde auf die Schliche gekommen wären«, sagte der Fassbinder munter und trat mit dem Stiefelabsatz dreimal heftig gegen die Rückwand. »Wir sind aus Sydney raus, Mister Chandler. Ich denke, damit haben wir die größte Gefahr hinter uns!«

»Gott sei Dank!«, erklang es gedämpft aus der Kiste.

»Und wie geht es Ihnen?«, wollte Rachel wissen.

»Ich hab schon mal besser gelegen, aber ich brauche nur an eine Gefängniszelle zu denken, um mich doch ganz wohl zu fühlen«, antwortete Melvin mit Galgenhumor.

»Wer weiß, vielleicht ändern Sie Ihre Meinung doch noch,

wenn die Sonne erst hoch am Himmel steht«, meinte John Simon spöttisch und trieb die Ochsen an.

Auf der Straße von Sydney nach Parramatta, das sie noch vor dem Morgengrauen erreichten, begegneten ihnen keine Soldaten mehr.

»Fahr nur weiter«, sagte Rachel zu ihrem Mann, als sich die ersten Häuser vor ihnen aus der Dunkelheit schälten. »Ich habe es mir anders überlegt und komme bis nach *Yulara* mit. Das ist für uns alle am sichersten. Also versuch erst gar nicht, mich umstimmen zu wollen. Das bisschen Schaukeln und Rumpeln wird dem Kind schon nicht schaden, wenn es nach seinem Vater schlägt. Ich bleibe bei dir … und bei Abby, bis wir alle wohlbehalten auf der Farm abgeliefert haben.«

John Simon wusste, wann es sinnlos war, sich mit seiner Frau zu streiten. Und so begnügte er sich mit der Bemerkung: »Wenn es nach dir schlägt, Weib, wird es sich in der Welt nicht weniger gut zu behaupten wissen.«

Sie kamen unbehelligt durch Parramatta und hatten die Siedlung schon eine gute Wegstrecke hinter sich gelassen, als die Sonne feurig über dem Buschland der Kolonie aufstieg.

Es wurde schnell heiß und Melvins Leiden begann. Da sie bis Windsor immer noch damit rechnen mussten, auf eine Reiterpatrouille zu stoßen, durfte er seinen engen Verschlag nicht verlassen. Nur als sie am späten Vormittag eine Rast einlegten, um den Ochsen eine wohl verdiente Atempause zu gönnen, durfte er aus seinem Versteck. Er war bis auf die Haut durchgeschwitzt und sank erschöpft in den Schatten eines Baumes. Dort blieb er liegen, bis der Fassbinder wieder zum Aufbruch drängte.

Der Tag wurde ihnen allen lang. Die Sonne stach ihnen in den Augen, und der trockene Sand, den die Ochsen aufwirbelten, drang ihnen in Ohren, Nase und Mund. Sarah, die diese Art Strapazen nicht kannte, wurde unleidlich und jammerte, dass ihr alle Knochen wehtäten und sie vor Hitze bald umkomme.

Abby versuchte ihr so gut es ging zu erklären, dass alles Jammern und Weinen sie nicht eine Minute schneller ans Ziel brachte, und schließlich fügte sie sich mit stumpfem Blick in das Unvermeidliche.

Die Stunden krochen dahin und der Gang der Ochsen wurde noch schwerfälliger. Vor ihnen dehnte sich die pulvertrockene verbrannte Weite des australischen Buschlandes, das bis auf die Spurrillen des Weges unberührt schien.

Endlich kippte der Feuerball gen Westen, erst ganz langsam, dass das menschliche Auge kaum ein Absinken beobachten konnte, dann aber immer schneller, als hätte die Kugel auf abschüssiger Bahn Fahrt aufgenommen und es plötzlich sehr eilig, hinter dem Horizont zu verschwinden. Als die letzten Sonnenstrahlen den Himmel verzauberten, lagen *Yulara* und der Hawkesbury-River endlich vor ihnen.

»Wir haben es geschafft!«, stieß John Simon hervor und schüttelte den Kopf, als könnte er es noch nicht so recht glauben.

»Ich bin stolz auf dich«, flüsterte Rachel ihm zu und drückte seine Hand.

Melvin stieg mehr tot als lebendig aus der Kiste. Er roch durchdringend nach Schweiß und Urin und war einem Hitzschlag nahe, obwohl sie ihn während der scheinbar endlosen Fahrt immer wieder mit Wasser versorgt hatten. Doch er lebte und war in Sicherheit.

Dreiundzwanzigstes Kapitel

Der Fassbinder und seine Frau blieben nur einen Tag auf *Yulara*, um sich von der strapaziösen Reise zu erholen und den Ochsen Gelegenheit zu geben, wieder zu Kräften zu kommen. Jonathan Chandler dankte ihnen nicht nur überschwänglich mit Worten für ihre mutige, gefahrvolle Tat, sondern überhäufte sie auch mit Geschenken, zu denen unter anderem zwei Schafe zählten. Und er bestand darauf, John Simon die Fässer, die er geladen hatte, zu einem mehr als marktüblichen Preis abzukaufen, war das doch seiner Meinung nach das Mindeste, was er für sie tun konnte. Er hätte sie auch gern länger auf der Farm zu Gast gehabt. Doch er pflichtete dem Fassbinder bei, als dieser zu bedenken gab, dass es sicherer war, wenn er und seine Frau so schnell wie möglich einige Meilen zwischen sich und *Yulara* brachten. Denn es war nicht auszuschließen, dass man eine Patrouille zum Hawkesbury schicken würde, wenn die Suche nach Melvin Chandler in Sydney erfolglos blieb.

Am Morgen, als John und Rachel sich verabschiedet und den Rückweg angetreten hatten, bat Jonathan Chandler Abby zu sich ins Haus. Auch Melvin und Andrew waren bei diesem Gespräch zugegen.

»Ich weiß wirklich nicht, wie ich dir für dein beherztes und umsichtiges Vorgehen danken soll, Abby«, begann der Siedler, der in den letzten Jahren vollends ergraut war und in Momenten, wo er sich unbeobachtet wähnte, Anzeichen von Müdigkeit erkennen ließ. Die harten Jahre des Neubeginns in der Kolonie waren nicht so spurlos an ihm vorübergegangen wie an seinen Söhnen, die voller Unternehmungsgeist und Energie steckten.

»Sie haben mir schon mehr als genug gedankt, Sir«, antwortete Abby der Wahrheit gemäß. »Und ich habe nicht mehr getan, als jeder andere gute Christenmensch an meiner Stelle auch getan hätte.«

»Du bist immer zu bescheiden«, meinte Melvin mit sanftem Tadel.

Sein Vater nickte. »Und was die guten Christenmenschen angeht, so scheinen sie mir heutzutage höllisch dünn gesät zu sein – vor allem in Sydney.«

»Ich bin keine Gefahr eingegangen, sondern Rachel und ihr Mann. Was hatte ich schon zu verlieren?« Am liebsten hätte sie gesagt, dass ihr in einer Hinsicht die ganze Sache recht gelegen gekommen war. Denn so konnte sie endlich wieder auf *Yulara* und in der Nähe von Andrew sein, an den sie in den letzten Wochen mehr denn je gedacht hatte. Jeden Abend hatte sie die beiden hübschen Bänder hervorgeholt, liebevoll den schönen Stoff befühlt und sich in Träumereien verloren, die fern jeglicher Erfüllung, aber doch zu schön waren, um sie aufzugeben.

»Wir wissen, was du getan hast«, sagte Jonathan Chandler mit fester Stimme, »und Worte allein können unsere Schuld nicht begleichen. Schweig! Und lass mich ausreden! Ich werde ein Gesuch an den Gouverneur aufsetzen und ihn um deine vorzeitige Begnadigung bitten.«

»Gouverneur Bligh ist abgesetzt und hat nichts mehr zu sagen, das weißt du doch, Vater«, warf Andrew ungehalten ein, als könnte er nicht verstehen, wie sein Vater ihr Hoffnungen machen konnte, da er doch genau wusste, dass sich die Kolonie in einem Zustand der Rebellion befand.

Jonathan Chandler seufzte schwer. »Ja, das weiß ich sehr wohl, doch das ändert nichts an meinem Vorsatz. Ich will bei dir auch keine falschen Hoffnungen wecken, Abby, denn es ist wirklich nicht sehr wahrscheinlich, dass die Männer, die jetzt die Macht in dieser Kolonie ausüben, ein Begnadigungsgesuch von meiner Hand wohlwollend prüfen werden.«

»Diese Verräter am König werden es ganz bestimmt ablehnen!«, sagte Melvin bitter.

»Sicher werden sie das«, stimmte sein Vater ihm zu. »Aber Macarthur und seine Komplizen werden ihre Macht nicht ewig auskosten können. Unser König wird diese Rebellion nicht hinnehmen und die Anführer nicht ungestraft lassen, egal welche Gründe sie auch anführen mögen. Meuterei bleibt Meuterei und darauf steht der Strick. Es wird also der Tag kommen, an dem man diese Rebellen-Clique verhaften und zur Rechenschaft ziehen wird und wir wieder einen rechtmäßigen Gouverneur haben. Und dann wird man alles, was die Herren Macarthur und Colonel Johnson gebilligt oder abgelehnt haben, mit sehr kritischen Augen prüfen. Ich bin sicher, dass Abby dann den Lohn bekommt, der ihr zusteht – nämlich die Freiheit!«

Abby war bewegt von seinen Worten, und ihre Stimme war belegt, als sie ihm für seine Großzügigkeit dankte.

»Hoffen wir, dass die Herrschaft der Rum-Rebellen nicht allzu lange dauert«, sagte Melvin. »Aber ein Jahr wird bis dahin mindestens vergehen. Es könnten auch gut zwei werden. Darauf sollten wir uns alle einstellen.«

»Ein Jahr geht schneller um, als man denkt, mein Sohn«, erwiderte Jonathan Chandler, und zu Abby gewandt, sagte er: »Für mich und für meine Söhne bist du auf jeden Fall nicht länger ein Sträfling mehr, ob meinem Gesuch nun stattgegeben wird oder nicht. Deshalb erhältst du auch von heute an Lohn für deine Arbeit. Keine Widerrede! Und nun lass mich allein. Ich brauche Ruhe zum Schreiben.«

Abby ging mit Melvin und Andrew hinaus. Als sie im Schatten des Vordaches standen, sagte Melvin: »Bis wir nach Sydney zurückkehren können und Sarah dort ihren Unterricht wieder aufnehmen kann, wird also einige Zeit ins Land gehen. Unsere Schwester wird deshalb mehr denn je auf dich angewiesen sein, nicht wahr, Andrew?«

Andrew brummte eine mürrische Zustimmung.

»Ich glaube, es ist deshalb auch ganz im Sinne unseres Vaters«, fuhr Melvin fort, »wenn du dich von nun an nur noch um Sarah kümmerst und dafür den Lohn erhältst, der einer Erzieherin zusteht.«

»Das ist wirklich sehr großzügig und ich werde auch weiterhin für Sarah da sein und sie unterrichten«, erwiderte Abby. »Doch ich möchte nicht den ganzen Tag im Haus verbringen, sondern wie sonst auch auf den Feldern arbeiten und mich um die Tiere kümmern.«

Melvin runzelte verwundert die Stirn. »Aber das brauchst du doch jetzt nicht mehr, Abby. Das mit der Begnadigung ist nur eine Formsache, die für uns nicht von Bedeutung ist.«

»Ich weiß. Aber auch wenn ich frei wäre, würde ich mich nicht als Erzieherin verdingen«, beharrte Abby. »Bitte verstehen Sie mich nicht falsch. Es macht mir Freude, mich mit Sarah zu beschäftigen, hab ich sie doch in mein Herz geschlossen. Doch es würde mich ... unglücklich machen, wenn ich mich nur auf Unterricht, Handarbeiten und derlei Dinge beschränken müsste.«

»Sag bloß, du liebst die Arbeit auf der Farm genauso wie Andrew und mein Vater?«, fragte Melvin ungläubig.

Abby nickte und spürte Andrews Blick auf sich ruhen. »Ja, sehr sogar.«

»Tja, wenn das so ist, steht es dir natürlich frei, auch auf der Farm zu arbeiten«, sagte Melvin. »Aber das besprichst du dann am besten mit meinem Bruder.«

Andrew wartete, bis sich Melvin entfernt hatte. »Ich glaube, keiner wird so richtig klug aus dir«, sagte er dann.

»Wieso nicht?«

»Du hast doch gehört, was mein Vater und mein Bruder gesagt haben. Du könntest es dir leicht machen auf *Yulara* und du hättest es auch verdient.«

»Ich habe es mir leicht gemacht, Andrew.«

Er blickte sie skeptisch an, als rätselte er über ihre Beweggründe. »So?«

»Ja. Sie hängen sehr an Ihrer Schwester, nicht wahr?«

Eine steile Falte bildete sich auf seiner Stirn. »Natürlich! Aber was hat denn das mit dir zu tun?«

»Wie lange würden Sie es dann aushalten, wenn Sie Tag für Tag im Kinderzimmer oder auf der Veranda damit verbringen müssten, Rechenaufgaben zu stellen, Diktate und Gedichtvortrag zu üben, Geschichten vorzulesen, Unterricht in Handarbeiten zu geben und Spiele zu spielen?«, fragte sie ihn.

Er lachte. »Himmel, nicht einen Tag würde ich das durchstehen. Aber du bist ein Mädchen!«

»Sarah ist ein Mädchen!«, erwiderte Abby wie aus der Pistole geschossen. »Ich bin achtzehn, Andrew! Und ich wünsche mir kein Leben als Kindermädchen oder Erzieherin. Bevor ich nach Australien kam, habe ich von der Arbeit auf einer Farm nichts gewusst und mir auch nie vorstellen können, dass mir so etwas Freude machen würde. Doch jetzt, nach fast drei Jahren auf *Yulara,* kann ich mir nichts Schöneres vorstellen. Ist das so schwer zu verstehen?«

Andrew sah sie verblüfft an. »Ich glaube, dir ist es wirklich ernst damit.«

»Ja, das ist es.«

Er sah sie einen Augenblick nachdenklich an. »Das freut mich, Abby. Also gut, dann komm. An Arbeit mangelt es uns hier wirklich nicht.«

Sie gingen über den Hof und Andrew berichtete ihr von seinen neuen Plänen. Als sein Blick auf die Pferdekoppel fiel, blieb er unvermittelt stehen. »Bist du noch immer so versessen darauf, *Samantha* zu reiten?«, fragte er.

»Aber ja! Wollen Sie doch noch mit mir um die Wette scheren?«, fragte sie spöttisch zurück.

»Nein. Das ist nicht mehr nötig. Du kannst sie reiten, Abby. Wann immer du willst.«

»Einfach so?« Abby konnte es nicht glauben.

Er nickte. »Ja, einfach so.« Und bevor sie noch etwas erwidern oder fragen konnte, winkte er einen der Sträflinge heran und ließ sich von ihm berichten, ob die Schafe auf der Südweide auch noch genug Wasser und Futter fanden.

Vierundzwanzigstes Kapitel

Nach Melvins gelungener Flucht aus Sydney lebte seine Familie in Sorge und banger Erwartung, welche Maßnahmen die neue Regierung der Rebellen wohl gegen ihn ergreifen würde. Um für den schlimmsten Fall gerüstet zu sein, wurde auf der anderen Seite des Flusses ein sicheres Versteck gesucht, gefunden und mit allem Nötigen ausgerüstet, sodass Melvin sich dort notfalls lange und ohne viel Entbehrungen vor einem ausdauernden Suchtrupp verbergen konnte. Es wurde auch ein ständiger Wachposten auf View Point Hill, der höchsten Erhebung um *Yulara,* eingerichtet, damit sich niemand unbemerkt der Farm nähern und Melvins Flucht über den Hawkesbury vereiteln konnte.

Nur die vertrauenswürdigen Sträflinge wurden zu diesem Wachdienst eingeteilt. Abby beteiligte sich ebenso daran wie Andrew und Rosanna. Vier Stunden mussten sie dort auf der Kuppe des Hügels unter der sengenden Sonne ausharren und das Land ringsum immer wieder mit dem Fernrohr absuchen, während ein Pferd am Fuß des Hügels im Schatten einer kleinen Baumgruppe für den Notfall bereitstand. Es waren vier lange, sehr ermüdende Stunden, nach denen jedem Posten die Augen schmerzten.

Drei Tage, nachdem John und Rachel *Yulara* verlassen hatten, schlug der Posten Alarm. Wild schwenkte er die Signalfahne, die Abby aus einem Reststück roten Stoffes genäht hatte. Melvin befand sich schon auf der anderen Flussseite, als der Posten vor dem Farmhaus aus dem Sattel sprang.

»Vier Reiter, Sir!«, meldete er Jonathan Chandler aufgeregt. »Verdammte Rotröcke, Sir, der Teufel soll diese Blutsauger holen!«

»Ist gut, Glenn. Gehen Sie in die Küche und lassen Sie sich

von Rosanna einen kühlen Trunk und eine handfeste Stärkung geben. Lester wird sich schon um das Pferd kümmern.«

Der bullige Sträfling grinste breit. »Mit Vergnügen, Sir.« Er übergab die Zügel dem jungen Lester und beeilte sich, dass er zu Rosanna in die Küche kam, die bei ihren Mitsträflingen ohne Ausnahme beliebt war.

Andrew blieb bei seinem Vater und wartete auf die Ankunft der Soldaten. Sie sprachen kein Wort, denn jeder wusste, was den anderen bewegte.

Es dauerte eine gute halbe Stunde, bis die vier Reiter *Yulara* erreicht hatten und ihre verschwitzten Pferde vor dem Farmhaus zum Stehen brachten.

»Einen guten Tag, Sir!«, grüßte der Offizier, der das Kommando über diese kleine Gruppe führte, und stellte sich knapp vor. »Lieutenant Hubbell!«

»Willkommen auf *Yulara,* Lieutenant«, erwiderte Jonathan Chandler den Gruß mit einer Höflichkeit und Freundlichkeit, die nicht nur seinen Sohn Andrew verblüffte, sondern ganz offensichtlich auch den Offizier. »Ein viel zu heißer Tag für einen so strapaziösen Ritt zum Hawkesbury. Sitzen Sie doch ab und seien Sie und Ihre Männer meine Gäste.«

»Bedaure, Mister Chandler, aber mein Auftrag ...«, begann Lieutenant Hubbell steif.

»Mir ist klar, warum Sie hier sind, Lieutenant«, unterbrach der Siedler ihn ruhig. »Doch das sollte uns nicht darin hindern, uns wie zivilisierte Menschen zu verhalten und die Gebote der Gastfreundlichkeit einzuhalten. Ihr Auftrag ändert zudem nichts daran, dass Ihre Pferde und auch Ihre Männer eine Rast verdient haben ... Lester! ... Jake! Reibt die Pferde ab und gebt ihnen zu fressen und zu saufen! Und gebt Rosanna Bescheid!«, rief er seinen beiden Sträflingen zu, die die Ankunft der Rotröcke von der Scheune aus beobachtet hatten. Und zum Offizier gewandt, sagte er: »Und wenn Sie mir bitte ins Haus folgen wollen? In einem kühlen Raum lässt sich vieles besser bereden als hier im prallen Sonnenschein. Es ist nie gut, wenn man überhitzt ist«, fügte er zweideutig hinzu.

»Wie Sie meinen, Sir«, sagte Lieutenant Hubbell erstaunt, nahm die Einladung jedoch nur zu gern an.

Rosanna eilte herbei und tischte den drei Männern in der Wohnstube kühle Getränke auf. Als sie wieder unter sich waren, räusperte sich der Offizier. »Mein Auftrag hat mit Ihrem Sohn zu tun«, begann er.

»Ich weiß. Melvin hat sich in Sydney offenbar sehr unbeliebt gemacht.«

Lieutenant Hubbell konnte sich eines Schmunzelns nicht erwehren. »Ja, so könnte man es auch ausdrücken, Sir. Er wird beschuldigt ...«

»Entschuldigen Sie, dass ich Sie ein zweites Mal unterbreche«, fiel Jonathan Chandler ihm ins Wort, »doch können wir die Angelegenheit nicht besprechen, ohne dabei um den heißen Brei zu reden?«

»Bei allem Respekt, Sir, aber ich verstehe nicht, was Sie meinen!«

»Nun, das kann ich Ihnen schnell erklären. Wir alle wissen, dass es in Sydney eine Meuterei gegen Gouverneur Bligh gegeben hat ...«

»Keine Meuterei! Ein bedauerlicher, aber wohl notwendiger Akt zum Wohle der Kolonie!«, korrigierte ihn der Offizier, wurde jedoch rot, als Andrew ihn scharf anblickte.

Jonathan Chandler zuckte mit den Achseln. »Nennen Sie es, wie Sie wollen. Mir liegt nichts daran, mich mit Ihnen zu streiten. Sicher ist, dass Bligh nichts mehr zu sagen hat und mein Sohn, der die Ziele des Gouverneurs mit jugendlicher Begeisterung unterstützte, bei den neuen Machthabern in Ungnade gefallen ist. Sie sind nun gekommen, um ihn festzunehmen.«

»So lautet mein Befehl in der Tat«, gab der Offizier zu.

»Das überrascht hier niemanden, dass man nun versucht, jeden mundtot zu machen und hinter Gitter zu bringen, der mit dieser Rebellion gegen Bligh nicht einverstanden ist!«, sagte Andrew aggressiv.

Bevor Lieutenant Hubbell zu einer Erwiderung ansetzen konnte, ergriff Jonathan Chandler wieder das Wort. »Ich sagte, wir wollen uns nicht streiten!« Er warf Andrew einen ärgerlichen, zurechtweisenden Blick zu. »Ob die Absetzung des Gouverneurs nun ein Akt zum Wohle der Kolonie war oder Meuterei, das wird anderswo entschieden – und zwar in London!«

Lieutenant Hubbell blickte verschlossen. »Ich bin nicht hier, um mich mit Ihnen über Politik zu unterhalten, Mister Chandler, sondern um Ihren Sohn zu verhaften.«

»Das ist ein und dasselbe, Lieutenant. Betrachten wir die Situation doch einmal ganz nüchtern: Ein paar Herren in Sydney möchten meinen ältesten Sohn gern im Gefängnis sehen. Doch das Land am Hawkesbury ist nicht Sydney. Wer hier nicht gefunden werden möchte und Zeit genug hat, sich darauf vorzubereiten, den kann auch das gesamte New South Wales Corps nicht aufstöbern.«

»Ich muss Sie darauf aufmerksam machen, dass sich jeder strafbar macht und zur Rechenschaft gezogen werden kann, der Ihrem Sohn dabei hilft, sich der Verhaftung zu entziehen!«, drohte der Offizier, doch es klang nicht sehr überzeugend.

Jonathan Chandler lächelte milde. »Würden Sie Ihrem Sohn nicht auch helfen, Lieutenant? Würden Sie Ihrem Sohn Ketten anlegen und in eine Zelle werfen lassen, nur weil er die Ansichten eines *amtierenden* Gouverneurs gegen die Meinungen ihm *unterstellter* Truppen unterstützt hat? Das wage ich zu bezweifeln! Außerdem ist keinem hier auf der Farm das Versteck meines Sohnes bekannt, eine Maßnahme zu seinem Schutz, auf der *ich* bestanden habe. Aber lassen wir das. Tatsache ist, dass Sie meinen Sohn nicht finden werden.«

»Ich akzeptiere Ihre Haltung als Vater, aber ich habe einen klaren Befehl.«

»Der nicht ausführbar ist«, sagte der Siedler ruhig. »Oder

wollen Sie uns als Vergeltung in Sippenhaft nehmen? Ist das Ihre neue Ordnung?«

Der Offizier biss sich unschlüssig auf die Unterlippe.

»Darf ich Ihnen eine persönliche Frage stellen, Lieutenant?«, fragte Jonathan Chandler.

»Bitte!«

»Wie lange geben Sie unserer neuen Regierung? Ein Jahr? Oder anderthalb?«

»Was weiß ich«, knurrte Hubbell verwirrt. »Ich kümmere mich nicht darum, sondern führe nur meine Befehle aus!«

»Wenn es an der Rechtmäßigkeit einer Regierung Zweifel geben kann, und die kann keiner in Abrede stellen, bis der König nicht seinen Segen zu diesem ... Akt zum Wohle der Kolonie gegeben hat, solange das also nicht geschehen ist, dürfte jeder gut beraten sein, sich Gedanken über das zu machen, was von ihm verlangt wird«, sagte der Siedler. »Ich will ganz offen sein, Lieutenant. Der König wird diesen Umsturz nicht tatenlos hinnehmen, geschweige denn absegnen. Er *kann* es einfach nicht, genau wie Sie es unter keinen Umständen zulassen können, dass irgendein gemeiner Soldat Ihre Autorität untergräbt und eine schwer wiegende Entscheidung trifft ohne Ihre ausdrückliche Billigung.«

»Und was hat das mit mir und Ihrem Sohn zu tun?«, wollte Lieutenant Hubbell wissen. Er klang gar nicht abweisend, sondern vielmehr verunsichert.

»Eine ganze Menge. Für Mister Macarthur oder Colonel Johnston wird es in nicht allzu ferner Zeit, wenn London sein Urteil über diese Ereignisse fällt, nicht von Belang sein, ob sie einen Mann mehr oder weniger ins Gefängnis geschickt haben, nur weil er loyal zum Stellvertreter des Königs stand«, sagte der Siedler bedacht. »Doch für Sie könnte das schon der Fall sein, wenn die Frage gestellt wird, mit welchem Einsatz Sie Macarthur und Johnston nachgeeifert haben. Sicher, es ist Ihre persönliche Gewissensentscheidung. Doch ich bitte Sie zu bedenken, dass Sie noch jung sind und erst am Anfang Ihrer Offizierskarriere stehen. Wollen Sie riskieren, dass Sie in ein, zwei Jahren den Offiziersrock ausziehen müssen?«

Lieutenant Hubbell schwieg eine Weile. »Mein Befehl lässt mir nicht viel Spielraum«, sagte er und gab damit zu verstehen, dass er zwar nicht daran interessiert war, den Bluthund für seine Vorgesetzten zu spielen, aber den Befehl doch nicht einfach ignorieren konnte.

»Sie irren, Lieutenant. Jeder Befehl lässt Spielraum – zum Guten und zum Schlechten«, erwiderte Jonathan Chandler. »Wer mit den Gegebenheiten dieses Landes vertraut ist, wird Ihnen glauben, dass es Ihnen unmöglich ist, meinen Sohn hier draußen zu finden und zu verhaften. Doch ich will Ihnen noch ein Angebot an Ihre Vorgesetzten mit auf den Weg geben ...«

»Sie wollen meinen Vorgesetzten ein Angebot machen?«

Der Siedler nickte. »Jawohl. Und zwar gebe ich Ihnen das Ehrenwort eines Gentleman, dass sich mein Sohn von Stund an nicht mehr in die Politik dieser Kolonie einmischen und sich jeder Aktivitäten enthalten wird, die die Missbilligung der derzeitigen Machthaber hervorrufen könnten. Und er wird hier auf *Yulara* bleiben, bis die Regierung in Sydney vom König entweder bestätigt oder abgesetzt wird.«

Der Offizier lächelte anerkennend. »Das ist ein Vorschlag, mit dem zumindest ich leben kann, Mister Chandler«, sagte er nach kurzer Überlegung. »Inwieweit das auch auf meine Vorgesetzten zutrifft, kann ich natürlich nicht sagen.«

»Das verstehe ich, doch wir werden es sicherlich schnell erfahren, nicht wahr?«

»Ja, das werden Sie«, erwiderte Lieutenant Hubbell und erhob sich. Wenig später machte er sich mit seinen Männern auf den Rückweg.

»Ich weiß nicht, was ich davon halten soll, Vater«, sagte Andrew, als sie den Reitern nachblickten. »Du hast vor diesen Schurken kapituliert, wenn man es recht betrachtet.«

»Ich sehe es mehr als eine Art von erklärtem Waffenstillstand in einer Situation, die für beide Parteien patt steht«, erwiderte sein Vater. »Warten wir ab, wie sie darauf reagieren.«

Die neuen Machthaber nahmen das Angebot an. Fünf Tage, nachdem der Lieutenant Hubbell unverrichteter Dinge nach Sydney zurückgekehrt war, erschien ein berittener Bote auf *Yulara* und brachte die schriftliche Zusage, dass der Haftbefehl gegen Melvin Chandler so lange ausgesetzt werde, solange er sich jeglicher politischer Aktivitäten enthielt.

Fünfundzwanzigstes Kapitel

Der Wachdienst auf View Point Hill wurde auch nach Erhalt der Zusage aufrechterhalten, doch nicht etwa aufgrund der Befürchtungen, die Rum-Rebellen könnten sich eines anderen besinnen und doch noch versuchen, Melvin in ihre Gewalt zu bekommen. Diese Gefahr bestand nicht, dafür aber eine, die den Chandlers kaum weniger Sorge bereitete – nämlich die eines Buschbrandes.

Der Sommer hatte der Kolonie eine extreme Trockenheit beschert, die die der vergangenen Jahre bei weitem übertraf. Monat um Monat hatte die Sonne unbarmherzig vom Himmel gebrannt und dem Boden den letzten Rest Feuchtigkeit entzogen. Bis auf einige wenige gute Quellen waren alle Wasserlöcher schon im Januar ausgetrocknet gewesen. Die Erde war fest gebacken wie Lehmziegel im Ofen und mittlerweile aufgebrochen und rissig wie brüchiges Leder. Meilenweit zogen sich handtiefe Spalten wie ein gigantisches Labyrinth durch das Buschland, dessen Vegetation ausgedörrt war. Und es grenzte an ein Wunder der Natur, dass nicht alle Lebewesen in dieser sonnendurchglühten Wildnis verendeten, sondern immer noch ein wenig Futter und Wasser fanden, um sich von einem Tag auf den anderen hinüberzuretten.

Auf *Yulara* wären Mensch und Tier eingegangen, wenn der Hawkesbury trotz der andauernden Trockenheit nicht von den offensichtlich unerschöpflichen Quellen gespeist worden wäre, die im Nordwesten in den hohen Bergen der Blue Mountains entsprangen. Und hätten sie nicht das aufwendige Bewässerungssystem angelegt, wäre ihnen die Ernte schon längst auf dem Halm verdorrt.

Schon mehrmals hatte sich der Busch um *Yulara* selbst entzündet. Doch glücklicherweise waren das nur kleine Schwelbrände gewesen, die zudem bemerkt worden waren, bevor sie sich zu einem alles vernichtenden Buschbrand entwickeln konnten.

»Die Trockenheit lässt und lässt nicht nach«, sagte Jonathan Chandler eines Morgens sorgenvoll, als er den Himmel nach einer Wolke absuchte, die Regen und damit das lang ersehnte Ende der Dürre hätte bringen können. Doch er strengte seine Augen vergebens an. Der Himmel war so wolkenlos wie ein glatt polierter Spiegel.

Abby hatte mit Sarah ausreiten wollen, es sich jedoch anders überlegt. Es war jetzt zu dieser frühen Stunde schon zu heiß, als dass ein Ausritt noch Vergnügen bereitet hätte. Die Temperatur war in der Nacht nur geringfügig gefallen und jede Bewegung trieb einem den Schweiß aus allen Poren.

Sie rupfte eine Hand voll Gras aus, das neben den Stufen der Veranda gewachsen war, rieb die spröden Halme gegeneinander, und sie zerrieselten ihr zwischen den Fingern.

»Pulvertrocken«, sagte sie. »Wie Zunder. Ein Funke nur und es brennt.«

Jonathan Chandler nickte düster und sagte zu ihr und seinen Söhnen: »Ich sage euch, es wird Feuer geben. Irgendwo da draußen wird es seinen Anfang nehmen, und die Flammen werden haushoch in den Himmel lecken, bevor wir etwas davon ahnen.«

Andrew stimmte ihm zu. »Wir sollten uns darauf vorbereiten, Vater.«

»Aber wie denn noch?«, fragte Melvin. Sie hatten alle Fässer und Behälter mit Wasser gefüllt und überall zwischen Farmhaus und Nebengebäuden aufgestellt. Und täglich wurden Dächer und Wände genässt, um einer Selbstentzündung vorzubeugen.

»Wir müssen eine breite Feuerschneise rund um *Yulara* anlegen«, schlug Andrew vor. »Sie muss so breit sein, dass ein Buschbrand nicht auf unser Land übergreifen kann.«

»Eine im Prinzip gute Idee«, meinte sein Vater. »Aber weißt du, was das für eine Arbeit ist? Einmal ganz davon abgesehen, dass wir dann im wahrsten Sinne des Wortes mit dem Feuer spielen. Die Schneise muss mehrere hundert Yards breit sein, damit der Funkenflug den Korridor verbrannter Erde nicht überwinden kann.«

»Eine Schneise von mehr als hundertfünfzig Morgen Land?«, fragte Melvin zweifelnd. »Wie lange willst du denn daran arbeiten?«

»Bis wir fertig sind – und das wird hoffentlich vor Ausbruch des Buschbrandes der Fall sein«, erwiderte Andrew. »Oder hast du einen besseren Vorschlag?«

»Leider nein, Bruderherz.«

»Also gut, machen wir uns an die Arbeit«, sagte ihr Vater.

»Was kann ich tun?« fragte Abby.

»Du kannst doch mit dem Ochsengespann umgehen«, sagte Andrew.

»Ja, natürlich.«

»Gut. Sag Glenn Bescheid. Er soll dir beim Einspannen helfen und dann das Fuhrwerk mit Wasserfässern beladen, denn wir müssen beim Brennen der Schneise das Feuer jederzeit unter Kontrolle haben. Und bringt jede Menge Säcke mit«, trug

Andrew ihr auf. »Wir beginnen im Südwesten und schlagen einen ersten Halbbogen nach Norden ans Ufer des Flusses hinüber. Aus dieser Richtung ist ein Feuer aufgrund der Windrichtung am gefährlichsten. Später dann führen wir die Schneise im Osten ganz um *Yulara* herum.«

Und so wurde es auch gemacht. Jeder musste bei dieser Arbeit mit anpacken, und es war eine Arbeit, die wirklich für Sträflinge erfunden zu sein schien. Bei der schon so unerträglichen Hitze ein Feuer zu entfachen, um es gleich wieder mit nassen Säcken auszuschlagen, wenn es sich zu schnell und in die falsche Richtung auszubreiten drohte, war eine Qual. Funken brannten auf der Haut, Blasen bildeten sich, und der Rauch gab ihnen das Gefühl, zu ersticken.

Stunde um Stunde trieben sie die Feuerschneise in einem weit geschwungenen Bogen nach Norden vor sich her und hinterließen einen schwarzen, breiten Streifen. Bäume mussten gefällt werden, damit ihre Kronen nicht vom Gluthauch eines Buschbrandes entflammt werden und das Feuer doch noch auf *Yulara*-Land hinübertragen konnten. Mehr als einmal drohte das Feuer auszubrechen und wie ein nimmersattes flammendes Ungeheuer seiner eigenen Bahn zu folgen. Dann stürzten alle herbei und schwangen die nassen Säcke trotz lahmer Arme wie die Wahnsinnigen. Und in das Prasseln der Flammen mischte sich ihr Keuchen, Husten und Fluchen.

Am Nachmittag des nächsten Tages fehlte keine halbe Meile, bis der erste Bogen der Feuerschneise ans Ufer des Hawkesbury reichte.

»Wir brauchen mehr Wasser!«, rief einer der Männer, als das letzte Fass geleert war.

Abby sprang auf den Kutschbock des Fuhrwerkes. »Ich fahre zum Fluss hinunter und füll die Fässer auf.«

»Das schaffst du nicht allein!«, rief Andrew.

»Doch. Ich fülle sie mit dem Eimer auf.«

»Nein, einer allein, das dauert zu lange. Ich komme mit!« Er schwang sich zu ihr auf den harten Sitz und Abby ließ die Peitsche knallen.

Abby freute sich, dass Andrew sie begleitete, neben ihr auf dem Kutschbock saß und ihr seine Sorgen und Hoffnungen anvertraute. Und wenn sie ihn ansah, stieg dieses wunderbare Gefühl der Zärtlichkeit in ihr auf, und sie wünschte, sie wäre wirklich frei und könnte ihm zeigen, wie viel er ihr bedeutete.

Am Hawkesbury angelangt, band Abby die Zügel um den armdicken Stamm eines kleinen Baumes. Sie schöpften mit Eimern Wasser aus dem Fluss und beeilten sich, die Fässer auf dem Wagen wieder aufzufüllen.

Als sie wieder einmal ans Ufer zurückkehrte und den Eimer eintauchte, sackte sie an einer sehr morastigen Stelle fast bis an die Knie ein, und der Eimer entglitt ihrer Hand. Die Strömung trug ihn langsam flussabwärts.

»Lassen Sie nur, Andrew, ich krieg ihn schon wieder!«, rief Abby, als er ihr zu Hilfe eilen wollte. Sie lief schnell am Ufer entlang, hob einen langen, leicht gekrümmten Ast auf und konnte damit den ledernen Trageriemen des Eimers fassen.

Sie war schon auf dem Weg zurück zum Fuhrwerk, als ihr Blick auf die flache, grasbestandene Stelle fiel, die von einer Gruppe Dornensträucher umschlossen wurde. Sie stutzte, als sie die merkwürdige Färbung des Grases bemerkte.

»Andrew! … Andrew!«, rief sie.

»Was ist?«, schrie er zurück.

»Kommen Sie!«

Andrew stellte die Eimer ab und lief zu ihr. »Was ist, Abby?«

»Sehen Sie! … Da!« Sie deutete auf das Gras, das an vielen Stellen schwarz gefleckt war.

Andrew bückte sich, befühlte das Gras. »Verdammt noch mal! Das ist Blut!«, stieß er hervor. »Jede Menge getrocknetes Blut!« Er sprang auf und ging zu den Büschen hinüber. Wollfäden hingen an den langen Dornen und der Boden war mit Schafköteln übersät.

»Hier hat jemand Schafe abgestochen! Und zwar vor ein paar Tagen erst!« Sein Gesicht war blass vor Wut. »Mindestens zwei, drei Schafe. Es können aber auch mehr sein. Hier ist ja überall Blut!«

»Aber wer soll das getan haben?«, fragte Abby erschrocken.

»Einer von unseren Leuten! Wer sonst? Mein Gott, wenn ich den oder die zu fassen kriege, dann werden sie wünschen, nie geboren zu sein!«

»Aber wo sind die Schafe dann geblieben?«, wollte Abby wissen. »Ich meine, wie soll einer von den Leuten drei, vier geschlachtete Schafe verstecken? Es wäre bei der Hitze auch ganz unmöglich. Fleisch hält sich doch bestenfalls im kühlen Steinkeller unter der Küche. Wer würde also so verrückt sein, gleich mehrere Tiere auf einmal zu schlachten, wo er doch schon Schwierigkeiten genug haben würde, eine einzige Hammelkeule vor den anderen zu verbergen?«

Andrew blickte finster drein. »Das stimmt. Die Kadaver würden bei dieser Hitze schon nach einem halben Tag anfangen zu verwesen und zu stinken. Aber ich irre mich nicht, Abby! Hier hat jemand mehrere Schafe abgestochen und gleich an Ort und Stelle ausgenommen. Nur, wo sind sie geblieben?«

Abby blickte über den Fluss. »Wenn die Wilderer das Fleisch gleich eingepökelt haben …«

Andrew unterbrach sie unwillig. »Unsinn! Dafür hätten sie viel Salz, Fässer und viel Zeit gebraucht. Und wo hätten sie die Fässer hinschaffen können, ohne dass einer von uns das mitbekommen hätte?«

»Auf ein Boot! Gleich hier.«

Andrew blickte sie verdutzt an. Dann schlug er sich mit der flachen Hand vor die Stirn. »Natürlich! Sie müssen das Fleisch an einen der Flussschiffer verkauft haben. Vermutlich an Captain Hatherby, den gottverdammten Halsabschneider! Ja, das würde sogar passen. Vor drei Tagen ist er doch mit seiner *Fellow* hier vorbeigekommen! Er muss mit diesen Mistkerlen unter einer Decke stecken! Und das sieht ihm ähnlich, ist er doch bekannt dafür, dass er seine Finger in einer Menge unsauberer Geschäfte hat.«

»Was werden Sie jetzt tun, Andrew?«

Er trat wütend gegen einen Stein. »Was soll ich schon tun ohne Beweise? An Captain Hatherby komme ich sowieso nicht ran. Der hat zu viele Freunde unter den Offizieren, für die er den Rum-Handel auf dem Hawkesbury organisiert hat. Der wird vorgeben, von nichts was zu wissen. Und wo findet ein Chandler zur Zeit ein faires Gericht in Sydney? Nein, das brauchen wir erst gar nicht ins Auge zu fassen. Aber ich werde mir die Burschen schnappen, die hier die Schafe abgeschlachtet haben, Abby. Bestimmt haben sie ein gutes Geschäft mit Hatherby gemacht und das wird ihre Gier wecken. Sie werden es wieder versuchen, und dann ...« Er brach ab und starrte mit zusammengepressten Lippen auf das verkrustete Blut zu seinen Füßen.

»Aber das wird schwierig sein«, wandte Abby ein. »Wenn Sie jeden im Auge behalten wollen ...«

»Das brauche ich gar nicht«, brummte Andrew. »Für Glenn, Lester und Vernon würde ich die Hand ins Feuer legen, dass sie es nicht gewesen sind. Es bleiben also nur ein paar, die dafür in Frage kommen. Und sie werden erst wieder zuschlagen, wenn Hatherby mit seiner *Fellow* in der Nähe ist. Und dann werden sie mir in die Falle gehen, das schwöre ich dir! So, und jetzt komm, wir müssen mit dem Wasser zurück. Aber zu keinem ein Wort von dem, was wir entdeckt haben, verstanden? Kann ich mich da auf dich verlassen?«

»Sie können sich immer auf mich verlassen, Andrew«, erwiderte sie.

Sechsundzwanzigstes Kapitel

Abby lag auf ihrer Pritsche, starrte in die Dunkelheit und lauschte auf Rosannas lautes Schnarchen, das man sicher noch zwei Hütten weiter hören konnte. Es war ihr unverständlich, wie die Köchin so gut und so tief schlafen konnte, und sie beneidete sie darum. Sie selbst bekam kein Auge zu, obwohl sie sich so erschöpft fühlte, wie schon seit Monaten nicht mehr. Erst als sie die Feuerschneise bis ans Ufer des Flusses gelegt hatten, hatten sie mit der Arbeit aufgehört, und da war es schon lange dunkel gewesen. Doch Andrew hatte den ersten Bogen noch unbedingt an diesem Tag fertig wissen wollen. Wie sehr hatte sie sich die letzten quälenden Stunden danach gesehnt, sich auf ihr Bett fallen zu lassen und zu schlafen.

Doch der Schlaf wollte und wollte sich einfach nicht einstellen. Die Hitze, die sich in der kleinen Hütte staute, obwohl dic Tür weit geöffnet stand und nichts vor dem Fensterloch hing, lag ihr wie eine Felsplatte auf der Brust. Sie hatte das Gefühl, in dem engen, stickigen Raum keine Luft zu bekommen.

Sie dachte an die Entdeckung, die sie am Nachmittag gemacht hatte, und an Andrews verständlichen Zorn. Wer mochten die Wilderer sein, die gewagt hatten, die Schafe von der Herde wegzutreiben und dort am Ufer abzustechen? Sie verstand nicht, wie man so etwas tun konnte. Den Sträflingen ging es auf *Yulara* doch gut. Sie wurden weder schikaniert noch sonst irgendwie schlecht behandelt. Sie mussten zwar hart arbeiten, aber das machten ihnen Andrew, Melvin und Jonathan Chandler vor. Sie verlangten nichts, was sie nicht selbst zu tun bereit waren, und in ihren Rationen, die sie den Sträflingen zuwiesen, waren sie großzügiger als viele andere Siedler. Wer konnte also so unvernünftig sein, ein solches Verbrechen zu begehen, für das man hingerichtet werden konnte?

Abby wälzte sich auf die Seite und kam mit der Hand an das kleine ledergebundene Buch, das Andrew ihr einst geschenkt hatte und das immer unter ihrem Kissen lag. Seine beiden grünen Bänder lagen in der Mitte zwischen den Seiten.

Andrew!

Sie seufzte wehmütig und setzte sich auf. Sie war völlig durchgeschwitzt und dürstete nach einem Schluck Wasser. Am liebsten wäre ihr jetzt ein Bad gewesen.

Warum eigentlich nicht?, fragte sie sich. Vielleicht gelang es ihr einzuschlafen, wenn sie sich im Fluss abgekühlt hatte und mit noch nassen Sachen wieder aufs Bett legte. Einen Versuch war es allemal wert und auf jeden Fall besser, als sich schweißgebadet und schlaflos von einer Seite auf die andere zu wälzen.

Sie stand auf, nahm drei, vier gierige Schlucke aus der Wasserkanne, die sie in den heißen Sommermonaten immer auf dem dreibeinigen Holzschemel neben der Tür stehen hatten, und trat vor die Hütte. Bis auf Rosannas kehliges Schnarchen war es still und dunkel auf dem Hof. Längst waren alle Lichter gelöscht.

Hier draußen waren die Temperaturen auch nicht viel erträglicher als in ihrer Lehmhütte. Dennoch fühlte sie sich gleich besser, als sie zum Sternenhimmel hochblickte, der so klar und fern war. Sie war froh, aufgestanden und hinausgegangen zu sein. Schon das Bewusstsein, nicht von den Lehmmauern umschlossen zu sein und den weiten Himmel über sich zu haben, ließ sie freier atmen.

Ohne Eile ging sie an Scheune und Stallungen vorbei und wandte sich dann nach links, um dem Pfad zu folgen, der hinter dem Geräteschuppen zur Anlegestelle hinunterführte. Es war nicht nötig, zu dieser einsamen Stunde ihr verschwiegenes Plätzchen weiter oberhalb aufzusuchen. Sie brauchte jetzt keine Beobachter zu fürchten. Außerdem war der Bootssteg nachts auch sicherer. Der Weg war breit und sandig, sodass sie eine Schlange, die sich da herumtreiben sollte, zehnmal leichter bemerken würde als auf dem schmalen Pfad, der sich durch hohes Gras und mancherlei Dickicht schlängelte.

Doch sie gelangte nicht bis zum Bootssteg.

Abby ging durch den tiefschwarzen Schlagschatten, den der Geräteschuppen warf, als sich vor ihr plötzlich ein Schatten aus dem offen stehenden Tor löste und sie ansprang. Sie schrie vor Schreck auf. Doch eine schwielige stinkende Hand, die ihr brutal den Mund verschloss und fast ihr ganzes Gesicht bedeckte, erstickte den Schrei in ihrer Kehle. Andere Hände packten sie an den Armen und zerrten sie in den Schuppen.

»Es ist diese verfluchte Abby, Melvins Liebchen!«, zischte eine Männerstimme wütend, die Sean Oxley gehörte. »Habe ich mich also doch nicht getäuscht. Und ihr habt schon gedacht, ich sehe Gespenster!«

»Aber warum Abby?«, raunte eine andere Stimme, die Abby als die von Nat O'Connor erkannte.

»Frag das Melvin-Liebchen doch!«, forderte ihn ein dritter Mann auf. Es war Aron Shawn.

»Das mach ich schon!«, knurrte Sean Oxley, der Abby noch immer den Mund zuhielt. In der anderen Hand hielt er plötzlich ein Messer, das er ihr an die Kehle setzte. »Versuch nur, einen Muckser von dir zu geben, Täubchen, und ich stech dich ab, bevor du auch nur Amen sagen kannst!«

Abby erstarrte.

Sean nahm nun ganz langsam seine Hand von ihrem Mund. »Du bist uns gefolgt, nicht wahr?«, fauchte er sie an. »Los, rede! Oder ich helfe mit der Klinge nach, dass sich deine Zunge lockert!«

»Ich … ich … bin keinem gefolgt!«, stieß Abby zu Tode erschrocken hervor.

»Natürlich nicht. Du bist 'ne Schlafwandlerin, was?«, höhnte Sean.

»Vielleicht will sie sich mit dem Hurensohn Melvin Chandler zu einer Liebesstunde treffen«, spottete Nat.

»Halt das Maul, Nat! Wir haben keine Zeit für dummes Gequatsche!«, herrschte Sean seinen Komplizen an und verstärkte den Druck des Messers. »Los, raus mit der Sprache. Ihr habt heute Nachmittag die Stelle unten am Ufer entdeckt, nicht wahr?«

»Ja«, hauchte Abby, zu verängstigt, um zu lügen.

Sean schnaubte grimmig. »Hab ich's mir doch gedacht. Und was genau habt ihr da entdeckt, he?«

»Blut ... und Wolle an den Dornenbüschen ... Jemand hat da Tiere geschlachtet ... vermutlich mehrere Schafe«, stammelte sie.

»Schau an. *Jemand* hat da Tiere geschlachtet. *Vermutlich* mehrere Schafe!«, äffte Sean Oxley sie nach und zischte sie dann an: »Versuch bloß nicht, mich für dumm verkaufen zu wollen! Du hältst dich wohl für besonders gerissen und denkst, du wärst was Besseres, nur weil du was mit dem Sohn vom Alten hast, he? Los, sag schon, dass ihr uns gleich im Verdacht gehabt habt und du hinter uns herschnüffeln solltest!«

»Ich weiß gar nicht, was Sie da reden ... und was Sie von mir wollen!«, beteuerte Abby verstört. »Ich bin niemandem gefolgt. Mir war nur so heiß ... ich konnte nicht schlafen ... und da wollte ich zum Fluss und ...«

»Erzähl uns doch nicht so einen Scheiß!«, fuhr Nat sie an. »Gib doch zu, dass du was gewusst hast.«

»Nein! Bestimmt nicht! Ich habe gar nichts gewusst. Und Andrew hat nichts weiter als einen Verdacht!«

»Vielleicht stimmt es doch, was sie sagt«, brummte Sean nachdenklich, zuckte dann aber mit den Achseln. »Aber das macht jetzt keinen Unterschied. Komm her, Nat, und hilf mir, sie zu verschnüren, bis wir entschieden haben, was wir mit ihr tun.«

»Ich hätte da schon 'nen Vorschlag«, sagte Nat lüstern.

»Damit wirst du noch etwas warten müssen, Mann!«, erwiderte Sean ärgerlich. »Her mit dem Seil!«

»Nein! Nicht!«, keuchte Abby, als sie ihr die Arme auf den Rücken drehten. Sie versuchte sich zu wehren, doch es war sinnlos. Sean warf sie brutal zu Boden und presste ihr Gesicht in den Dreck, während Nat ihr Hände und Beine fesselte. Und damit sie nicht schreien konnte, legten sie ihr einen Knebel an. Fast hätte sie sich übergeben, als sie ihr den dreckigen Stofffetzen in den Mund stopften. Doch die Angst, an ihrem Erbrochenen zu ersticken, überwand ihren Brechreiz.

»Warum nehmen wir sie uns nicht der Reihe nach vor und schneiden ihr dann die Kehle durch?«, fragte Nat. »Über den Jordan geht sie doch so oder so. Sie weiß schon jetzt zu viel, als dass wir sie noch laufen lassen könnten, oder?«

»Ja, aber es gibt jetzt wichtigere Dinge zu tun, als sich mit dem Mädchen zu amüsieren«, antwortete Sean.

»Wir hätten die Finger davon lassen sollen«, sagte Aron Shawn nun. »Ich wusste doch, dass das auf die Dauer nicht gut gehen würde. Was hat uns das eingebracht, he? Eine verdammte Muskete und ein paar Münzen in der Tasche. Deinen Plan, hier 'nen Aufstand anzuzetteln, kannst du dir jetzt sonstwohin schmieren.«

Sean Oxley zuckte mit den Achseln. »Wir haben nur ein bisschen Pech gehabt.«

»Ein bisschen? Hast du sie noch alle?«, stieß Aron aufgebracht hervor. »Wir haben die Henkerschlinge schon so gut wie um den Hals liegen!«

»Überhaupt nicht. Aus dem Aufstand wird zwar nichts werden, da muss ich dir Recht geben, aber das ist auch alles. Der Henker wird unsere Bekanntschaft nicht machen«, versicherte Sean. »Doch wir werden mit den Chandlers abrechnen, wie ich gesagt habe. Und zwar schlagen wir noch heute Nacht zu!«

»Aber wir haben doch nur eine Muskete!«, wandte Nat ein.

»Einer von den Chandlers macht doch jede Nacht seine Runde um den Hof und sie haben immer 'ne Flinte dabei«, sagte Sean kaltschnäuzig.

»Na und?«, fragte Aron düster.

»Die hole ich mir, Mann! Lautlos. Mit dem Messer. Und dann nehmen wir uns die beiden anderen Mistkerle vor, plündern sie aus und stecken anschließend Farmhaus und Felder in Brand.« Der Ire lachte diabolisch. »Was meint ihr, was das für ein Feuerchen gibt.«

Nat stimmte in das gemeine, leise Lachen ihres Wortführers ein. »Dann hat Master Andrew endlich seine Feuerschneise – nur ein bisschen breiter als gedacht!«

»Richtig«, fuhr Sean fort. »Das gibt ein Höllenfeuer. Bevor die anderen aufgewacht und aus ihren Hütten sind, hat das Feuer sie schon eingeschlossen. Aus so einem Flammenkessel wird es kein Entkommen geben, Freunde. Ganz *Yulara* wird niederbrennen, und es wird ein höllischer Buschbrand sein, der all unsere Spuren vernichten wird. Ein paar verkohlte Leichen, die kaum einer identifizieren kann, werden übrig bleiben, wenn es hoch kommt. Man wird uns für tot halten. Dabei werden wir uns mit dem Boot absetzen und in Sydney untertauchen. Hatherby wird schon die richtigen Papiere besorgen können, jetzt wo seine Freunde am Ruder sind.«

»Klingt nicht übel, was du dir da zurechtgelegt hast«, sagte Aron Shawn. »Aber was ist, wenn sich einer zum Fluss runter retten kann?«

»Wir werden dort stehen – mit Muskete und Flinten, Freunde. Bei dem hellen Flammenschein wird jede Kugel todsicher ihr Ziel finden«, erklärte Sean Oxley kalt.

»Also gut, machen wir es so«, sagte Nat O'Connor.

»Kommt, es wird Zeit, dass wir uns draußen postieren«, forderte Sean seine Komplizen auf. »Kann nicht mehr lange dauern, bis einer der Chandlers seine Runde geht.«

»Und was wird mit der da?« Nat deutete auf Abby.

»Erst holen wir uns die Flinte und schalten die anderen Chandlers aus!«, sagte Sean scharf. »Und jetzt bewegt euch!« Die drei Iren schlichen aus dem Geräteschuppen.

Abby hatte dem Gespräch der drei Iren mit wachsendem Entsetzen gelauscht. Sie wollten die ganze Chandler-Familie umbringen, ja, ganz *Yulara* auslöschen, gnadenlos niederbrennen, mit Mensch und Tier!

Es überforderte ihr Fassungsvermögen, wie jemand so etwas Grausames, Menschenverachtendes tun konnte. Doch diese Verbrecher würden genau das ausführen, was sie besprochen hatten – wenn nicht vorher jemand Alarm schlug und den Überfall verhinderte.

Abby wälzte sich auf dem Boden hin und her und zerrte mit aller Kraft an ihren Fesseln, in der Hoffnung, sie dadurch zu lockern. Doch sie erreichte damit nur, dass sich der Strick noch tiefer in ihre Haut schnitt und sie vor Schmerz erstickt aufschreien ließ.

Doch sie gab nicht auf. Sie dachte an Andrew und Sarah – und sah sie in ihrem Blut liegen. Nein! Um Gottes willen, nein! Das durfte nicht geschehen. Sie musste sich befreien. Es musste eine Möglichkeit geben, die Handfesseln zu lösen. Es musste! Nur sie konnte diesen Massenmord, den die drei Iren planten, verhindern.

Tränen der Verzweiflung rannen ihr über das Gesicht, als sie über den Boden rutschte.

»O Herr, steh mir bei! … Steh uns allen bei! … Lass dieses Verbrechen nicht geschehen!«, flehte Abby und kroch auf der Seite liegend auf den Ausgang zu. Wenn sie sich doch nur vom Knebel befreien und schreien könnte!

Sie kam nur langsam voran, viel zu langsam! Die Zeit jagte dahin und sie hatte noch nicht einmal den halben Weg bis zum Schuppentor geschafft. Und was dann? Jeden Augenblick konnte Sean Oxley sein Messer einem ahnungslosen Chandler in den Rücken stoßen – Jonathan, Melvin oder Andrew! *Andrew!*

Abby strengte sich mit der Kraft der Verzweiflung an. Das Blut rauschte ihr in den Ohren und ihr Körper reagierte gegen die unnatürliche, gekrümmte Haltung mit einem Muskelkrampf. Ihr Schrei hätte sogar Rosanna aus dem Schlaf gerissen, wenn der Knebel ihn nicht erstickt hätte. Und diesmal waren es Tränen des Schmerzes, die sie in der Dunkelheit des Geräteschuppens vergoss.

Sie warf sich herum und ein neuer, scharfer Schmerz ließ sie zusammenzucken. Sie hatte sich am rechten Oberarm geschnitten! Irgendetwas *Scharfes* hatte ihr Kleid aufgefetzt und ihre Haut durchstochen!

Es war der schönste Schmerz, den Abby sich vorstellen konnte. Hastig drehte sie sich so herum, dass sie mit den Fingern das scharfe Stück Metall abtastete.

Es war ein gut geschliffenes Handbeil, gegen das sie gestoßen war. Heftig rieb sie die Fesseln daran. Mehrmals rutschte sie ab und die Schneide schnitt tief in ihre Handballen und Unterarme. Doch sie spürte die Schmerzen jetzt kaum. Sie scheuerte ihre Hände wie besessen gegen das scharfe Metall. Sie wusste, dass sie in wenigen Augenblicken frei von ihren Fesseln sein würde. Doch würde sie nicht dennoch zu spät kommen? Jede Sekunde, die sie jetzt vergeudete, konnte die Entscheidung über Leben und Tod der Chandler-Familie bedeuten!

Der Strick riss.

Mit blutverschmierten Händen packte Abby das Handbeil und durchtrennte mit einem Hieb die Fesseln an ihren Beinen, die sich ganz taub anfühlten. Dann befreite sie sich vom Knebel. Sie hustete und würgte und kam taumelnd auf die Beine. Ein Schwindelgefühl packte sie, und fast wäre sie gestürzt, wenn sie nicht Halt am Türpfosten gefunden hätte.

Eine Tür schlug.

»Ich muss weiter … Zum Farmhaus! … Muss sie warnen!«, jagte es ihr durch den Kopf, und sie stieß sich ab, wankte auf das Farmhaus zu.

Ein Mann war auf die vordere Veranda getreten, eine Flinte in der Armbeuge. Abby wusste nicht zu sagen, ob es Jonathan oder einer seiner Söhne war, denn dafür war es unter dem Vordach des Hauses zu dunkel. Und sein Mörder lauerte irgendwo auf dem Hof auf ihn!

Die Angst verlieh ihr die Kraft, ihre Schwäche zu überwinden, und sie rannte, wie sie noch nie in ihrem Leben gerannt war.

»Ein Überfall!«, schrie sie mit gellender Stimme, die sich vor Angst überschlug. »Die Iren! … Sie wollen Sie töten! … Zurück! … Zurück!«

Wie von Furien gehetzt, rannte sie über den Hof auf den Mann zu, der auf den Verandastufen stehen geblieben war und die Flinte nun in beide Hände nahm.

Abby bemerkte eine Bewegung zu ihrer rechten Seite, sah eine Gestalt, hörte einen Fluch und erkannte Melvin, der da auf der Treppe stand, nur noch einige Schritte von ihr entfernt. Er schien zu zögern und nicht zu begreifen.

»Melvin! … Sie sind bewaffnet!«, schrie sie.

Melvin riss die Flinte hoch, und die beiden Schüsse, die die trügerische Stille der Nacht zerrissen, klangen wie einer.

Abby sah ein grelles Licht aus der Mündung der Flinte schießen und im selben Augenblick bohrte sich die Kugel in ihren Körper. Eine Riesenfaust schien sie getroffen zu haben. Sie hörte einen markerschütternden Schrei, der aus ihrer Kehle in die Nacht stieg, ohne dass sie das noch bewusst wahrnahm. Dann prallte sie mit Melvin zusammen und stürzte zu Boden. Ein warmer See schien sie zu umfangen und zog sie in eine pechschwarze Tiefe.

Siebenundzwanzigstes Kapitel

Wo bleibt nur Andrew mit Doktor Stowe?«

»Es ist ein langer Weg nach Parramatta und zurück, auch für das schnellste Pferd und den besten Reiter.«

»Können wir denn sonst gar nichts für sie tun, Vater?«

»Wir haben alles getan, was in unserer Macht stand, Sohn. Jetzt können wir nur noch beten und hoffen, dass sie nicht zu spät kommen.«

»Wird sie sterben?«

»Irgendwann müssen wir alle mal sterben, Sarah.«

»Aber Abby darf nicht sterben!«

Ein Meer von Stimmen und Wogen von Schmerz. Schemenhafte Gesichter, die plötzlich wie Nebelgebilde auftauchen und sich genauso schnell wieder verflüchtigen. Bilder einer Dachkammer. Die Stimme der Mutter. Und immer wieder Schmerzen, die sie wie ein Strudel hinabreißen, weg von den Stimmen und den Gesichtern.

Doch die Stimmen kehren wieder wie die Flammen, die ihren Körper verzehren. Neue Stimmen. Aus weiter Ferne. Geraune. Und dann ganz nah.

»Eine schwere Verletzung. Ein Wunder, dass sie überhaupt noch lebt. Sie hat viel Blut verloren.«

»Sie müssen sie retten, Doktor!«

»Die ärztliche Heilkunst ist noch nicht so weit, um Wunder zu vollbringen, Mister Chandler. Ich werde versuchen, an die Kugel heranzukommen. Aber machen Sie sich nicht zu viel Hoffnungen. Nur eine starke Konstitution und ein noch stärkerer Überlebenswille werden sie am Leben halten können – wenn wir Glück haben!«

»Abby ist stark! ... Und sie muss leben!«

Feuer, das sich in ihr gepeinigtes Fleisch bohrt. Glühendes

Eisen, das ihr den Rücken aufreißt. Die Schläge der neunschwänzigen Peitsche. Ein Rücken, der ein rohes Stück Fleisch ist.

»Du musst Brot kaufen, Abby!«

»Mutter!«

Markttag. »Nur noch dieses eine Brot!«

»Versuch dein Glück woanders!« Das rosige Gesicht des Bäckers verwandelt sich in Münder, die sie anspucken: »Verbrecherflittchen! ... Hängt sie auf! ... An den Galgen mit dem Hurenmädchen!«

Fratzen unter gepuderten Perücken. »Sieben Jahre Verbannung!«

Emily, tot am Gitter, aufgehängt. Kälte, Ratten, Hunger.

Und immer wieder Schmerzen.

»Du darfst nicht aufgeben, Abby! Hörst du mich, Abby? Du musst kämpfen! ... Du musst gesund werden!«

Durst. Doch der Mund bleibt zu einem stummen Schrei verzerrt. Endlich: Wasser auf ihren Lippen, ein feuchter Lappen, der ihre Stirn kühlt.

Eine zittrige Kinderstimme, die betet.

Immer wieder Schmerzen. Bilder und Stimmen. Albträume. Das tote Baby in den Armen der Frau. Cleos Gelächter. Rachel und Megan. Ein Gebirge aus Körben. Verzehrende Hitze.

»Alle wollen sie töten! ... Sie haben eine Muskete! ... Sie wollen *Yulara* auslöschen! ... Die Fesseln! ... Ich muss die Fesseln loswerden! ... Ich muss sie warnen ... Sarah, Andrew ... alle! Sie werden sie töten! ... Es wird zu spät sein!«

»Es ist ja alles gut, Abby! Ganz ruhig. Es war nicht zu spät. Uns ist nichts passiert. Du hast uns allen das Leben gerettet!« Graues Haar. Jonathan Chandler?

»Sie fiebert, die ganze Nacht schon.«

»Komm, ich löse dich ab, Melvin.«

Hände, die über ihr Gesicht streichen, ihr den Schweiß abwaschen, ihre Hände halten. Andrew. Ein schöner Traum.

»Werd wieder gesund, liebste Abby! … Bitte, du darfst nicht sterben! Es soll mir auch egal sein, dass du meinen Bruder vorziehst. Nur sterben darfst du nicht, hörst du mich? Ich lasse nicht zu, dass du stirbst.«

»Die Haarbänder …«

»Abby!«

Wieder Dunkelheit und Schmerz, doch nicht mehr so scharf und alles beherrschend. Mehr ein wütendes, heißes Pochen, das zwischen den Schultern sitzt und Feuerlanzen in alle Richtungen schickt.

Schlaf.

Stille.

Keine Stimmen.

Keine Gesichter.

Schlaf.

»Abby? … Abby? … Kannst du uns hören? … Ich glaube, sie kommt zu sich. Ja, sieh doch! … Sie öffnet die Augen! Andrew, sie erkennt uns! … Sie ist über den Berg! Gott sei gedankt, jetzt wird sie wieder gesund! … Sarah! … Vater! Abby kommt zu sich!«

Lider, die unendlich schwer sind und sich langsam heben. Keine Dunkelheit mehr. Ein lichterfüllter Raum. Kühles Leinen unter ihren Händen. Kräuterduft in der Luft. Verschwommene Gestalten vor ihr. Doch dann werden die Augen klar. Andrew und Melvin.

»Was ist passiert?« Es ist ihre eigene Stimme, schwach, aber klar.

Achtundzwanzigstes Kapitel

Ich halte es nicht länger im Bett aus, Rosanna!«, klagte Abby, als die Köchin ihr das Frühstück auf dem Tablett ins Zimmer brachte.

»Du musst tun, was Doktor Stowe angeordnet hat, und keine Widerrede!«, antwortete Rosanna streng, stellte den Klapptisch zu ihr ans Bett und setzte das Tablett ab. »Rührei mit Speckwürfeln, Käsestreifen und viel Milch. Das bringt dich wieder zu Kräften.«

»Ich bin schon längst wieder bei Kräften!«, widersprach Abby heftig. Das war nun schon die dritte Woche, die sie im Bett zubrachte – und zwar in Melvins Zimmer, in das man sie in der Nacht des Mordanschlages gebracht hatte.

»Du warst eine entsetzlich lange Woche nicht bei Besinnung! Du hast mit dem Tode gerungen und warst schon mehr drüben bei den Toten als bei den Lebenden, Abby!«, hielt Rosanna ihr ungehalten vor. »Und es ist ein Wunder, dass du zu uns zurückgekehrt bist, wie Doktor Stowe selbst gesagt hat. Die Kugel dieses gottlosen Verbrechers – möge er ewig im Höllenfeuer der Verdammnis brennen! – hat dein Herz nur knapp verfehlt. Herrgott, so was schüttelt man doch nicht über Nacht ab!«

»Mir geht es schon länger besser als nur seit einer Nacht«, entgegnete Abby trotzig. »Und du weißt ganz genau, dass ich verrückt werde, wenn ich nicht bald aufstehen und raus kann!« Dass sie schon seit Tagen heimlich öfters aufgestanden und im Zimmer auf und ab gegangen war, behielt sie jedoch für sich.

»Alles hat seine Zeit, Abby. Jetzt isst du erst mal dein Frühstück. Und heute lässt du nicht wieder die Hälfte auf dem Teller. Ich bleibe und gehe nicht eher aus dem Zimmer, bis du alles gegessen hast!«

Abby seufzte. »Du kannst ein ganz schöner Quälgeist sein, Rosanna.«

»Das beruht vielleicht auf Gegenseitigkeit«, gab die Köchin brummig zurück, doch um ihren Mund spielte ein Lächeln.

»Also gut.« Abby begann zu essen.

»Wir werden bald Regen bekommen, wahrscheinlich heute noch«, sagte Rosanna, die sich zu ihr gesetzt hatte. »Im Norden ist der Himmel schon grau wie Schiefer und die Tiere sind ganz unruhig. Endlich kommt der Herbst und wir brauchen uns nicht länger vor Buschbränden zu fürchten.«

»Dafür aber vor Überschwemmungen, falls wir zu viel Regen bekommen und der Hawkesbury über die Ufer tritt«, entgegnete Abby.

»So schlimm wie der Sommer kann es gar nicht werden. Himmel, was sind mir die letzten Monate lang geworden. Diese erdrückende Hitze«, sagte sie und redete in einem fort.

Abby war froh, als sie das Rührei gegessen hatte und Rosanna wieder in ihre Küche verschwand. Die Köchin meinte es mit ihrem munteren Geplauder ja gut und wollte sie unterhalten, so gut sie es vermochte. Aber sich ihr Geplapper Tag für Tag anhören zu müssen, war schon recht anstrengend.

Sie lehnte sich in die weichen Kissen zurück und überließ sich ihren Gedanken, die sich wieder und wieder mit den Ereignissen der letzten Wochen beschäftigten.

Die Kugel, die Melvin in jener Nacht abgefeuert hatte, hatte Nat O'Connor auf der Stelle getötet. Sean und Aron waren geflohen, jedoch nicht weit gekommen. Sie saßen jetzt im Gefängnis von Sydney und würden am Galgen hängen, noch bevor der Monat um war.

Abbys Blick fiel auf die Bücher, die am Bettende lagen. Sarah, Melvin und Andrew kamen, wie auch ihr Vater, jeden Tag zu ihr und versuchten, ihr die Zeit so kurzweilig wie nur möglich zu machen. Sie berichteten ihr, was es von ihrer Arbeit zu berichten gab, und sie freute sich jedes Mal, wenn sie sich zu ihr setzten. Manchmal schaute Melvin auch einmal allein bei ihr rein, was Andrew jedoch nie tat. Er richtete es stets so ein, dass immer noch ein anderer zugegen war. Dabei wünschte sie sich nichts sehnlicher, als Andrew einmal ganz allein zu sprechen.

»Melvin-Liebchen« hatten die Iren zu ihr gesagt, und sie hatte in der vergangenen Woche viel Zeit gehabt, darüber nachzudenken – und über vieles andere. Und da waren diese Worte, die Andrew zu ihr gesagt hatte, als sie auf der Schwelle des Todes gestanden hatte. Oder waren das nur Fieberträume gewesen?

Wie oft hatte sie sich diese Frage schon gestellt!

Die Ungewissheit quälte sie.

»Stell ihn zur Rede!«, sagte eine Stimme in ihr, und sie fasste den spontanen Entschluss, ihrer inneren Stimme zu folgen. Schnell schlug sie das dünne Laken zurück, schwang sich aus dem Bett und begann sich anzukleiden. Es stimmte schon, was Rosanna gesagt hatte. Sie war noch nicht ganz bei Kräften, wie sie behauptet hatte, aber doch auch nicht mehr so geschwächt, um den ganzen Tag das Bett zu hüten.

Vorsichtig schlich sie aus dem Zimmer und verließ das Farmhaus durch die Hintertür. Einen Augenblick blieb sie gegen einen der Pfosten gelehnt stehen und schaute auf den breiten Hawkesbury hinunter. Dann ging sie um das Haus herum.

Aus der Schmiede drangen wuchtige Hammerschläge über den Hof. Der Schmied fuhr erschrocken zusammen, als Abby ihn von hinten ansprach.

»Vernon, hast du Andrew gesehen?«

»Abby! Heilige Mutter Maria! Hast du mir einen Schrecken eingejagt! Wie schön, dass du wieder gesund bist. Wenn du nicht gewesen wärst ...«

»Schon gut, Vernon«, fiel Abby ihm sanft ins Wort. »Ich suche Andrew.«

»Der ist mit Lester unten an der Anlegestelle. Ein treibender Baumstamm hat zwei Stützpfähle umgerissen. Aber sag mal, gehörst du nicht noch ins Bett? Um die Nase bist du noch ganz schön blass.«

Abby bedankte sich und ging den Weg zum Bootssteg hinunter, wo Andrew mit dem jungen Lester damit beschäftigt war, die beiden Pfähle auszutauschen.

Andrew sah sie, als er sich umdrehte und nach der Säge griff. »Um Himmels willen! Abby! Was tust du denn hier? Du gehörst doch ins Bett!«

Sie schüttelte den Kopf. »Ich bin längst nicht mehr so krank, wie ihr alle denkt. Ein bisschen frische Luft wird mir sogar sehr gut tun. Außerdem möchte ich mit dir sprechen, Andrew. Allein, bitte!« Es kostete sie einige Überwindung, das auszusprechen.

Andrew zögerte kurz. Dann sagte er: »Wir machen später weiter, Lester.«

Lester nickte nur, schenkte Abby einen herzlichen Blick und entfernte sich.

»Komm, setz dich. Warum möchtest du mit mir allein sprechen?«

Abby setzte sich zu ihm auf den Rand des Bohlensteges. Sie blickte auf das Wasser zu ihren Füßen und wusste nicht, wie und womit sie beginnen sollte.

»Als die Iren mich beim Geräteschuppen überwältigten, sagten sie etwas ganz Merkwürdiges, was ich lange nicht verstanden habe«, begann sie schließlich.

»Und was war das?«

»Melvin-Liebchen.«

»Sträflingsgerede!«, brummte Andrew.

»Ja, sicher, aber dass sie überhaupt auf so einen Gedanken gekommen sind, habe ich nicht verstanden«, fuhr Abby fort. »Ich habe Melvin immer gemocht, er war stets freundlich zu mir, von Anfang an ...«

»Im Gegensatz zu mir«, sagte Andrew bitter.

»... und deshalb bin ich auch mit ihm und Sarah nach Sydney gegangen. Aber das war auch alles, Andrew. Ich habe in ihm nie mehr als einen freundlichen, sympathischen Menschen gesehen.«

»So?«

»Ja.«

»Aber seine Meinung war dir doch immer wichtig.«

»Nicht so wichtig wie das, was du über mich gedacht hast«, antwortete sie und spürte, wie ihr das Blut ins Gesicht schoss.

»Wie bitte?«

Sie nickte. »O ja, ich weiß nicht warum, aber ich wollte immer, dass du gut über mich denkst und in mir nicht den Sträfling siehst. Ich suchte deine Anerkennung, deinen Respekt ...«

»Das hast du längst erreicht«, sagte er leise.

»Ja, doch ich wusste nicht, dass das nicht alles war, was ich mir von dir wünschte, Andrew. Erst als ich nach Sydney ging, merkte ich, wie sehr mir *Yulara* fehlte ... und nicht nur *Yulara*. Dein Geschenk, diese Haarbänder ...« Sie brach ab.

»Ja?« Seine Stimme war ein Flüstern, das kaum das Gurgeln des Wassers zwischen den Stützpfosten übertönte.

Sie schwieg eine Weile, weil ihr die Worte fehlten oder der Mut, das auszusprechen, was ihr im Herzen brannte. »Als ich schwer krank war, hatte ich einen Traum ...«

»Du hattest bestimmt viele Träume. Du hast oft im Fieber geredet.«

»Aber an einen wunderschönen Traum kann ich mich noch gut erinnern.«

»Willst du ihn mir erzählen?«

»Wenn du versprichst, mich nicht auszulachen – oder mir nicht böse zu sein?«

»Ich verspreche es.«

Abby holte tief Luft. »Du saßest an meinem Bett, Andrew. Mir war es schrecklich heiß und ich hatte Durst. Du hast mir zu trinken gegeben und mir das Gesicht gewaschen. Ich habe deine Hände gespürt. Aber das war es nicht allein, was den Traum so wunderschön werden ließ, sondern das, was du zu mir gesagt hast.«

»Und ... und was ist, wenn das überhaupt kein Traum gewesen ist?«, fragte Andrew.

»Dann ist das mehr als der schönste Traum, den ich mir vorstellen könnte, Andrew.« Ihre Stimme bebte wie der leise Windhauch, den das heraufziehende Unwetter vorgeschickt hatte und der das Wasser des Flusses kräuselte.

»Dann haben wir beide nicht geträumt – liebste Abby«, sagte Andrew und nahm ihre Hand. Sie sagten kein Wort. Dafür war später Zeit genug. In zärtlichem Schweigen saßen sie Hand in Hand auf den harten Bohlen, bis die ersten schweren Tropfen fielen.

Nachwort
oder
Kein Ende ohne Anfang

Nichts auf dieser Welt hat wirklich ein Ende, und wer wollte schon sagen, wo etwas endet oder gerade seinen Anfang findet?

Für Abby Lynn bedeutete das Jahr 1808 den Beginn ihrer Ehe mit Andrew Chandler, aber doch noch längst nicht das Ende ihrer Prüfungen in Australien. Für Gouverneur Bligh war es ein weniger erfreuliches Jahr. Er wurde lange unter Hausarrest gehalten. Die Rum-Rebellen gaben ihm schließlich die Freiheit, nachdem Bligh versprochen hatte, an Bord der *Porpoise* nach England zu segeln und sich der Kolonie fern zu halten. Bligh fühlte sich jedoch nicht an ein Versprechen gebunden, das ihm Meuterer abgepresst hatten. Und nachdem der Captain der *Porpoise* es abgelehnt hatte, Sydney mit seinen Schiffsgeschützen unter Feuer zu nehmen, begnügte sich William Bligh damit, nach Van Dieman's Land (heute Tasmanien) zu segeln und von dort aus seinen politischen Kleinkrieg, der jedoch mehr aus Briefen an das Kolonialamt in London bestand, gegen die Rebellen zu führen, die sich in New South Wales schamlos bereicherten und eine von Korruption und Vetternwirtschaft bestimmte Regierung bildeten.

Colonel Johnston und John Macarthur waren jedoch keine Dummköpfe, was immer man ihnen auch sonst nachsagen mochte. Sie wussten, dass sie sich für ihre Tat früher oder später doch würden verantworten müssen. Sie entschieden sich für früher – und für die Devise, dass Angriff die beste Verteidigung sei. Am 31. März 1809 segelten die beiden Rädelsführer gen England, das sie im Oktober erreichten, während Bligh noch immer vor der Küste von Van Dieman's Land schipperte und glaubte, von dort aus etwas ausrichten zu können.

Johnston und Macarthur waren nicht nur Männer, die sich der Kraft des Wortes wohl zu bedienen wussten, sondern auch ihrer einflussreichen Freunde und Gönner.

Colonel Johnston, Offizier des Königs, kam vor ein Kriegsgericht, verstand sich mit Macarthurs Unterstützung jedoch so gut zu verteidigen, dass das Urteil in Anbetracht seines Vergehens unglaublich milde ausfiel: Statt zum Tode verurteilt zu werden, wurde er am 2. Juli 1811 nur aus der Armee ausgestoßen. Damit hatte es sich.

Auch John Macarthur kam billig davon. Als Privatmann konnte man ihn in England nicht zur Rechenschaft ziehen, unterstand er dem englischen Recht nach doch der Gerichtsbarkeit von New South Wales. Lachlan Macquarie, den die Krone mit kampferprobten Truppen als neuen Gouverneur nach Australien geschickt hatte und der seit dem Neujahrstag des Jahres 1810 sein Amt in Sydney ausübte, hätte ihm den Prozess gemacht und ihn mit absoluter Sicherheit aufknüpfen lassen.

Doch Sydney war weit, und seine einflussreichen Freunde in greifbarer Nähe. Er blieb deshalb in England – und zwar in jeder Hinsicht ungeschoren. Seine einzige Strafe bestand darin, dass er seine Frau und Kinder lange Jahre nicht sehen konnte. 1816 gelang es ihm jedoch, die Zusicherung zu erlangen, dass man ihn bei seiner Rückkehr nach New South Wales weder verhaften noch vor Gericht stellen würde. So kehrte er zurück und vermehrte nicht nur seinen beachtlichen Reichtum, sondern spielte auch bald wieder eine gewichtige Rolle in der Politik der Kolonie.

Der große Verlierer dieser Rum-Rebellion war, neben dem einfachen Volk wie immer, William Bligh. Zwar wurde er von jeglicher Schuld an der Meuterei der Truppen freigesprochen und der Form halber noch einmal für einen Tag in sein Amt als Gouverneur von New South Wales eingesetzt. Doch diesen einen Amtstag, der seine Ehre wiederherstellen sollte, gönnte man ihm noch nicht einmal richtig auszukosten. Bligh befand sich noch auf dem Weg von Van Dieman's Land nach Sydney, als dieser eine Tag begann und verstrich.

Unter den vielen Papieren, die der neue Gouverneur Macquarie durcharbeiten und neu bewerten musste, fand sich auch das Gnadengesuch für den Sträfling Abigail Lynn. Dem Gesuch wurde stattgegeben. Am 15. Februar 1810, nach fünf Jahren Verbannung, war Abby frei. Sie kehrte jedoch nie nach England zurück. New South Wales war ihre Heimat geworden – und die ihrer wachsenden Familie.

Die Deportation von Strafgefangenen nach Australien wurde erst 1867 eingestellt.

Liebe Leserinnen, liebe Leser,

es gibt ein arabisches Sprichwort, das lautet: »Ein Buch ist wie ein Garten, den man in der Tasche trägt.« Ich hoffe, dass euch (Ihnen) der Roman, der in den Gärten meiner Fantasie entsprungen ist, gefallen hat.

Seit vielen Jahren schreibe ich nun für mein Publikum, und die Arbeit, die Beruf und Berufung zugleich ist, bereitet mir viel Freude. Doch warum tauschen wir zur Abwechslung nicht mal die Rollen? Ich würde mich nämlich über ein paar Zeilen freuen, denn es interessiert mich sehr, was die Leserinnen und Leser von meinem Buch halten.

Also: Wer Lust hat, möge mir seinen Eindruck von meinem Roman schreiben. Und wer möchte, dass ich ihm eine signierte Autogrammkarte zusende – sie enthält auf der Rückseite meinen Lebenslauf sowie Angaben zu und Abbildungen von weiteren Romanen von mir –, der soll bitte nicht vergessen, das Rückporto für einen Brief in Form einer Briefmarke beizulegen. (Nur die Briefmarke beilegen! Manche kleben sie auf einen Rückumschlag, auf den sie schon ihre Adresse geschrieben haben. Diese kann ich nicht verwenden!) Wichtig: Namen und Adresse in DRUCKBUCHSTABEN angeben! Gelegentlich kann ich auf Zuschriften nicht antworten, weil die Adresse fehlt oder die Schrift beim besten Willen nicht zu entziffern ist – was übrigens auch bei Erwachsenen vorkommt! Und schickt mir bitte keine eigenen schriftstellerischen Arbeiten zu, die ich beurteilen soll. Leider habe ich dafür keine Zeit, denn sonst käme ich gar nicht mehr zum Schreiben.

Da ich viel durch die Welt reise und Informationen für neue Romane sammle, kann es Wochen, manchmal sogar Monate dauern, bis ich die Post *erhalte* – und dann vergehen meist noch einmal Wochen, bis ich Zeit finde zu antworten. Ich bitte daher um Geduld, doch meine Antwort mit der Autogrammkarte kommt ganz bestimmt.

Meine Adresse:
Rainer M. Schröder • Postfach 1505 • 51679 Wipperfürth

Wer jedoch dringend biografische Daten, etwa für ein Referat, braucht, wende sich bitte direkt an den Verlag, der gern Informationsmaterial zuschickt (C. Bertelsmann Jugendbuch Verlag, Neumarkter Straße 18, 81673 München); oder aber er lädt sich meine ausführliche Biografie, die Umschlagbilder und Inhaltsangaben von meinen Büchern sowie Presseberichte, Rezensionen und Zitate von meiner **Homepage** auf seinen Computer herunter. Dort erfährt er auch, an welchem Roman ich zurzeit arbeite und ob ich mich gerade im Ausland auf Recherchenreise befinde. Meine Homepage ist im **Internet** unter folgender Adresse zu finden:

http://www.rainermschroeder.com

(Ihr)
euer